国际金融实务

INTERNATIONAL FINANCIAL PRACTICE

郑文秀　郑　秀 / 主编

中国财经出版传媒集团
经济科学出版社
Economic Science Press

图书在版编目（CIP）数据

国际金融实务/郑文秀，郑秀主编．--北京：经济科学出版社，2023.5

ISBN 978-7-5218-4787-1

Ⅰ.①国… Ⅱ.①郑…②郑… Ⅲ.①国际金融-教材 Ⅳ.①F831

中国国家版本馆CIP数据核字（2023）第090180号

责任编辑：李　雪　刘　莎
责任校对：徐　昕
责任印制：邱　天

国际金融实务

主　编　郑文秀　郑　秀
副主编　陈　露　李　超
参　编　夏　铭　何妍彦　林　盼

经济科学出版社出版、发行　新华书店经销
社址：北京市海淀区阜成路甲28号　邮编：100142
总编部电话：010-88191217　发行部电话：010-88191522
网址：www.esp.com.cn
电子邮箱：esp@esp.com.cn
天猫网店：经济科学出版社旗舰店
网址：http://jjkxcbs.tmall.com
固安华明印业有限公司印装
787×1092　16开　21印张　370000字
2023年5月第1版　2023年5月第1次印刷
ISBN 978-7-5218-4787-1　定价：89.00元
（图书出现印装问题，本社负责调换。电话：010-88191545）

编 委 会

主　编　郑文秀　郑　秀

副主编　陈　露　李　超

参　编　夏　铭　何妍彦　林　盼

前 言
PREFACE

经济全球化和金融自由化及一体化使各国的经济联系日益紧密，政府、机构、企业和个人越来越多地受到国际金融市场和国际金融政策的影响。随着我国与全球各国经济活动往来日趋频繁，对国际融资业务需求日益增长。在日常生活中，个人出国旅行、企业跨境交易、投资者跨境投资等活动，常常会遇到货币兑换、国际信贷、国际投资等问题，如何通过外汇业务更好地规避风险或投资？如何理解国家国际金融政策所体现的中国特色社会主义思想？如何前瞻性地把握国际经济合作的机会和利益，如何规避国际金融风险，如何提升国家和个体的国际竞争力？

《国际金融实务》是研究国家和地区之间由于经济、政治、文化的交往和联系而产生的跨国界货币资金周转和运动的一门学科，其核心内容是国际收支及其调节、外汇及汇率、外汇市场交易、国际货币体系等。学习《国际金融实务》这门课程，对掌握国际货币资金的运行机制与规律，分析汇率的形成及走势，理解和预判本国和其他国家国际金融领域的相关政策和措施，把握和优化国际金融市场融资，提升外汇市场交易和管理的效率，建立、扩大国际合作的渠道和能力，全面打造国际金融人才，十分必要。

作为高职高专财经类系列统编教材，本书有以下特点：

1. 内容新颖，与时俱进

这几年，国际金融市场发生了很大的变化，为了更具有时代气息，教学内容选取了近年来发生的中国牵头成立亚投行、英国脱欧、人民币加入SDR、新冠疫情对汇率影响、人民币国际化等热点问题，同时把银行、企业和国际金融机构的最新做法融入教材。

2. 体例新颖，针对性强

我们对本书体例进行了精心设计，各章开始设有“学习目标—技能目标—素养目标”；各章进行设有“案例导读—章节概述—引导案例—知识拓展—课堂实训”；各章后设有“讨论与思考—习题与挑战—实训活动”。各章开始设有的“学习目标”“技能目标”“素养目标”具体任务，高职特色鲜明；各章设有的“案例导读”和“引导案例”生动有趣，循循善诱。每一章穿插的“知识拓展”，有助于读者增长知识，开阔眼界和思路。各章后设有“讨论与思考题”“习题与挑战”“实训活动”，帮助学生加深对内容的理解、消化和吸收。全书语言表达生动，深入浅出，图文并茂。

3. 突出职业能力培养

本书根据高职高专学生的认知特点，以典型工作任务为主线设计教材内容。每章内容都有典型的、贴近实际的案例操作。每节最后设计了“课堂实训”，每章最后设计了“讨论与思考题”“习题与挑战”“实训活动”锻炼学生的职业能力。

4. 讲好中国故事

本书在一般性介绍国际金融知识的基础上，对我国有关情况进行了具体分析。不断将思政元素有机融入教材中的每个环节，案例选取坚持讲好“中国故事”，及时融入来自中国金融开放实践和参与全球金融治理的经验。

5. 丰富的配套资源结合现代化的教学手段

本书是温州职业技术学院校级网络开放精品课程国际金融的配套教材，平台资源丰富，包括PPT、电子教案、微课视频、学习资料、案例分析、技能训练、视野拓展、课后习题、问题讨论等，学生可以通过线上平台的在线小测试检测课堂效果。

本书共三大模块八个章节。三个模块分别是国际金融基础、国际金融实务、国际金融管理。模块一主要从国际收支、外汇与汇率等方面介绍国际金融基础知识。模块二主要从外汇市场、外汇衍生品交易以及外汇风险等方面介绍国际金融实务知识。模块三主要从汇率制度与外汇管制、国际储备以及国际货币体系等方面介绍国际金融管理知识。模块一是模块二和模块三的理论基础，模块二是从微观层面介绍国际金融实务，模块三是从宏观层面介绍国际金融管理。三个模块是既相对独立，又相互联系构成的一个有机整体，并呈递进关系，即先学“模块一”，再学“模块二”，后学“模块三”。

本书由温州职业技术学院数字经贸学院郑文秀、浙江工贸职业技术学院郑秀主编以及统稿，温州科技职业技术学院陈露、中国进出口银行李超副主编，温州职业技术学院夏铭、温州职业技术学院何妍彦 、温州职业技术学院林盼参编。各章编写分工为：郑文秀、何妍彦编写第一、第二章，郑文秀、郑秀、夏铭编写第三至第五章，夏铭、何妍彦编写第六章，陈露、夏铭、何妍彦编写第七章，林盼、李超编写第八章。本书可作为高职本科、高职专科、中职国际经济与贸易类、金融类、工商管理类、财务会计类、电子商务类等专业教材，也可作为相关从业人员的培训教材，还可作为个人投资理财知识自学的参考书。

同时，我们得到了许多专家和中国进出口银行的支持和帮助，在此表示深深的感谢。在编写过程中，作者参阅了许多教材、专著和网站上的一些文章，这些材料已在主要参考资料中列出。参考的资料众多，编写工作也比较匆忙，可能会遗漏有关参考文献或标注不当，若有这种情况发生，敬请与本人联系，以便及时纠正，在此谨向有关的作者、编者致以谢意。

由于作者写作水平有限，书中难免有谬误之处，敬请广大读者批评指正。

编者
2023 年 5 月

目 录
CONTENTS

模块一 国际金融基础

第一章 国际收支 ………………………………………………… 3

第一节 国际收支的概念和内容 ………………………………… 5
第二节 国际收支平衡表 ……………………………………… 11
第三节 国际收支平衡表的编制原理 ………………………… 17

第二章 外汇与汇率 …………………………………………… 31

第一节 外汇与外国货币 ……………………………………… 32
第二节 汇率 …………………………………………………… 41
第三节 影响汇率变动的主要因素 …………………………… 50
第四节 汇率变动的影响 ……………………………………… 62

模块二 国际金融实务

第三章 外汇市场 ……………………………………………… 73

第一节 外汇市场 ……………………………………………… 75
第二节 即期外汇交易 ………………………………………… 89
第三节 远期外汇交易 ………………………………………… 95
第四节 掉期交易 ……………………………………………… 107
第五节 套汇交易 ……………………………………………… 113
第六节 套利交易 ……………………………………………… 119

第四章 外汇衍生品交易 ……………………………………… 129

第一节 外汇期货市场概述 …………………………………… 131

第二节 外汇期货交易的应用…………………………………… 138
第三节 外汇期权交易…………………………………………… 146
第四节 外汇期权的应用………………………………………… 152

第五章 外汇风险 ………………………………………………… 168

第一节 外汇风险………………………………………………… 169
第二节 外汇风险的分类………………………………………… 175
第三节 外汇风险管理…………………………………………… 180

模块三 国际金融管理

第六章 汇率制度与外汇管制……………………………………… 199

第一节 汇率制度………………………………………………… 200
第二节 中国香港的汇率制度——联系汇率制度……………… 207
第三节 外汇管制………………………………………………… 215
第四节 货币可自由兑换………………………………………… 226

第七章 国际储备 ………………………………………………… 242

第一节 国际储备概述…………………………………………… 243
第二节 国际储备管理…………………………………………… 256
第三节 我国的国际储备………………………………………… 267

第八章 国际货币体系 …………………………………………… 276

第一节 国际货币体系…………………………………………… 278
第二节 国际金本位体系………………………………………… 283
第三节 布雷顿森林体系………………………………………… 292
第四节 牙买加体系……………………………………………… 300
第五节 欧洲货币一体化………………………………………… 306
第六节 人民币国际化…………………………………………… 310

参考文献……………………………………………………………… 323

模块一

国际金融基础

第一章

国际收支

【学习目标】

1. 国际收支平衡表的含义和基本内容
2. 国际收支的申报范围
3. 国际收支平衡表的内容和编制原理
4. 中国近年来国际收支的历史情况和基本特征

【技能目标】

1. 能够分析国际收支的基本含义和理解国际收支产生的背景
2. 能够编制国际收支平衡表，并对国际收支平衡表进行分析
3. 能够说明国际收支平衡是否平衡、什么原因导致国际收支平衡或不平衡，以及如何进行调节
4. 能够用中国国际收支平衡表来分析我国的宏观经济状况

【素养目标】

1. 通过参与国际收支平衡表的分析、讨论，养成主动观察、积极思考的习惯
2. 通过学习我国的国际收支情况，了解改革开放以来我国对外贸易所取得的成就，培养家国情怀、职业认同
3. 通过学习我国调节国际收支的方法，认识我国在平衡国际收支、减少贸易摩擦、扩大开放和促进世界经济共同发展等方面的决心

【案例导读】

2021 年，中国国际收支总体上保持着基本平衡。2020 年新冠疫情暴发后，中国年度经常账户与非储备性质金融账户大致维持着“一顺一逆”的状态。

疫情需求错位下贸易盈余积累增加，经常账户余额呈现持续顺差。新冠

疫情暴发后，中国经常账户余额在2020年第一季度出现逆差，之后迅速由负转正，全年经常账户盈余达到2740亿美元，经常账户盈余积累速度超出预期。进入2021年，中国经常账户继续呈现持续顺差的走势，第一季度经常账户盈余为694亿美元，经常账户余额占GDP比重达到1.8%，第二季度经常账户盈余缩减至533亿美元，与2020年同比已下降近五成，第三季度经常账户盈余为736亿美元，比上年同期显著下降。

非储备性质金融账户由负转正，短期资本流动波动性显著上升。非储备性质金融账户主要由直接投资、证券投资和其他投资三大项构成。新冠疫情暴发以来，中国非储备性质金融账户出现多个季度净流出，但在2021年第二季度由负转正，2021年第三季度顺差再次显著下降。结合近年来中国非储备性质金融账户的变动，不难发现，直接投资项在大多数季度呈现净流入；证券投资项呈现围绕零值上下波动的走势；其他投资项在大多数季度呈现大规模显著的净流出，波动性较大，且并无明显的规律性。以上表明，以证券投资项与其他投资项为代表的短期资本流动是中国非储备性质金融账户变动的直接原因，而疫情后短期资本流动波动性上升决定了中国非储备性质金融账户的走向。

储备资产余额稳步增加，存流量背离现象有所缓解。近年来，以流量衡量的中国储备资产余额呈现稳步增加的走势，2021年第一季度中国储备资产净增加350亿美元，第二季度储备资产净增加500亿美元，第三季度储备资产净增加更是达到了614亿美元。

净误差与遗漏项第一季度由负转正，之后依然延续大规模净流出。2021年第一季度，中国净误差与遗漏项曾一度由负转正，净额为0.6亿美元，一度创下近年来新低，但在第二季度又出现大规模净流出，净额为-666亿美元，第三季度净流出依然高达253亿美元。疫情暴发后，净误差与遗漏项的净流出再次创下新高，这种长期大规模持续的净流出现象仍然值得注意。

资料来源：刘瑶，张明. 中国国际收支的变化及展望 [J]. 中国金融，2022 (3).

【章节概述】

国际收支是国际金融领域的一个基本问题，本章首先从国际收支的含义和特点入手，介绍国际收支的基本框架和各账户组成部分，再引入学习国际收支平衡表，理解国际收支平衡表的编制原理，并说明一国国际收支不平衡的原因。

第一节 国际收支的概念和内容

【引导案例】

2022 年上半年，我国国际收支保持基本平衡。其中，经常账户顺差为 1691 亿美元，与同期国内生产总值（GDP）之比为 1.9%，继续处于合理均衡区间；直接投资净流入 749 亿美元，保持在较高水平。

2022 年上半年，我国货物贸易进出口呈现较强的韧性。我国国际收支口径的货物贸易顺差 3207 亿美元，增长 36%，为历年同期最高值。其中，货物贸易出口 16437 亿美元，同比增长 13%；进口 13230 亿美元，同比增长 8%。

服务贸易逆差则同比收窄。2022 年上半年，服务贸易逆差 378 亿美元，同比下降 30%。其中，电信、计算机和信息服务顺差 91 亿美元，同比增长 1.2 倍。

在跨境投资方面，直接投资保持温和强势增长。2022 年上半年，直接投资净流入 749 亿美元。其中，来华直接投资净流入 1496 亿美元，显示我国市场对外资保持吸引力；对外直接投资净流出 747 亿美元，总体平稳有序。

从各项数据看，我国国际收支整体呈现“经常账户与金融账户一顺一逆，整体平衡状态下外汇储备小幅波动”的态势。

资料来源：上海证券报，2022－08－06（资料整理）。

一、国际收支的概念

国际收支是指一个国家在一定时期内由对外经济往来、对外债权债务清算而引起的所有货币收支。

（一）狭义的国际收支概念

国际收支的概念，最早出现于 17 世纪初期，国际收支被简单地解释为一国的贸易收支。各种国际经济交易，无论是贸易，非贸易，还是资本借贷或单方面资金转移，只要涉及外汇收支，都属于国际收支的范畴。显然这个概念是建立在收支基础（或者说现金基础）上的，一直盛行于金本位制崩溃后到第二次世界大战前。

（二）广义的国际收支概念

第二次世界大战后，国际经济交易的范围和方式都有了很大的变化，政府无偿援助、私人捐赠、企业之间的易货贸易、补偿贸易等新的贸易方式都不涉及外汇收支，狭义的外汇收支概念已不能反映增长了的经济现实，国际收支的概念又有了新的改变，重心由“收支”转向“交易”，将衡量内容扩展到所有的国际经济交易。于是，国际收支发展成为一国一定时期的全部国际经济交易，即一个国家在一定时期的对外货币收支的综合情况，它既包括外汇收支的经济交易，也包括无外汇收支的但以货币的形式体现的经济交易。

国际货币基金组织在第六版的《国际收支手册》中对国际收支做了如下定义：国际收支是某个时期内居民与非居民之间的交易汇总统计表，组成部分有货物和服务账户、初次收入账户、二次收入账户、资本账户和金融账户等。在作为国际收支基础的复式记账会计制度下，每笔交易的记录由两个分录组成，贷方分录合计金额与借方分录合计金额相等。

二、对国际收支概念的理解

（一）国际收支是一国居民与非居民之间的交易

经济交易是在居民与居民之间发生的，就应该称为国内收支。国际收支中居民与非居民的划分并不是以国籍或法律为标准，而是以交易者的经济利益中心所在地，即以从事经济活动和交易的所在地作为划分的标准。国际收支记录也可以说，判断一项交易是否应当包括在国际收支的范围内，所依据的不是交易双方的国籍，而是依据交易双方是否有一方是该国居民，另一方是该国非居民。只有居民与非居民引起的国际经济交易才能计入国际收支。

概念辨析

居民和公民是两个不同的概念。公民是一个法律概念，而居民则是一个经济概念。根据 IMF 的规定，“居民”是指在某个国家或地区居住一年以上者，否则为非居民。

判断一项经济交易是否应包括在国际收支范围内，所依据的不是交易双方的国籍，而是依据交易双方是否是来自不同经济体的居民。以我国为例，凭有效身份证明用以确认国际收支申报主体类型：

（一）居民

（1）持中国居民身份证；

（2）持外国政府签发的护照，且在中国境内停留超过一年（境外在境内的留学人员、就医人员，外国驻华使领馆外方工作人员及其家属除外）。

（二）非居民

（1）持外国政府签发的护照，且在中国境内停留不足一年；

（2）境外在境内的留学人员、就医人员；

（3）外国驻华使领馆外方工作人员及其家属；

（4）国际组织驻华机构工作人员；

（5）一个企业的国外子公司是其所在国的居民，是其母公司所在国的非居民。

IMF 规定，受雇在本国驻外使领馆工作的外交人员属他们本国的居民，而属驻在国的非居民；相反，受雇在外国使领管工作雇员，则属本国居民。

IMF 还规定，联合国、国际货币基金组织等国际机构及其代表处，对任何国家来说，都是非居民。

例如，美国通用电气公司在新加坡的子公司是新加坡的居民，美国的非居民，子公司与母公司的业务往来构成了美国与新加坡的国际收支内容。

A 是美国人，他长期在美国驻日本大使馆工作，则他属于美国的居民，日本的非居民。美国通过电器公司在新加坡的子公司是新加坡的居民，美国的非居民。

资料卡

国际收支申报范围（个人）

（一）通过境内银行从境外收到的款项和对境外支付的款项；

（二）个人的外币现钞（包括出国取现）存取不属于国际收支申报范围；

（三）境内非居民与境内居民之间收付款。

申报主体：境内居民。

交易编码：按照境内居民与境内非居民之间的实际交易性质申报。

境内非居民与境内居民之间收付款的交易附言：

（1）境内居民收到境内非居民款项时，付款银行在付款附言中注明“NRA/OSA payment”，以便收款银行识别该笔款项的来源并通知境内居民办理申报。境内居民申报时交易附言中需首先注明“收到境内非居民外汇款项”字样。

境内居民向境内非居民付款时，付款银行应询问和判断对方收款人是否为境内非居民，如是，则交易附言首先注明“向境内非居民支付款项”字样。

（2）境内非居民之间通过境内银行的收付款业务无须进行国际收支统计间接申报。

（3）境内非居民与境内居民间发生的人民币收付款业务暂不进行国际收支统计间接申报。

资料来源：国家外汇管理局官网。

（二）国际收支所记录的是各项经济交易

国际收支反映的内容以交易为基础，这些交易既包括涉及货币收支的对外往来，也包括未涉及货币收支的对外往来。其中，未涉及货币收支的往来须折算成货币加以记录，包括四类：

（1）交换，即一交易者（经济体）向另一交易者（经济体）提供一种经济价值并从对方得到价值相等的回报。

（2）转移，即一交易者向另一交易者提供了经济价值，但并未收到对应的、具有相等价值的补偿。

（3）移居，指一个把住所从一经济体搬迁到另一经济体的行为。居民所属经济体的变化，带来经济体间债权、债务以及伴随移居所发生的经济价值的转移。

（4）其他根据推论而存在的交易。在一些情况下，可以根据推论确定交易的存在，即使是实际流动并没有发生，也需要在国际收支中予以记录。只要该国对外发生了债权债务关系的交易，不论该交易是否在当期发生现金收付，都应包含其内，即其体现的是权责发生制。例如，国外直接投资者收益的再投资。投资者的海外子公司所获得的收益中，一部分是属于投资者本人的，如果这部分收益用于再投资，则必须在国际收支中反映出来，尽管这一行为并不涉及在两国间的资金与服务的流动。

（三）国际收支是一个流量概念

流量是一个时期指标，是指一定时期内变量变动的数值。国际收支一般是对一年内的交易进行系统的总结，属于时期指标，因而它是一个流量概念。

（四）国际收支是事后的货币记录

国际收支是一国已经发生的国际经济交易进行记录，属于事后的货币记录。定义中的“一定时期”一般是指过去的一个会计年度，所以它是对已发生事实进行的记录。

附录：

涉外收入申报单

REPORTING FORM FOR RECEIPTS FROM ABORD

根据《国际收支统计申报办法》，特制发本申报单。

This Reporting Form is Distributed According to The Regulations of Balance of Payments Statistics

国家外汇管理局和有关银行将为您的具体申报内容保密。

The State Administration of Foreign Exchange（The SAFE）and The Banks Concerned Would Keep What You Reported Condifidential.

请按填报说明（见第二联背面）填写。　　　　制表机关：国家外汇管理局

Please Report According to The Instructions Overleaf.　　　　Authority：The SAFE

申报号码 Bop Reporting No.	□□□□□□ □□□□ □□ □□□□□□ □□□□	
收款人名称 Payee		
□ 对公 Unit	组织机构代码 Unit Code □□□□□□□□—□	
□ 对私 Individual	个人身份证件号码 ID Number	
	□ 中国居民 Resident Individual	□ 非中国居民 Non-resident Individual

续表

结算方式 Payment Method	□ 信用证 L/C　□ 托收 Collection　□ 保函 L/G　□ 电汇 T/T　□ 票汇 D/D □ 信汇 M/T　□ 其他 Others				
收入款币种及金额 Currency & Amount of Receipts				结汇汇率 Exchange Rate	
其中 of which	结汇金额 Amount of Sale		账号/银行卡号 Account No. /Credit Card No.	150000 - 40	
	现汇金额 Amount in FX		账号/银行卡号 Account No. /Credit Card No.		
	其他金额 Amount of Others		账号/银行卡号 Account No. /Credit Card No.		
国内银行扣费币种及金额 Bank's Charges inside China			国外银行扣费币种及金额 Bank's Charges outside China		
付款人名称 Payer					
付款人常驻国家（地区）名称及代码 Country/Region of Payer & Code □□□			申报日期 Reporting Date		
如果本笔款项为预收货款或退款，请选择 If Advance Receipts/Refund，Please Choose			□ 预收货款 Advance Receipts　□ 退款 Refund		
本笔款项是否为出口核销项下收汇			□ 是　□ 否		
如果本笔款项为外债提款，请填写外债编号					
交易编码 BOP Transac. Code	□□□□□□	相应币种及金额 Currency & Amount		交易附言 Transac. Remark	
填报人签章 Signature of Stamp of Reporter					

收款人章 Stamp of Payee　　银行经办人签章 Signature of Bank Teller　　银行业务编号 Bank Transaction Ref. No.

资料来源：国家外汇管理局官网。

课堂实训

党的十九大以来，在复杂多变的外部环境中，我国国际收支总体保持基本平衡格局，综合国力不断增强，经济实现高质量发展，是国际收支均衡稳健运行的根本保障。那么，我国的国际收支呈现怎么样的变化，有什么特点？

第二节 国际收支平衡表

【引导案例】

国际收支平衡表和双循环

构建以国内大循环为主体、国内国际双循环相互促进的新发展格局已成为未来一个时期内中国的重要战略方向。

中国主要以国际贸易的方式参与国际循环，美国主要通过国际金融交易、德国和日本主要通过国际区域产业投资参与国际循环。

中国作为制造业大国创造了出口，但又将外汇投资西方发达国家，形成了美元、欧元的回流。德国、日本等国构筑起在中国、东欧、东南亚的海外收入网络体系。美国和英国这些金融中心国家则依赖金融向心力维系国际循环的动力。中国面临的国际循环形势十分严峻，在金融危机以后，日、法、德日益依赖海外收入的支撑，美国则继续依靠金融投资的资金回流，但中国至今仍未建立海外投资和收入体系，一旦国际循环受到阻隔，中国可能只能退回到内循环的境地，构建双循环格局存在较大困难。

以中美循环为例，中美之间的贸易进出口形成了中国对美贸易盈余，但中国积累的外汇又购买了美国的国债证券，造成中国商品出口和美元回流的国际循环。因此，吸引外资和对外投资、国际金融投资也都是国际循环不可或缺的一部分。

资料来源：陆江源，杨荣．“双循环”新发展格局下如何推进国际循环？[J]. 经济体制改革，2021 (2).

一、国际收支平衡表的概念

国际收支平衡表是一国将其一定时期内（通常为1年）的全部国际经济交易，根据交易的内容与范围，按需要设置账户（account）或项目(item)，并按照复式簿记原理编制而成的统计报表，集中反映一个国家一定时期内国际收支的状况。各国由于其国际经济交易的内容与范围不尽相同，因而编制的国际收支平衡表也互不相同。为了指导各成员国编制平衡表，并使各国的平衡表之间具有可比性，国际货币基金组织（IMF）出版了《国际收支手册》第六版，对平衡表编制所使用的概念、准则、惯例、分类方法及标准构成等均作了统一的规定，使各国在编制国际收支平衡表时有了一个可参照的标准格式。

二、国际收支平衡表的内容

按照IMF的《国际收支手册》第六版，一国国际收支表由经常账户、资本和金融账户、净误差与遗漏三个部分组成。

（一）经常账户（current account）

经常账户是一个国家国际收支平衡表中最基本、最重要的项目，反映居民与非居民之间经常发生的经济交易内容，其中包括四个具体项目。

1. 货物（goods）

货物包括一般商品、用于加工的货物、货物修理、各种运输工具在港口购买的货物和非货币黄金。

一般商品。居民向非居民出口或从非居民处进口的大多数可移动货物。

可用于加工的货物。包括跨越边境运到国外加工的货物的出口以及随后的再进口。

货物修理。包括向非居民提供的或从非居民那里得到的船舶和飞机等运输工具上的货物修理活动。

非货币黄金。包括不作为货币当局储备资产（货币黄金）的所有黄金的进口与出口，非货币黄金在此是普通商品。

2. 服务（services）

服务的输出输入，即服务贸易，亦称无形贸易（invisible trade），包括下列具体项目：

运输通信收支。包括海陆空运商品和旅客运费的收支。有些国家对运输工具的修缮费、港湾费与码头的使用费、船舶注册费等均纳入运输收支的项目。通信方面，属于国际电报、电话、电传、卫星通信等服务项目引起的外汇收支都记入劳务账户下。

保险收支。凡本国人向外国人保险公司投保，则成为保险费的支出，如外国人向本国保险公司投保，则成为保险费的收入。

旅游收支。它指本国居民到国外旅游或外国居民到本国旅游产生的膳费、交通等服务性费用的收支。

其他服务收支。如办公费、专利权使用费、广告宣传费、手续费、个人服务、文化和娱乐服务等项的开支。

3. 初次收入（primary income）

初次收入是指居民机构和单位因其对生产过程所作贡献或向非居民机构和单位提供金融资产和出租自然资源而获得的回报。初次收入主要由与生产过程有关的收入和财产收入组成。其中与生产过程有关的收入包括雇员报酬和对产品及生产的税收和补贴，财产收入包括投资收益（股息和准公司提取、再投资收益、利息）和租金。

4. 二次收入（secondary income）

二次收入指的是居民和非居民之间的经常转移。二次收入包括个人转移和其他经常转移。个人转移指居民住户向非居民住户提供的或从其获得的所有现金或实物的经常转移。其他经常转移包括：对所得、财富等征收的经常性税收，社保缴款，社会福利，非寿险净保费，非寿险索赔，经常性国际合作等。

（二）资本和金融账户（capital and financial account）

资本和金融账户反映一国资产所有权在国际间转移的状况，它包括资本账户和金融账户两大部分。

1. 资本账户（capital account）

资本账户包括居民与非居民之间的应收和应付资本转移，以及非生产非金融项目的取得和处置。资本转移是指资产（不含现金和存货）所有权从一方变更为另一方的转移；或是一方或双方有义务获得或处置一项资产（不含现金或存货）的转移；或是债权人免除负债的转移。非生产性非金融资产包括：无形资产，具体包括契约、租约、许可和营销资产，以及自然资源（通常为土地）。

2. 金融账户（financial account）

按照《国际收支手册》第六版，金融账户包括直接投资、证券投资、金融衍生产品（储蓄除外）和雇员认股权、其他投资、储备资产 5 个部分。其中，金融账户包括非储备金融账户和储备金融账户。非储备金融账户包括直接投资、证券投资、金融衍生工具、其他投资四个子账户，主要表现私人部门的跨境资本流动。

（1）直接投资（direct investment）。直接投资的主要特征是投资者对另一经济体的企业拥有永久利益，这一永久利益意味着直接投资者和企业之间存在着长期的关系，并且投资者对企业经营管理施加着相当大的影响。直接投资在传统上主要采用在国外建立分支企业的形式，目前越来越多采用购买一定比例的股票的形式来达到，如果是这样的话，一般要求这一比例最低为10%。

（2）证券投资（portfolio investment）。证券投资是指没有列入直接投资或储备资产且涉及债务或股本证券的跨境交易和头寸。其中，股本证券是对一家公司剩余价值索取权的工具。债务证券是指用以证明债务的可流通工具，包括票据、债权、可流通大额存单、商业票据、无担保债券、资产担保证券，以及通常在金融市场上交易的类似工具。

（3）金融衍生产品和雇员认股权。金融衍生工具是关联到另一具体金融工具、指数或商品的工具，通过金融衍生工具可将具体的金融风险（例如利率风险、汇率风险、股权和商品价格风险、信用风险等）放在金融市场交易。通常的金融衍生工具有远期、期货、期权、互换等。

雇员认股权是认购公司股权的一种期权，通常作为薪酬的一部分发给公司员工。

（4）其他投资（other investment）。其他投资为剩余类别，包括没有直接列入直接投资、证券投资、金融衍生产品和雇员认股权，以及储备资产的头寸和交易。其他投资包括其他股权、货币和存款、贷款、养老金和标准化担保计划、贸易信贷和预付款、其他应收/应付款。

（5）储备资产。储备资产是由货币当局控制，并随时可供货币当局来满足国际收支资金需求，用以干预外汇市场影响汇率，以及用于其他相关目的（例如，维护人们对货币和经济的信心，作为向外国借款的基础）的对外资产。储备资产主要包括货币黄金、外汇、在基金组织的储备头寸，以及特别提款权（SDR）等。

政府储备资产主要出于以下两个目的：第一，为国家提供足够的国际流动性，为短期贸易赤字融资，并且有助于其度过货币危机，提供流动性功能经常只对少数发展中国家非常重要，因为他们的货币不容易转换，或者在国际市场上难以以有利的条件融资。第二，中央银行有时通过与私有部门进行市场交易储备资产来稳定本国货币汇率。

（三）净误差与遗漏（net errors and omissions）

净误差与遗漏是一个人为的平衡账户。由于国际收支平衡表是按照复式记账原理编制的，借方总额与贷方总额必须相等。但是，由于统计数据来源不一，甚至数据不全或有错误等原因，借贷方不能平衡。为了使整个国际收支平衡表的净差额为零，于是建立了“净误差与遗漏”账户来人为地使国际收支平衡表平衡。

其中，造成统计资料存在误差的主要原因是：

（1）资料来源不一。一国在编制国际收支平衡表时所汇集和应用的原始资料来自许多渠道，如海关统计、银行报告、企业报表等。

（2）资料不全。某些数字如商品走私、资金外逃、私自携带现钞出入境等这些也属于国际收支范畴，难以掌握。例如，一个美国人从墨西哥以现金购买了价值1万美元的“大麻（违禁品）”（在途中却未能通过海关官员的检查），结果这1万美元落到了墨西哥的银行系统中，并被按惯例记入储备变动项目，但是这笔交易的另外一面却中断了。政府当局怀疑这些货是“大麻（违禁品）”，但在没有可靠的证据下，它不能记录下这笔交易。

（3）资料本身错漏。有关单位提供的统计数字也不是百分之百的准确无误，有的仅仅是估算数字。

因此，一般而言，一国经常账户加上资本与金融账户之后，借方与贷方间会有“缺口”，此时，国际收支平衡表上“错误与遗漏”项目的数字，就是该“缺口”数目，方向（正负号）相反。

三、国际收支平衡表中各账户之间的关系

（一）各账户之间的关系

根据国际收支平衡表各账户的性质，国际收支平衡表各账户之间的关系可用以下三个等式表示：

$$C+K=R+E \tag{1.1}$$

$$(C+K)-R=E \tag{1.2}$$

$$(C+K)-(R+E)=0 \tag{1.3}$$

式中，C 为经常账户，K 为非储备性质的资本和金融账户，R 为储备资产，E 为误差与遗漏。

式（1.1）表明，自主性交易与调节性交易的数额相等，方向相反，也表明调节性交易的性质和作用。

式（1.2）表明“净误差与遗漏”数量的计算方法，即“净误差与遗漏”是在动用了储备资产（R）弥补（$C+K$）的缺口之后的差额。从这里

也可以看出，它完全是一个为了会计上的需要而设置的人为的平衡项目。

式（1.3）表明整个国际收支平衡表的净差额应为零。

表 1－1 展示了我国 2019～2021 年的国际收支情况。

表 1－1　　我国 2019～2021 年连续三年的国际收支发生额情况

项目分类		2019 年		2020 年		2021 年	
		金额（亿美元）	占比（%）	金额（亿美元）	占比（%）	金额（亿美元）	占比（%）
货物和服务	货物贸易	43803	64.55	45089	62.11	58690	64.29
	服务贸易	7499	11.05	6103	8.41	7768	8.51
初次收入	职工报酬	254	8.64	292	8.39	356	7.79
	投资收益	5583		5763		6710	
	其他初次收入	25		37		44	
二次收入	个人转移	80	0.61	79	0.88	98	0.90
	其他二次收入	335		557		720	
经常账户差额		57579	84.85	57920	79.78	74386	81.48
资本账户		8	0.01	4	0.01	4	0.00
金融账户	直接投资	3241	4.78	4068	5.60	4620	5.06
	证券投资	2368	3.49	3980	5.48	3028	3.32
	金融衍生工具	51	0.08	108	0.15	247	0.27
	其他投资	3128	4.61	4639	6.39	5449	5.97
	储备资产	193	0.28	289	0.40	1882	2.06
资本和金融账户合计		8988	13.25	13088	18.03	15230	16.68
净误差与遗漏		1292	1.90	1588	2.19	1574	1.88
国际收支总计		67859	100.00	72596	100.00	91290	100.00

资料来源：国家外汇管理局官网资料整理。

（二）各科目对应的循环

国际收支平衡表分为经常账户、资本和金融账户、储备变动三大类，进一步将国际收支平衡表的科目划分为货物和服务进出口、海外收入（初次收入和二次收入）、直接投资、金融投资四类。四类科目之间存在以下关系：货物和服务出口为直接投资和金融投资提供外汇收入支撑，直接投资和金融投资又能提升进出口竞争力，同时带来海外收入。

表 1－2 展示了国际收支平衡表各科目对应的循环。

表 1-2　　　　国际收支平衡表科目分类和对应的循环

国际收支平衡表科目	对应的分析指标	对应的循环
1. 经常账户		
1.1　货物和服务	货物和服务贸易净出口	国际贸易循环
1.2　初次收入	海外收入净额	国际投资和收入循环
1.3　二次收入		
2. 资本和金融账户		
2.1　资本账户		
2.2　金融账户		
2.2.1　非储备性质的金融账户		
2.2.1.1　直接投资	直接投资净额	国际投资和收入循环
2.2.1.2　证券投资	金融投资净额	国际金融循环
2.2.1.3　金融衍生工具		
2.2.1.4　其他投资		

课堂实践

每一笔经济活动都在收支两方得到平衡记录。如出口交易，一方面在经常账户上记录货物或服务的支出，另一方面为体现从国外获得一笔资金，在金融储备资产项目上记录该项出口交易的资金收入。请根据平衡记录原则，分析对外商投资的经济活动分别在哪些账户记录支出和收入？

第三节　国际收支平衡表的编制原理

【引导案例】

按 SDR 计值，2022 年上半年，我国经常账户顺差 1213 亿 SDR，资本和金融账户逆差 878 亿 SDR。

按美元计值，2022 年上半年，我国经常账户顺差 1664 亿美元，其中，货物贸易顺差 3208 亿美元，服务贸易逆差 364 亿美元，初次收入逆差 1290 亿美元，二次收入顺差 110 亿美元。资本和金融账户逆差 1212 亿美元，其中，资本账户逆差 2 亿美元，非储备性质的金融账户逆差 1007 亿美元，储备资产增加 204 亿美元。

资料来源：国家外汇管理局网站，2022-10-19。

一、国际收支平衡表的编制原理

国际收支平衡表中每一笔具体的国际经济交易，在什么情况下列入贷方？在什么情况下列入借方？

国际收支平衡表是按照现代会计学的复式簿记（double entry）原理编制的，也即以借、贷作为符号，每个项目都有借方和贷方两栏，借方（debit）记录资产的增加和负债的减少，贷方（credit）记录资产的减少和负债的增加。每笔交易都会产生一定金额的一项借方记录和一项贷方记录，也即“有借必有贷，借贷必相等”。对此，记账法则是：

（1）凡引起本国外汇收入的项目，亦称正号项目（plus items），记入贷方，记为“+”（通常省略）。如出口、本国居民为非居民提供服务或从他国取得收入、非居民对本国居民的单方向转移、外国居民获得本国资产或对本国投资、非居民偿还本国居民债务。

（2）凡引起本国外汇支出的项目，亦称负号项目（minus items），记入借方，记为“-”。如进口、居民为本国居民提供服务或从本国取得收入、本国居民对非居民的单方向转移、本国居民获得外国资产、本国居民偿还非居民债务。

借方表示资产增加，贷方表示资产减少。从交易者的角度看，任何交易实际上是由两个行为构成（见图1-1），一个行为是付出（资财），另一个行为是获得（资财），两个行为互为抵偿，缺一不可，这是交易的实质。任何一笔交易，居民从非居民那里获得资财的行为，应该记录到国际收支平衡表的借方，而付出资财的行为记录到贷方。

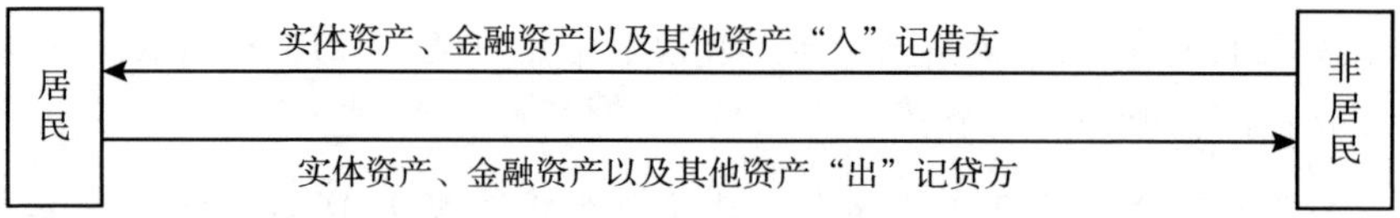

图1-1　借贷记账法的基本原理

借方表示负债的减少，贷方表示负债的增加。以A、B两国为例，前者为本国，后者为外国。A国对外负债减少，表明B国居民减持了A国的股权资产、债券或者收回了原来向A国提供的银行贷款，即原来B国居民持有的对A国的资产（要求权）又回流到A国，A国资产增加，因此对外负债的减少意味着资产的增加，对应于国际收支平衡表的借方。贷方表示负债的增加也同此理。

表1－3展示了2021年中国国际收支情况。

表1－3　　2021年中国国际收支平衡表（概览表）

项目	行次	按人民币计值（亿元）	按美元计值（亿美元）	按SDR计值（亿SDR）
1. 经常账户	1	20445	3173	2231
贷方	2	250060	38780	27248
借方	3	－229616	－35607	－25017
1.1 货物和服务	4	29810	4628	3255
贷方	5	229166	35543	24979
借方	6	－199355	－30915	－21724
1.1.1 货物	7	36261	5627	3956
贷方	8	207348	32159	22599
借方	9	－171087	－26531	－18644
1.1.2 服务	10	－6451	－999	－701
贷方	11	21817	3384	2380
借方	12	－28268	－4384	－3080
1.2 初次收入	13	－10430	－1620	－1140
贷方	14	17724	2745	1924
借方	15	－28154	－4365	－3064
1.3 二次收入	16	1064	165	116
贷方	17	3171	492	346
借方	18	－2107	－327	－230
2. 资本和金融账户	19	－9732	－1499	－1054
2.1 资本账户	20	6	1	1
贷方	21	17	3	2
借方	22	－11	－2	－1
2.2 金融账户	23	－9738	－1500	－1055
资产	24	－52405	－8116	－5690
负债	25	42667	6616	4635
2.2.1 非储备性质的金融账户	26	2417	382	266
2.2.1.1 直接投资	27	13296	2059	1445
资产	28	－8247	－1280	－901
负债	29	21543	3340	2346

续表

项目	行次	按人民币计值（亿元）	按美元计值（亿美元）	按SDR计值（亿SDR）
2.2.1.2 证券投资	30	3242	510	361
资产	31	-8129	-1259	-881
负债	32	11371	1769	1241
2.2.1.3 金融衍生工具	33	715	111	78
资产	34	1153	179	126
负债	35	-438	-68	-48
2.2.1.4 其他投资	36	-14837	-2298	-1617
资产	37	-25028	-3873	-2713
负债	38	10191	1576	1096
2.2.2 储备资产	39	-12154	-1882	-1320
3. 净误差与遗漏	40	-10713	-1674	-1177

资料来源：国家外汇管理局官网。

二、国际收支平衡表的记账方法

（1）任何一笔交易要求同时作借方记录和贷方记录；

（2）一切收入项目或负债增加、资产减少的项目，都列入贷方；

（3）一切支出项目或资产增加、负债减少的项目都列入借方；

（4）借、贷两方金额相等。如果交易属于单向转移，记账的项目只有一方，不能自动成双匹配，就要使用某个特种项目记账以符合复式记账的要求。

根据《国际收支手册》第六版，国际收支平衡表包括经常账户、资本账户和金融账户。经常账户可细分为货物和服务账户、初次收入账户、二次收入账户。资本和金融账户可细分为资本账户、直接投资、证券投资、金融衍生工具、其他投资和储备资产。具体项目的含义如下：

（一）经常账户：包括货物和服务、初次收入和二次收入

1. 货物和服务：包括货物和服务两部分

（1）货物：指经济所有权在我国居民与非居民之间发生转移的货物交易。贷方记录货物出口，借方记录货物进口。

例如：

A国出口商品价值100万美元，收入记入境外美元存款账户。

出口使A国实体资产减少，因此贷记“出口100万美元”；美元存款增加即金融资产增加，借记“其他投资100万美元”。境外美元存款，实际是对外直接投资、间接投资之外的其他投资（具体科目是“其他投资”项下的“私人短期资本流动”）（单位：万美元）。

借：金融账户——其他投资　　100

　　贷：经常账户——货物　　100

（2）服务：包括加工服务，维护和维修服务，运输，旅行，建设，保险和养老金服务，金融服务，知识产权使用费，电信、计算机和信息服务，其他商业服务，个人、文化和娱乐服务以及别处未提及的政府服务。贷方记录提供的服务，借方记录接受的服务。

例如：

A国居民到外国旅游花费10万美元，从该居民的海外存款账户上扣除。

居民到外国旅游享受国外提供的服务，相当于进口商品，借记“进口10万美元”；用海外美元存款支付，即金融资产减少，贷记“其他投资10万美元”（单位：万美元）。

借：经常账户——服务　　10

　　贷：金融账户——其他投资　　10

2. 初次收入：指由于提供劳务、金融资产和出租自然资源而获得的回报，包括雇员报酬、投资收益和其他初次收入三部分

例如：

A国企业在海外投资建厂，当年获利1000万美元，其中500万美元在当地再投资，200万美元存于其在海外的美元存款账户，100万美元用于进口，200万美元调回国内结售给A国政府。

投资获利1000万美元属于经常账户下的投资收入增加，如果仅仅将该笔收入存到海外存款账户上，那么投资收入就结转成其他投资（海外美元存款）。此时，应当借记“其他投资1000万美元”，贷记“初次收入1000万美元”。但该笔收入还另外转作他用，所以上述借方就发生了改变。在当地再投资即股权资产增加，借记直接投资500万美元；200万美元继续存在海外银行，存款资产增加借记其他投资200万美元；100万美元用于进口，实体资产增加，借记“进口100万美元”；200万美元调回，国内结售给政府，国际储备资产增加，借记“官方储备200万美元”。1000万美元的海外投资收入，结转成了对外股权资产、海外存款资产、进口商品和官方储备（单位：万美元）。

借：金融账户——直接投资　　500
——其他投资　　200
经常账户——货物　　100
——官方储备　　200
贷：经常账户——初次收入　　1000

3. 二次收入：指居民与非居民之间的经常转移，包括现金和实物。贷方记录我国居民从非居民处获得的经常转移，借方记录我国向非居民提供的经常转移

例如：

A 国政府动用 100 万美元外汇储备向外国政府提供无偿援助，另提供价值 50 万美元的药品和食品援助。

本国动用外汇储备 100 万美元对外援助，本国官方储备减少，贷记“官方储备 100 万美元”；提供外方 50 万美元的药品食品援助，本国实体资产减少，贷记“出口 50 万美元”。无偿援助属于单方面转移，借记“二次转移 150 万美元”作为抵偿（单位：万美元）。

借：经常账户——二次收入　　150
贷：金融账户——官方储备　　100
——货物　　50

（二）资本和金融账户：包括资本账户和金融账户

（1）资本账户：指居民与非居民之间的资本转移，以及居民与非居民之间非生产非金融资产的取得和处置。贷方记录我国居民获得非居民提供的资本转移，以及处置非生产非金融资产获得的收入，借方记录我国居民向非居民提供的资本转移，以及取得非生产非金融资产支出的金额。

（2）金融账户：指发生在居民与非居民之间、涉及金融资产与负债的各类交易。根据会计记账原则，当期对外金融资产净增加记录为负值，净减少记录为正值；当期对外负债净增加记录为正值，净减少记录为负值。金融账户细分为非储备性质的金融账户和国际储备资产。

例如：

A 国企业购买价值 2000 万美元的国外企业股票，占其股票总额的 8%，以境外美元存款账户支付。

购买国外企业股票，对外金融资产增加，又因为所购股票低于发行企业股票总额的 10%，因此借记“证券投资 2000 万美元”；使用海外美元存款

支付，本国海外存款资产减少，贷记“其他投资2000万美元”（单位：万美元）。

借：金融账户——证券投资　　2000

　　贷：金融账户——其他投资　　2000

（三）净误差与遗漏

国际收支平衡表采用复式记账法，由于统计资料来源和时点不同等原因，会形成经常账户与资本和金融账户不平衡，形成统计残差项，称为净误差与遗漏。

三、国际收支平衡表的差额分析

每笔交易都要同时记入借方和贷方，国际收支平衡表的借方总额和贷方总额是相等的，其差额为零。但是，国际收支平衡表的每个具体账户和科目的借方额和贷方额往往是不相等的，而有差额，这种差额被称为局部差额，主要有货物差额、经常账户差额、储备资产差额。

（一）货物差额

贸易差额 = 货物进出口差额 + 服务进出口差额。进出口贸易是一个国家收与支最重要的账户，对国际收支是否平衡影响最大。对非储备货币国而言，出口是外汇收入的主要来源。尽管一个国家可以通过资本流入得到外汇，但与出口比较起来，资本流入因各种原因极不稳定，因此出口是获得外汇来源的最可靠的渠道。而进口的状况对一国经济的发展有着重要的作用，因此人们对进口也给予了极大的关注。

（二）经常账户差额

经常账户差额 = 货物差额 + 服务差额 + 初次收入差额 + 二次收入差额。它是最有用的分析国际收支失衡指标之一。经常账户是一国国内生产总值的重要组成部分，其内容直接影响到一个国家经常性的国际收支状况，所以该账户常被人们视为衡量一国国际收支状况好坏的一个重要指标。

经常账户顺差→外汇支出 < 外汇收入，说明该国从国际取得了一笔净收入，国民生产总值（GNP）将大于国内生产总值（GDP）。

经常账户逆差→外汇支出 > 外汇收入，说明该国流出了一笔净收入，国民生产总值（GNP）将小于国内生产总值（GDP）。

正因为经常账户与一国国内经济有密切的内在联系，因此在分析国际收支是否均衡时，人们对经常账户的变动给予了高度重视。

（三）储备资产差额

储备资产差额 = 经常账户差额 + 资本账户和非储备性质的金融账户差额 + 净误差与遗漏。国际收支账户中心思想很简单：如同个人需要为埋单付账一样，一国必须为它在国外埋单付账。一个人支出大于收入时，必须通过出卖资产或借钱来填补亏空，一国经常账户出现赤字，同样需要通过不同方式弥补：向外国出售资产或借债、减少外汇储备。这一关系表述为：经常账户顺差 + 净资本流入→外汇储备增加。

由于国际收支赤字与盈余常常表现为外汇供给与需求之间的缺口，而且政府通常运用储备资产交易来融资赤字和吸收盈余，所以储备资产它反映了一国国际收支地位和在国际上的经济地位。在经济理论中，经济学家认为外汇储备的变化会影响到一国货币供给量。

（四）各局部差额相互关系

各差额状况并不能反映一国国际收支和对外经济关系的真实状况和发展变化，必须将各局部差额及其相互关系联系起来，结合有关项目的结构状况进行分析。

（1）国际收支总差额是逆差的情况下，主要有两种可能：

可能一：经常账户特别是其中的贸易收支仍保持顺差。表明问题不大，因为外汇收入实际上是增加的，只是由于资本输出过多而引起的总差额逆差，而资本输出不但表示海外资产增加，而且在今后还可能使经常账户中的海外投资收益增加。

可能二：经常账户特别是其中的贸易收支项目也是逆差。这说明存在问题，要进一步具体分析经常账户中的各个项目，查看原因是出口减少，进口过多，还是服务收入减少，对外援助过多。

（2）国际收支总差额是顺差的情况下，主要有两种可能：

可能一：如果经常账户特别是其中的贸易收支项目是顺差，这表示该国对外经济贸易情况良好。

可能二：如果经常账户是逆差特别是其中的贸易收支项目是逆差，总差额的顺差是靠资本流入维持的，那么首先要看经常账户的逆差是由哪个具体项目引起的，其规模有多大，如果贸易收支项目出现逆差而且是巨额逆差，情况显然不好。其次看资本项目下流入的资本主要投入哪些领域，其规模有多大，如果资本主要流入非生产性领域，那么后果是不利的。

2019～2021年国际收支平衡表各账户差额如表1－4所示。

表1－4　　国际收支平衡表　　单位：亿美元

项目分类		2019年	2020年	2021年
		金额	金额	金额
货物和服务逆差	货物贸易	3930	5111	5627
	服务贸易	－2611	－1525	－999
初次收入逆差	职工报酬	31	2	－13
	投资收益	－434	－1204	－1638
	其他初次收入	11	20	31
二次收入逆差	个人转移	1	4	9
	其他二次收入	102	81	156
经常账户差额		1029	2488	3173
资本账户		－3	－1	1
金融账户	直接投资	503	994	2059
	证券投资	579	955	510
	金融衍生工具	－24	－108	111
	其他投资	－985	－2452	－2298
	储备资产	193	－289	－1882
资本和金融账户合计		263	－901	－1499
净误差与遗漏		－1292	－1588	－1674
国际收支总计		0	0	0

资料来源：国家外汇管理局官网资料整理。

资料卡

一国的国际收支经常是不平衡的

如果收入大于支出，有了盈余，这个差额就叫国际收支顺差（surplus）。在顺差之前，冠以“＋”号（一般省略）。

如果支出大于收入，则出现亏损，这个差额就叫国际收支逆差（deficit）。在逆差之前，冠以“－”号，或以红字书写表示国际收支发生了赤字。

知识链接

案例：苹果公司复杂的供应链凸显了贸易统计方法的局限性

美国创造的高科技产品让美国产生了贸易盈余吗？不一定，我们以苹果公司为例进行说明。苹果公司设计和营销的苹果智能手机功能繁多，包括：可视语音邮件、手机短信发送、便携收音机，浏览网页和无线网络连接。很明显，苹果手机是一件高科技产品，但是，就是这样一件美国的高科技产品，并没有为美国带来贸易盈余，反而在中美贸易中带来了赤字。这是因为苹果手机的最终产品是从中国运往美国的。

根据传统的贸易统计方式，苹果手机在2009年让美国在中美贸易中产生了19亿美元的赤字，这怎么可能？传统的贸易统计方法忽略了国际贸易的复杂程度，贸易产品的设计、制造和组装通常分布在数个不同的国家。传统贸易设计方式的弱点在于把苹果手机的全部价值计入美国从中国的进口额，实际上苹果手机的设计在美国，零部件的生产分布在数个欧洲和亚洲国家，只有最后的组装在中国，组装和船运成本才是苹果手机在中国增加的成本。

2009年运往美国的苹果手机的成本是178.96美元，零部件来自许多国家，成本拆解如表1－5所示。

表1－5　　苹果手机的全球生产成本

生产成本（劳动力和零部件）	价值（美元）	占比（%）
日本	60.60	33.9
德国	30.15	16.8
韩国	22.96	12.8
美国	10.75	6.0
中国	6.50	3.6
其他	48.06	26.9
总和	178.96	100

如表1－5所示，2009年运往美国的苹果手机的成本是178.96美元，这全部计入中国对美国的出口，实际上组装成本只有6.5美元，只占总成本的3.6%。这夸大了美国对中国的贸易赤字。如果中国出口额只计入发生在中国的成本，那么美国对中国的贸易赤字就会小很多。因而，许多经济学家

认为，只把产品在各个国家发生的增加值计入进出口，是贸易统计更加精确的方法。

传统贸易统计方法通常夸大出口加工地区的贸易盈余、出口目的地的贸易赤字。以苹果手机为例，中美之间的19亿美元的贸易赤字中，实际上来自中国的只有3.6%，剩下的来自日本、德国等参与产业链的各个国家。传统统计方法夸大了中国之间的贸易逆差，导致中美之间的贸易关系和政治关系紧张，更使得美国在汇率问题和不正当贸易问题上向中国施压。

资料来源：百度公开资料整理。

课堂实训

中国国际收支不同于世界各国的显著特点是，经常账户及资本和金融账户都出现了持续顺差，即“双顺差”的国际收支结构。中国自1987年出现了国际收支的第一个双顺差，到2015年中国的国际收支双顺差已有23年，1999~2011年是持续13年的双顺差。1987年中国经常账户顺差约为3亿美元，2007年进一步增加到3532亿美元，占同期GDP的10.9%。资本与金融账户顺差也由2007年的942亿美元跃升为2011年的2655亿美元。双顺差使我国外汇储备迅猛增长，2006年底为10663亿美元，位居世界第一，2007年底我国的外汇储备进一步增加到15282亿美元，2014年为38430亿美元，比2007年增加1倍多。

请分析我国对外经济关系的真实状况和实质性的发展变化。

讨论与思考题

（1）为了便于在各会员国之间进行国际比较，IMF规定了国际收支平衡表的标准构成，并要求会员国按照这个标准编制表格。国际收支平衡表的主要内容包括三个部分：经常项目、资本和金融项目、平衡项目。在实务当中，人们往往根据分析问题的需要，采用不同口径的国际收支差额来分析一个国家的国际收支状况。请思考：主要的国际收支差额有哪些？如何运用它们进行经济分析？

（2）当国际间进行结算时，债权国必然会得到外汇收入，债务国必然会引起外汇支出，国际收支定期由各国政府编制成表予以公布。请思考：国际收支平衡表为什么总体上借贷双方总是相等的？既然借贷总额是相等的，为什么又会出现国际收支顺、逆差？

（3）在错综复杂的国际经济形势下，我国经常账户顺差保持增长，在全球主要顺差国中表现突出，充分体现了我国货物贸易等经常账户收支的稳定性和韧性，也具有较强的可持续性。请思考：我国的国际收支还有哪些特点？

习题与挑战

一、单项选择题

1. 在经济繁荣时期，由于国内需求旺盛，进出口业务会发生相应的变动，则国际收支可能出现（　　）。

A. 顺差　　B. 逆差　　C. 平衡　　D. 不确定

2. 我国企业在香港发行股票所筹集的资金应记入国际收支平衡表的（　　）。

A. 经常账户　　B. 资本账户　　C. 金融账户　　D. 储备账户

3. 国际收支是指某个时期内一个经济体的居民与非居民之间（　　）的统计记录。

A. 货币收支　　B. 交换　　C. 转移　　D. 经济交易

4. 在国际收支平衡表中，储备资产项目为 -100 亿美元，表示该国（　　）。

A. 增加了 100 亿美元的储备

B. 减少了 100 亿美元的储备

C. 人为的账面平衡，不说明问题

D. 无法判断

5. 当国际收支的收入数字大于支出数字时，差额则列入（　　）以使国际收支人为达到平衡。

A. "错误和遗漏"项目的支出方

B. "错误和遗漏"项目的收入方

C. "金融账户——储备资产"的支出方

D. "金融账户——储备资产"的收入方

二、判断题

1. 国际收支差额等于经常账户差额加上资本与金融账户差额。（　　）

2. 当所有的经济交易完成后是借方余额，则"净误差与遗漏"出现在贷方。（　　）

3. 只要是本国公民与外国公民之间的经济交易就应记录在国际收支平

衡表中。 (　　)

4. 国际收支平衡表反映的是全部的经济交易。 (　　)

5. 广义的国际收支是指在一定时期内一国居民与非居民之间进行的所有的经济交易的系统记录。 (　　)

实训活动

1. 技能训练：

(1) 查询各国的国际收支平衡表。登录 IMF 数据查询官网地址：www. data. imf. org，然后在首页菜单中找到“DATA TOPIC”选项，点击后，在新的页面中找到“Balance of Payments and International Investment Position”，点击后，在新页面的菜单栏中找到“By Economy”，之后即可得到国际收支平衡的汇总页面。在复选框中找到想查询的国家，即可获得该国的国际收支平衡表。

(2) 请同学们登录“国家外汇管理局网站”，下载前一年国际收支平衡表，计算前一年度各种差额，结合前一年度经济形势，计算不同口径的国际收支差额并对差额的成因结合实际进行分析。

(3) 当一国国际收支出现不平衡时，政府采取各种政策和措施进行调节。这些政策主要有外汇缓冲政策、财政和货币政策、汇率政策、直接管制政策和国际协调等。请分逆差和顺差两种情况分析 BOP 失衡的各个政策性调节路径。

①外汇缓冲政策

货币当局可直接动用外汇储备，通过在外汇市场上买卖外汇，调节外汇供求，继而改善国际收支失衡的状况。

逆差：______________________________。

顺差：______________________________。

②财政货币政策

财政政策（思路：调节税率 T、政府开支 G→AD 和 P→BOP）

逆差：______________________________。

顺差：______________________________。

③货币政策（思路：货币政策工具→Ms 和 r→BOP）

逆差：______________________________。

顺差：______________________________。

④汇率政策（思路：通过调整汇率来实现国际收支平衡）

逆差：________________________________。

顺差：________________________________。

2. 案例分析：

某年，A 国发生经济业务如下，请根据业务编制 A 国国际收支平衡表。

（1）A 国一家企业向美国出口一批价值 100 万美元的货物，A 国应该怎样记入国际收支平衡表？

（2）A 国一家外贸公司租进日本一家运输公司经营的轮船运输设备，用 A 国银行在日本的分行账户上的外汇余额支付 4 万美元，A 国应如何记入国际收支平衡表？

（3）一批英国居民到 A 国旅游，共花费 13 万美元，A 国应如何记入国际收支平衡表？

（4）一法国合格境外机构在 A 国进行证券投资，经 A 国有关部门审核，将自己的投资所得股息与红利 20 万美元支票汇回法国，A 国应如何记入国际收支平衡表？

（5）A 国政府向菲律宾政府赠送价值 50 万美元玉米，A 国应如何记入国际收支平衡表？

（6）一家德国公司用 90 万美元，在 A 国某大城市建立大型零售商业企业，A 国应如何记入国际收支平衡表？

第二章

外汇与汇率

【学习目标】

1. 外汇的概念和特征
2. 主要货币符号及其特点
3. 汇率的基本知识和汇率标价法
4. 汇率的种类及其划分依据
5. 影响汇率变动的因素

【技能目标】

1. 能够用外汇及汇率的基本知识读懂汇率报价
2. 掌握使用网络查看汇率的方法
3. 能够分析国际金融市场各主要货币及其汇率走势
4. 能够分析汇率上浮或下降对一国经济产生的影响

【素养目标】

1. 通过了解人民币汇率变化情况对中国国家经济的影响，激发爱国主义情怀，树立民族荣誉感

2. 通过分析买卖外汇的价格以及变动方向，树立学生精益求精的职业精神

3. 通过分析汇率变化带来的影响及结果，培养职业责任感和职业道德感

【案例导读】

人民币升值，几家欢乐几家愁

假设某年，一美国人到中国旅游，用10万美元兑换到68万元人民币。在中国吃喝玩乐了一年，花了18万元人民币。次年，他要回去了，到银行去，因为人民币兑美元升值到1∶5，这位美国人用剩下的50万元人民币换回了10万美元。来时10万美元，回去还是10万美元，潇洒一年，毫发未损，高高兴兴地回家了。

随着生活条件的不断改善，2018年，小温的父母决定送小温去美国留学攻读研究生。在美国，读完研究生课程的学费加生活费在5万~30万美元。如果小温在美国留学3年，留学成本以5万美元/年计算。考虑到2018年7月20日银行间外汇市场人民币兑美元中间价为6.7671，2020年7月20日人民币兑美元中间价为6.9928。2020年和2018年相比，由于美元兑人民币汇率变化，小温2020年的留学成本比2018年多花1.1万元人民币左右。小温父母就这样被“吞掉”一个月工资。小温心里很疑惑：究竟什么是外汇和汇率？汇率变化这么大，是什么因素导致的？这样的汇率波动又会对经济产生什么影响？

资料来源：公开资料整理。

【章节概括】

现代社会，主权国家大多有本国货币，一般不允许外国货币在本国交易和流通。在国际经济交易中，本国进口外国商品及服务或者购买国外金融资产时需要支付相应的外汇，本国出口商品及服务或者出售国外金融资产时会收到相应的外汇，由此产生大量的国际债权债务关系。那么，外汇是什么呢？

第一节　外汇与外国货币

【引导案例】

世界上有许多不同的国家，流通着不同的货币。例如，在日本是日元，在美国是美元，在英国是英镑，在德国和法国则是欧元，等等。

小沈打算购买英国的苏格兰裙，到春节晚会表演节目。因此，他必须去中国某家银行，支付人民币换取等额的英镑。这里的英镑，就是“外汇”。最后，小沈选择了中国银行北京王府井支行，用300元人民币换了30英镑。小沈和中国银行进行了英镑和人民币的“外汇兑换”。

资料来源：公开资料整理。

一、外汇的概念

外汇是以外币表示的用于国际结算的支付凭证。《中华人民共和国外汇管理条例（2008修订）》第三条对外汇的具体内容作出如下规定：

（1）外国货币。包括纸币、铸币。

（2）外币支付凭证或支付工具。包括票据、银行的存款凭证、银行卡等。

（3）外币有价证券。包括债券、股票等。

（4）特别提款权。

（5）其他外汇资产。

外汇的概念具有双重含义，即有静态和动态之分。

（一）静态的定义

外汇的静态概念指以外币表示的可用于国际结算的支付手段与资产，又分为狭义的外汇概念和广义的外汇概念。

狭义的外汇是以外国货币表示的、为各国所普遍接受的、可用于国际间债权债务结算的各种支付手段。它必须具备三个特点：可支付性（必须是以外国货币表示的资产）、可获得性（必须是在国外能够得到补偿的债权）和可换性（必须是可以自由兑换为其他支付手段的外币资产），三者关系密切，缺一不可。

广义的外汇是指一国拥有的一切以外币表示的资产。

（二）动态的定义

外汇的动态概念是指货币在各国间的流动以及把一个国家的货币兑换成另一个国家的货币，借以清偿国际间债权、债务关系的一种专门性的经营活动，是国际间汇兑的简称。注意：国际货币基金组织（IMF）对外汇的解释是，外汇是货币行政当局（中央银行、货币机构、外汇平准基金和财政部）以银行存款、财政部库券、长短期政府债券等形式所保有的在国际收支逆差时可以使用的债权。

二、外汇的特征

生活中看似寻常的“外汇”其实有着并不寻常的含义。在理解外汇的概念时，作为国际支付手段的外汇具备以下三个特征。

（1）非本币性。外汇必须是以外币表示的资产，要具有国际性。如一个中国人特有的美元汇票是外汇，而一个美国人持有的美元汇票则不是外汇。

（2）可偿性。可偿性是指在任何情况下都能够在国外得到偿付，空头支票、拒付的汇票不能视为外汇。

（3）可兑换性。可兑换性是指在国际市场上可普遍被接受，可兑换成任何国家货币或其他各种外汇资产。

一国货币想要成为“外汇”，必须满足一个前提——可自由兑换，即外汇资产票面所标示的货币一定是可自由兑换的货币。

政策透视

自由兑换货币

自由兑换货币主要是指该货币的发行国对该国的经常项目下的支付和资本与金融项目下收支不进行管制或者限制。《国际货币基金协定》第30条F款表明自由兑换货币是指：

（1）该货币在国际支付领域中被广泛使用。

（2）该货币是国际外汇市场上主要的买卖对象。

（3）英镑、美元、日元、欧元等是主要的自由兑换货币。

非自由兑换货币主要是指该货币发行国对该国经常项目下的支付和资本与金融项目下的收支进行管制或限制。像以越南元、缅甸元所标示的支付凭证对一国不能算作外汇，因为这些货币的发行国对该国经常项目下的支付和资本与金融项目下的收支进行严格管制。

资料来源：公开资料整理。

三、世界主要货币的名称及符号

世界上大大小小的国家和地区一共有250多个，形形色色的货币有200

多种。发行货币是一个国家主权的一部分，一般每个主权国家都有自己的货币，不过也有例外。比如，欧洲因一体化进程的发展，欧盟国家都统一使用欧元。另外，一些小国出于成本、流通等因素考虑，会使用国际货币，比如不少太平洋小国就使用美元。还有，当一个国家出现内乱时，就会同时出现很多种货币，分别由不同政权发行，可以说世界上的货币种类总数是动态的。

表2－1列出了当今世界上主要货币的简况，包括货币发行国家或地区、货币名称和代码等。按照国际化组织ISO－4217标准的定义。每种货币都用三个字母的代码来表示，例如，美元是USD（United States Dollar），欧元是EUR（Euro），瑞士法郎是CHF（Confederation Helvetica Franc），日元是JPY（Japanese Yen），英镑是GBP（Great Britain Pound）。货币代码通常是由两个字母的国家代码（国际标准化组织ISO－3166标准）加上货币第一个字母构成的，但也有例外，比如欧元（Euro），被标示为EUR。

表2－1　当今世界主要货币简况

国家、地区	货币名称		英文简写	货币符号
	英文	中文		
中国	Renminbi Yuan	人民币	CNY	¥
美国	U. S. Dollar	美元	USD	$
日本	Japanese Yen	日元	JPY	￥
欧元区	Euro	欧元	EUR	€
英国	Pound，Sterling	英镑	GBP	£
瑞士	Swiss Franc	瑞士法郎	CHF	₣
加拿大	Canadian Dollar	加元	CAD	C$
澳大利亚	Australian Dollar	澳大利亚元	AUD	A$
中国香港	Hong Kong Dollars	港元	HKD	HK$
新加坡	Singapore Dollar	新加坡元	SGD	S$
韩国	Won	韩元	KRW	₩
泰国	Thai Baht（Thai Tical）	泰铢	THB	฿
印度尼西亚	Rupiah	印尼盾	IDR	Rp

注：CHF = Confederation Helvetica Franc（瑞士法郎），其中Confederation Helvetica（赫尔维蒂亚联邦）是瑞士联邦的拉丁文名称。

资料来源：国际标准化组织4217标准2008版。

四、世界主要货币介绍

接下来介绍的外汇种类主要包括我国投资者接触比较多的货币，并且是世界上相对经常作为国际贸易间支付手段的高流通性货币，如美元、欧元、英镑、日元、瑞郎、澳元等。

（一）美元及其特性

美元英文货币符号 USD，其发行权属于美国财政部，办理具体发行的是美国联邦储备银行。钞票尺寸不分面额均为 15.6 厘米 ×6.6 厘米。每张钞票正面印有券类名称、美国国名、美国国库印记、财政部官员的签名。美钞正面人像是美国历史上的知名人物，背面是图画。另有 500 元和 500 元以上面额，背面上没有图画，流通量极有限。1996 年，美国开始发行一种具有新型防伪特征的纸币，第一次发行的为 100 元券。

知识链接

美元符号 $ 的来历

关于这个符号的来历，有许多说法，其中较为普遍的有两种。

一种说法认为，这个符号是将一个写得较窄的 U 放在一个写得较宽的 S 上形成的，所以它代表了美国（United States）。

另一种说法却指出，它是 PS 叠合写法的演变。PS 是 18 ~ 19 世纪美国的一种圆形硬币比索（pesos）的缩写，这种硬币在 1974 年美国正式建立造币厂以前一直在全国通用。后来美国政府认可 $ 这个符号作为新货币的一个单位，即一美元。在书写时，$ 要摆在数字前面，如 1 美元应写成 $1、50 美元写成 $50。需要说明的是，看到 $ 不要以为一定就是美元，在其他一些国家和地区，货币的名称也会使用 $ 。为了区别起见，美元、加拿大元、澳大利亚元、新西兰元、新加坡元和港元分别用 US$ 、C$ 、A$ 、NZ$ 、S$ 和 HK$ 表示。

资料来源：金投网，2022 -07 -25。

（二）欧元及其特性

英文货币符号 EUR，欧元源于 1989 年提出的道尔斯计划。1991 年 12

月 11 日，自马斯特里赫特条约启动欧元机制以来，到 1999 年初，大多数欧盟国家都把它们的货币以固定的兑换比例同欧元联结起来。根据马斯特里赫特条约，欧洲单一货币叫作“ECU”。1995 年 12 月，欧洲委员会决定将欧洲单一货币改名为欧元“Euro”。2002 年 1 月 1 日起，所有收入、支出包括工薪收入、税收等都要以欧元计算。2002 年 3 月 1 日“欧元”正式流通后，欧洲单一货币的旧名称消失。

欧元纸币由各参与国中央银行组成的欧洲中央银行负责发行。欧元硬币由各个参与国政府负责发行。不同发行机构之间保持互相协调。欧盟政治家推动欧元的潜在意图就是要结束“美元的专制统治”。1996 年 12 月，设在德国法兰克福的欧洲货币局宣布 1999 年欧盟统一货币——欧元设计图案是经公开征选后评出的，奥地利纸币设计家罗伯特·卡利纳的方案中标。在该方案中，欧元共分 7 种面值，即 5 欧元、10 欧元、20 欧元、50 欧元、100 欧元、200 欧元和 500 欧元，面值越大，纸币面积越大。最小面值的 5 欧元纸币为 62 毫米高、120 毫米宽，最大面值的欧元纸币为 500。每种纸币正面图案的主要组成部分是门和窗，象征着欧盟推崇合作和坦诚精神。纸币的反面是各类桥梁，包括很早以前的小桥和现代先进的吊桥，象征着欧洲与其他国家之间的联系纽带。各种门、窗、桥梁等图案分别体现了欧洲各时期的建筑风格，市值从小到大依次为古典派、浪漫派、哥特式、文艺复兴式，巴洛克和洛可可式、铁式和玻璃式、现代建筑风格，颜色依次为灰色、红色、蓝色、橘色、绿色、黄褐色、淡紫色。同时，还有 13 颗五角星紧紧环绕欧盟旗。欧元硬币由 8 种面额组成，包括 1 欧分、2 欧分、5 欧分、10 欧分、20 欧分、50 欧分。

<u>**知识链接**</u>

欧元符号€的意义

欧元符号€是由英文符号 C 和两条横杠构成，看上去形似希腊字母 ε。该符号的设计者叫阿图尔·艾森门格尔，期望运用形似希腊字母 ε 的符号代表欧元。在最初设计这个符号时，一共有 10 个方案，而最后€胜出。一方面，该符号拥有希腊字母 ε 的轮廓，表明 EUR（欧洲）。另一方面，两条横杠构成的平行线代表了平稳，象征着欧盟期望欧元平稳的期望。

资料来源：外汇网，2021 -06 -16。

（三）英镑及其特性

英镑是英国国家货币和货币单位名称。英国未加入欧元区，且已在2017年正式启动脱欧（脱离欧洲联盟计划）程序，仍然使用英镑。英镑主要由英格兰银行发行，但也有其他发行机构。除了英国，英国海外领地的货币也以镑作为单位，与英镑的汇率固定为1∶1。

在日常交易中，英镑较受大家的欢迎，英镑的交易比较活跃，交易量较大，日内波动也比较大。英镑在欧元被采用后，被称为历史最悠久的，且现在仍然被使用的货币，目前居全球外汇储备的第三名，在美元和欧元之后。英镑是第四大外汇交易币种，在美元、欧元和日元之后。虽然英镑和欧元没有固定汇率，然而，英镑和欧元之间经常存在长期的同步趋势。

知识链接

英国女王伊丽莎白二世是首位出现在英格兰银行发行的纸币上的君主。英镑纸币的正面均为英国女王伊丽莎白二世的头像，背面则根据钱币的面值各有不同，印上了对英国社会和文化作出过突出贡献的人，并且会进行更换（每10～20年更换一次）。目前，5英镑纸币的背面为温斯顿·丘吉尔；10英镑纸币的背面为简·奥斯汀；20英镑塑料钞的背面为威廉·特纳；20英镑纸币的背面为亚当·斯密；50英镑塑料钞的背面为艾伦·图灵；50英镑纸币的背面为马修·博尔顿和詹姆斯·瓦特。

英国女王伊丽莎白二世于2022年9月8日去世，据英格兰银行官网9月9日消息，目前印有英国女王伊丽莎白二世头像的英镑纸币将继续作为法定货币。9月27日，英国白金汉宫、皇家造币厂、英格兰银行、皇家邮政集团宣布，印有查尔斯三世头像的硬币、纸币和邮票将逐步在市面上流通。新版纸币样式将于2022年底前公布，预计将在2024年年中开始流通，但印有伊丽莎白二世头像的货币不会在一夜之间消失。

资料来源：海报新闻，2022－09－10。

（四）日元及其特性

日元又称日圆，其纸币称为日本银行券，是日本委派日本银行在日本发行的法定货币，自1871年起发行。现有纸币、金属币、纪念纸币与金属纪念币等多种系列货币在流通，按制作材料来分有纸币、硬币。

日本自1886年起采用金本位制，并发行可以兑换金币的日本银行券。第一次世界大战期间，日本废除了金本位制。1964年日元成为国际流通货币。

日元由日本中央银行发行，其纸币称为日本银行券，是日本的官方货币。

日元的英文货币符号为JPY，纸币面额有10000元、5000元、1000元、500元、100元、50元、10元、5元、1元等，另有500元、100元、50元、10元、5元、1元铸币。日元钞票正面文字全部使用汉字（由左至右顺序排列），中间上方均有“日本银行券”字样，各种钞票均无发行日期。发行单位负责人是使用印章的形式，即票面印有红色“总裁之印”和“发券局长”图章各一个。

（五）瑞郎及其特性

瑞郎是瑞士法郎的简称，是瑞士的官方货币，也是交易比较活跃的一种货币，是外汇交易中主要货币之一。由于瑞士奉行中立和不结盟政策，所以瑞士被认为是最安全的地方，瑞士法郎也被称为传统避险货币，加之瑞士政府对金融、外汇采取的保护措施，使大量的外汇涌入瑞士，瑞士法郎也就成为稳健且颇受欢迎的国际结算和外汇交易货币。

（六）澳元及其特性

澳大利亚元简称澳元，发行机构是澳大利亚储备银行。澳元是外汇交易中的次要货币，交易活跃程度稍弱于美元、欧元和英镑等。澳大利亚在煤炭、铁矿石、铝、铜、羊毛等工业品和棉纺品的国际贸易中占绝对优势，因此这些商品价格对于澳元有很大的影响。尽管澳大利亚不是黄金的重要生产和出口国，但是澳元和黄金价格正相关的特征比较明显。此外，澳元是高息货币（指该国货币的存款利率高于另外一国的国家存款利率），美国方面利率前景和体现利率前景的国债收益率的变动对其影响较大。

澳大利亚流通的有5分、10分、20分、50分、100分面额的纸币，另有1分、2分、5分、10分、20分、50分铸币。1澳大利亚元等于100分。所有硬币的正面图案均为英女皇伊丽莎白二世头像。从2002年起，经改良后澳大利亚所用纸币皆带有胶质，比以往较不易破烂，耐用且美观。新版澳大利亚元是塑料钞票，经过近30年的研制才投入使用，它是以聚酯材料代替纸张，耐磨，不易折磨，不怕揉洗，使用周期长而手感强烈，具有良好的防伪特性。各种面值都设计有不同特色的透明“窗口”，是全球首个采用这种崭新设计的国家。

（七）加拿大元及其特性

加拿大元简称加元，与澳元类似，都属于商品货币。

加拿大居民主要是英、法移民的后裔，分别是英语区和法语区，因此钞票上均使用英语和法语两种文字。

例如，1935 年加拿大发行印刷有英王乔治五世头像的第一批钞票，分别用英语和法语两种文字共同印刷。以后发行的 1954 年和 1969 年的钞票系列都是采用英、法两种文字共同印刷。重新设计的钞票系列于 1937 年、1954 年、1969 年以及 2005 年发行。2011 年 11 月 14 日，加拿大央行宣布首次开始发行塑料钞票，首先进入流通的塑料钞票面值为 100 加元，以特别聚合物制成，具有易辨识、难假造等特点，预计使用寿命是普通纸币的 2.5 倍。其他面值分别为 50 元、20 元、10 元及 5 元的塑料钞票在 2013 年底前陆续投入流通。

（八）人民币元及其特性

人民币元是指中国人民银行成立后于 1948 年 12 月 1 日首次发行的货币，至 1999 年 10 月 1 日启用新版为止共发行五套，形成了包括纸币与金属币、普通纪念币与贵金属纪念币等多品种、多系列的货币体系。人民币元在 ISO 4217 简称为 CNY（China Yuan），不过更常用的缩写是 RMB（Ren Min Bi）；在数字前一般加上“￥”表示人民币的金额。

课堂实训

（1）很多人都认为“外汇”就是“外国的钱、外国的钞票”，你赞同这一观点吗？

（2）每个国家都有自己的货币，但是有些国家流通的却不是自己本国的货币，比如欧洲大部分国家都是使用欧元。而在外汇市场，其主要的交易货币有哪些？这些不同的货币各有什么特点？

第二节 汇 率

【引导案例】

客户不熟悉银行外汇现钞现汇卖出价引发质疑的案例

一位客户来银行取日元现钞，柜员热情受理，发现客户存折上有一笔日元的外汇，于是一边办理支取一边问客户。

柜员："既然是要取钞，为何又要购汇？购汇取钞相比购钞取钞汇率要高一点。"

客户："要多出多少人民币？"这是客户经理在网上帮其购的，并没和她说这事。客户随即要求柜员不要取了，马上去找刚才为其购汇的客户经理。

柜员："但是款已取出再存回去就是现钞了。现汇已购出，且是网上购出的，是不能再退回的。"

客户："我要投诉客户经理。"

客户经理："银行卖出外汇，即客户买入外汇，没有钞汇价格之分；银行买入外汇，即客户卖出外汇，才有钞汇之分。"

一番解释，客户将信将疑，多方求证后，怒火才得以平息。

资料来源：公开资料整理。

货币本身也是商品，是一种特殊的商品。普通商品的价格都可以用货币来表示：一把椅子 99 元，一幅壁画 180 元，一盒鲜奶 8 元……有了货币的帮助，可以直观判断出不同商品的价格贵贱。

但如果说"一张 CD 38 元，一本书 5.6 美元，一碗面 32 港元"，CD、书和面哪个更贵呢？显然，当用不同货币计价时，就不能直接做比价，首先必须弄清人民币元、美元、港元这三种货币各自值多少。

一、汇率的概念

"汇率"亦称"外汇行市"或"汇价"，指一国货币以另一国货币表示的价格，或者说是两国货币间的比价。由于世界各国货币的名称不同，币值不一，所以一国家货币对其他国家的货币要规定一个兑换率，即汇率。汇率是国际贸易中最重要的调节杠杆。因为一个国家生产的商品都是按本国货币计算成本的，若拿到国际市场上竞争，其商品成本就会与汇率相关。汇率的高低也就直接影响该商品在国际市场上的成本和价格，直接影响商品的国际竞争力。

举例

本国货币升值对进出口的影响

（一）货币升值对进口的影响

我国企业进口时，需要付出外币，换回商品或者服务。人民币升值，对进口企业来说，无疑是利好，进口付汇成本会大幅降低。人民币升值，相对来说是外币贬值。想要支付固定金额的外汇，需要支付的人民币相对减少，从而资金成本降低。

举例说明：某银行今天的人民币兑美元汇率为652.45（每100美元可换652.45元人民币。后面同理），一个月前该行的人民币兑美元汇率为655.45。该银行的客户想从美国进口一批设备，设备总价款为100万美元。如果客户在一个月前付汇，购买100万美元所需要的人民币是655.45万元。而由于一个月来的人民币升值，现在变成了652.45元，则同样是100万美元，需要付出的人民币为652.45万元。是不是比一个月前少花了3万元人民币？

同理，凡是需要支付外汇，从外国进口各种资源的，例如，办理投资业务，需要进口劳务，以及出去旅游、就医等，凡是需要花钱的，都省钱了。

（二）货币升值对出口的影响

总体来说，货币升值对出口是不利的。出口企业是出口商品，换取外汇。同样金额的外汇，由于本币升值，外币贬值，能换回的人民币就减少，从而收益减少。

举例说明：一个月前，某银行的客户出口了一批大米，总价值是100万美元。当时的人民币兑美元汇率是655.45，也就是100万美元能换回来人民币655.45万元。一个月之后，客户又出口了一批大米，收到的外汇还是100万美元。但是，现在的人民币汇率是652.45，也就是100万美元到银行能换回652.45万元人民币。是不是比之前少换回3万元人民币？企业因此会损失3万元人民币。

同理，凡是需要用外汇换回人民币的，比如，出国劳务挣外汇，本币升值，外币贬值时，都是相对不利的。

资料来源：金投网，2022－09－23。

知识拓展

汇率通常由小数点后4位有效数字形成，右起第一位数的数值为一下汇价点，代表0.0001。例如，2020年欧元兑美元由年初EUR1＝USD1.3743跌至年末EUR1＝USD1.2153，则称欧元兑美元下浮了1590点（1.3743－1.2153）。

资料来源：公开资料整理。

二、汇率标价的方法

确定两种不同货币之间的比价，先要确定用哪个国家的货币作为标准。由于确定的标准不同，于是便产生了几种不同的外汇汇率标价方法。通常的标价方法包括直接标价法、间接标价法、美元标价法。

（一）直接标价法

直接标价法又叫应付标价法，是以一定单位（1、100、1000、10000）的外国货币为标准来计算应付出多少单位本国货币。就相当于计算购买一定单位外币所应付多少本币，所以叫应付标价法。在国际外汇市场上，包括中国在内的世界上绝大多数国家目前都采用直接标价法。如日元兑美元汇率为119.05，即1美元兑119.05日元。在直接标价法下，若一定单位的外币折合本币的数额多于前期，则说明外币币值上升或本币币值下跌，叫作外汇汇率上升；反之，如果要用比原来较少的本币即能兑换到同一数额的外币，这说明外币币值下跌或本币币值上升，叫作外汇汇率下跌，即外币的价值与汇率的涨跌成正比。直接标价法的公式表示为

单位外币＝X本币

直接标价法与商品的买卖常识相似，例如美元的直接标价法就是把美元外汇作为买卖商品，以美元为1单位，且单位是不变的，而作为货币一方的人民币，是变化的。一般商品的买卖也是这样，500美元买进一件衣服，550美元把它卖出去，赚了50美元，商品没变，而货币却增加了。

（二）间接标价法

间接标价法又称应收标价法。它是以一定单位（如 1 个单位）的本国货币标准来计算应收若干单位的外国货币。在国际外汇市场上，欧元、英镑、澳元等均为间接标价法。如欧元兑美元汇率为 0.9705，即 1 欧元兑 0.9705 美元。在间接标价法中，本国货币的数额保持不变，外国货币的数额随着本国货币市值的变化而变动，如果一定数额的本币能兑换的外币数额比前期少，这表明外币币值上升，本币币值下降，即外汇汇率上升；反之，如果一定数额的本币能兑换的外币数额比前期多，则说明外币币值下降，本币币值上升，即外汇汇率下跌。外币的价值和汇率的升跌成反比。因此间接标价法与直接标价法相反。间接标价法的公式表示为

1 单位本币 = X 外币

从 1978 年 9 月 1 日开始，美元除了对英镑等少数货币使用直接标价法外，对其他货币均使用间接标价法。欧元自产生就采用间接标价法。

（三）美元标价法

美元标价法又称纽约标价法，在美元标价法下，各国均以美元为基准衡量各国货币的价值（以一定单位的美元为标准来计算应该汇兑多少他国货币的表示方法），而以非美元外汇买卖时，则是根据各自对美元的比率套算出买卖双方货币的汇价。当交易员询问某种非美元货币的汇价时，实际上是指美元对该货币的汇价。除欧元、英镑、澳大利亚元、新西兰元等少数货币外，其他货币的报价都以美元作为基本货币，其他货币则作为标价货币。美元标价法的公式表示为：

1 单位美元 = X 其他货币

直接标价、间接标价、美元标价这三种标价法与标价公式左右本币、外币所处位置相关，而一种货币属于本币或者外币又与所处市场相关。如 1 美元 = 6.7 元人民币，此标价在上海市场，为直接标价；在纽约市场，为间接标价；在法兰克福市场，为美元标价。

知识拓展

本币与外币的区分

一般地，讨论商品的价格时，商品与货币的关系总是非常明确的，比如

1件衣服值500元人民币，但本币与外币就难以区分。

例如，1美元兑换8.27元人民币，谁充当商品的角色？谁充当货币的角色？一个基本的原则是，外币充当商品，本币充当货币。因为，你永远不可能自己买卖自己国家的货币，只能买卖外币。我国的居民只能以人民币为手段，买卖其他货币；而美国居民只能以美元为手段，买卖其他货币。

如果你知道是在哪国的银行兑换，就可以知道谁为本币，谁为外币。对于美国银行来说，美元是本币，人民币是外币；对于中国银行来说，人民币是本币，美元是外币。如果美元和人民币在伦敦兑换，就无法判断了。此时可以根据其他因素分析，比如买卖者是谁，为什么进行，等等。

资料来源：公开资料整理。

三、汇率的分类

（一）按国际货币制度的演变划分，有固定汇率和浮动汇率

（1）固定汇率。是指由政府制定和公布，并只能在一定幅度内波动的汇率。

（2）浮动汇率。是指由市场供求关系决定的汇率。其涨落基本自由，一国货币市场原则上没有维持汇率水平的义务，但必要时可进行干预。

（二）按制订汇率的方法划分，有基本汇率和套算汇率

（1）基本汇率。各国在制定汇率时必须选择某一国货币作为主要对比对象，这种货币称为关键货币。根据本国货币与关键货币实际价值的对比，制订出对它的汇率，这个汇率就是基本汇率。一般美元是国际支付中使用较多的货币，各国都把美元当作制定汇率的主要货币，常把对美元的汇率作为基本汇率。

（2）套算汇率。是指各国按照对美元的基本汇率套算出的直接反映其他货币之间价值比率的汇率。

（三）按银行外汇付汇方式划分

（1）电汇汇率。是指经营外汇业务的本国银行在卖出外汇后，即以电报委托其国外分支机构或代理行付款给收款人所使用的一种汇率。由于电汇付款快，银行无法占用客户资金头寸。同时，国际间的电报费用较高，所以

电汇汇率较一般汇率高。但是电汇调拨资金速度快，有利于加速国际资金周转，因此电汇在外汇交易中占有很大的比重。

（2）信汇汇率。是指银行开具付款委托书，用信函方式通过邮局寄给付款地银行转付收款人所使用的一种汇率。由于付款委托书的邮递需要一定的时间，银行在这段时间内可以占用客户的资金，因此，信汇汇率比较低。

（3）票汇汇率。是指银行在卖出外汇时，开立一张由其国外分支机构或代理行付款的汇票交给汇款人，由其自带或寄往国外取款所使用的汇率。由于票汇从卖出外汇到支付外汇有一段间隔时间，银行可以在这段时间内占用客户的头寸，所以票汇汇率一般比电汇汇率低。票汇有短期票汇和长期票汇之分，其汇率也不同。由于银行能更长时间占用客户资金，所以长期票汇汇率比短期票汇汇率低。

（四）按外汇交易交割期限划分

（1）即期汇率。也称现汇汇率，是指买卖外汇双方成交当天或两天以内进行交割的汇率。

（2）远期汇率。远期汇率是在未来一定时期进行交割，而事先由买卖双方签订合同、达成协议的汇率。到了交割日期，由协议双方按预订的汇率、金额进行钱汇两清。

（五）按对外汇管理的宽严区分

（1）官方汇率。是指国家机构（财政部、中央银行或外汇管理当局）公布的汇率。官方汇率又可分为单一汇率和多重汇率。多重汇率是一国政府对本国货币规定的一种以上的对外汇率，是外汇管制的一种特殊形式。其目的在于奖励出口限制出口，限制资本的流入或流出，以改善国际收支状况。

（2）市场汇率。是指在自由外汇市场上买卖外汇的实际汇率。在外汇管理较松的国家，官方宣布的汇率往往只起中心汇率作用，实际外汇交易则按市场汇率进行。

（六）按银行营业时间划分

（1）开盘汇率。又称开盘价，是外汇银行在一个营业日刚开始营业时进行外汇买卖使用的外汇。

（2）收盘汇率。又称收盘价，是外汇银行在一个营业日的外汇交易结束时使用的外汇。

四、银行外汇牌价

一般情况下，各国都不允许外国货币在本国流通。居民从事国际贸易和投资活动时，必须用本币到外汇银行或政府指定的可以经营外汇的非银行金融机构兑换外汇；出口创汇收入汇回本国或外国投资进入时，也应该通过指定的外汇银行和相关机构将外币兑换成本币。即国内一进口企业需向美国的出口企业支付美元，该企业则需要用人民币向银行购买美元，然后再将美元汇至国外出口企业指定的银行账户中。

在一国境内结算债权债务关系时，支持异地划转资金，一般不涉及不同货币之间的兑换。那么国际金融各种货币相互兑换和买卖如何实现？

按银行买卖外汇的角度划分，有买入汇率、卖出汇率、中间汇率和现钞汇率。

（1）买入汇率。也称买入价，即银行向同业或客户买入外汇时所使用的汇率。采用直接标价法时，外币折合本币数较少的那个汇率是买入价，采用间接标价法时则相反。

（2）卖出汇率。也称卖出价，即银行向同业或客户卖出外汇时所使用的汇率。采用直接标价法时，外币折合本币数较多的那个汇率是卖出价，采用间接标价法时则相反。银行买卖外汇的原则是“贱买贵卖”，客户买卖外汇的原则是“贵买贱卖”。买入卖出之间有个差价，这个差价是银行买卖外汇的收益，一般为1‰～5‰，差额幅度大小往往因买卖货币的种类、成交金额大小、外汇行市的变化、买卖对象的不同等因素而异。银行同业之间买卖外汇时使用的买入汇率和卖出汇率也称同业买卖汇率，实际上就是外汇市场买卖价。

（3）中间汇率。是买入价与卖出价的平均数。一般来说，中间汇率不能用作实际交易，它只是一个汇率行情的显示。西方明刊报道汇率消息时常用中间汇率。

表2－2为2022年11月22日中国银行公布的外汇牌价。

表2－2　　中国银行外汇牌价（部分）

货币名称	现汇买入价	现钞买入价	现汇卖出价	现钞卖出价	中行折算价
阿联酋迪拉姆		188.14		202.12	195.12
澳大利亚元	471.72	457.06	475.19	477.29	473.4

续表

货币名称	现汇买入价	现钞买入价	现汇卖出价	现钞卖出价	中行折算价
巴西里亚尔		129.22		146.71	134.69
加拿大元	531.14	514.37	535.06	537.42	532.79
瑞士法郎	745.5	722.5	750.74	753.96	747.6
丹麦克朗	98.3	95.26	99.08	99.56	98.67
欧元	731.59	708.86	736.99	739.36	733.78
英镑	844.94	818.69	851.16	854.93	847.35
港元	91.51	90.78	91.87	91.87	91.86
印度尼西亚卢比	0.0454	0.044	0.0459	0.0475	0.0456
印度卢比		8.2353		9.2867	8.7681
日元	5.0292	4.873	5.0662	5.0741	5.0428
韩国元	0.5254	0.5069	0.5296	0.549	0.5279
澳门元	88.95	85.97	89.3	92.28	89.2
林吉特	156.15		157.56		156.34
挪威克朗	65.56	67.41	70.12	70.45	69.82
新西兰元	436.58	423.1	439.64	445.69	437.25
菲律宾比索	12.41	11.98	12.55	13.11	12.48
卢布	11.54	11.01	12.02	12.55	11.81
沙特里亚尔		185.24		195.84	190.69
瑞典克朗	66.61	64.56	67.15	67.47	66.92
新加坡元	516.87	500.92	520.51	523.1	518.52

资料来源：中国银行，2022－11－22。

知识链接

央行汇率中间价形成机制

人民币汇率中间价指交易中心根据中国人民银行授权，每日计算和发布人民币兑美元等主要外汇币种汇率中间价。

人民币兑美元汇率中间价的形成方式为：交易中心于每日银行间外汇市场开盘前向外汇市场做市商询价。外汇市场做市商参考上日银行间外汇市场收盘汇率，综合考虑外汇供求情况以及国际主要货币汇率变化进行报价。交易中心将全部做市商报价作为人民币兑美元汇率中间价的计算样本，去掉最高和最低报价后，将剩余做市商报价加权平均，得到当日人民币兑美元汇率中间价，权重由交易中心根据报价方在银行间外汇市场的交易量及报价情况等指标综合确定。

人民币兑港元汇率中间价由交易中心分别根据当日人民币兑美元汇率中间价与上午9时国际外汇市场港元对美元汇率套算确定。

人民币兑欧元、日元、英镑、澳大利亚元、新西兰元、新加坡元、瑞士法郎、加拿大元、林吉特、俄罗斯卢布、兰特、韩元、阿联酋迪拉姆、沙特里亚尔、匈牙利福林、波兰兹罗提、丹麦克朗、瑞典克朗、挪威克朗、土耳其里拉和墨西哥比索汇率中间价形成方式为：交易中心于每日银行间外汇市场开盘前向银行间外汇市场相应币种的做市商询价，将做市商报价平均，得到当日人民币对相应外汇的汇率中间价。

资料来源：查汇率，2012－01－06。

（4）现钞汇率。一般国家都规定，不允许外国货币在本国流通，只有将外币兑换成本国货币，才能够购买本国的商品和劳务，因此产生了买卖外汇现钞的兑换率，即现钞汇率。按理现钞汇率应与外汇汇率相同，但因需要把外币现钞运到各发行国去，由于运送外币现钞要花费一定的运费和保险费，因此，银行在收兑外币现钞时的汇率通常要低于外汇买入汇率；外币现钞卖出汇率与现汇卖出汇率一致。

知识拓展

现钞和现汇的区别

很多人经常询问，现钞和现汇为何不等值？为什么银行的外汇存款分为现汇（外汇户）和现钞（外钞户），而且这两者在兑换人民币的汇率时存在着一定差别？解释这类问题首先要从现钞和现汇的区别说起。

外汇有两种形式：第一种，现钞，就是“外币现钞，包括纸币、铸币”；第二种，现汇，就是“外币支付凭证中的银行存款凭证”。

现钞主要指的是由境外携入或个人持有的可自由兑换的外国货币。简单地说，就是指个人所持有的外国钞票，如美元、日元、英镑等。通俗来讲，现钞是拿在手中实实在在的现金。

现汇是指由国外汇入或由境外携入、寄入的外币票据和凭证。通俗来讲，现汇即在银行中的外汇存款，是银行账户中的一串数字、一个金额。

当银行购入现钞时，从购入到产生利息收益，需要付出一系列成本，包括存储费用、运输费用、存储运输中的风险、购入时到存入国外银行期间的利息损失。当银行购入现汇时，只需要进行简单的操作，就可以将外汇从客户的账户中转移到银行自己的账户中，立即开始享受利息收益，方便、迅速。相比现钞，现汇更受银行的欢迎，价格自然较高。

我国的商业银行在购入外汇现钞后，除了保留一部分应对日常兑换等需求外，超出的部分达到一定的金额时会集中运往货币主权国家，存入本行在该国银行中所开的账户，这样才可以享受利息收益。

资料来源：公开资料整理。

课堂实训

（1）如果你以电话方式向中国银行询问英镑/美元的汇价，中国银行答道："1.6900/10"。

问：

A. 中国银行以什么汇价向你买进美元？

B. 你以什么汇价从中国银行买进英镑？

C. 如果你向中国银行卖出英镑，汇率是多少？

（2）如果你是银行，你向客户报出美元兑港元汇率 7.8057/67，客户要以港元买美元 100 万元，问：

A. 你给客户什么汇价？

B. 如果客户以你的上述报价向你购买了 500 万美元，卖给你港元。随后，你打电话给一经济人想买回美元平仓，几家经纪人的报价是：

经纪人 A：7.8058/65

经纪人 B：7.8062/70

经纪人 C：7.8054/60

经纪人 D：7.8053/63

与哪一个经纪人交易，对你最有利？

第三节 影响汇率变动的主要因素

【引导案例】

英国脱欧有什么后果？英国脱欧致英镑大幅贬值

2016 年初英国准备脱离欧元区，并在同年 6 月举行全民公投。这对英镑汇率有很大影响，如果英国脱欧，削弱了英国的实力，那么英镑就会下跌。

直到公投前夜，市场对“留欧”一直信心满满，英镑和英国股市连涨四五天。随着6月25日英国各地区公投结果陆续揭晓，脱欧阵营竟然多数时间处于领先优势，市场上的祥和气氛瞬间逆转。在6月25日下午北京时间13点左右最低触及1.3226，创出1985年以来的最大跌幅，创有史以来英镑最大单日跌幅，足以与1992年“黑色星期三”和2008年美国雷曼兄弟公司倒闭时的表现相提并论。除了美元，英镑兑其他货币也是跌幅惨重。在英国脱欧影响下，欧元也难逃大跌。

资料来源：银行信息港，2016-06-26。

一、汇率变动的形式

汇率变动是指货币对外价值的上下波动，包括货币贬值和货币升值。汇率是一个国家的货币可以被转换成其他货币的价格。汇率变动是指汇率发生变化，或某货币相对于另一个货币价值的改变。引起汇率变动的因素很多，如贸易、通货膨胀等。

（一）升值与贬值

货币升值是指一国货币对外价值的上升，或称该国货币汇率上涨。汇率上涨的程度用货币升值幅度来表示。

货币贬值是指一国货币对外价值的下降，或称该国货币汇率下跌。汇率下跌的程度用货币贬值幅度来表示。

（二）上浮与下浮

当外汇求过于供时，其汇率会由下往上升高，称为上浮，意味着该国货币升值。

当外汇供过于求时，其汇率就会由上往下降低，称为下浮，意味着该国货币贬值。如果中国货币持续上涨就会影响汇率上浮的下浮。

二、影响汇率变化的重要因素

（一）经济增长率差异

从长期来看，一国保持较高的经济增长率，有力地支持着本国货币的升值。一国经济增长状况是影响货币汇率变动的基本因素。经济增长过程中实现劳动生产率逐步提高和产业结构的不断完善，一国商品出口竞争力不断增强，经常趋于顺差，从而为本国货币价值的上升提供有力的支持。另外，一国经济增长较快，意味着国内存在较多的投资机会和较高的利润回报率，这必然会吸引更多的外国投资资金的进入，资本项目的顺差会使外汇市场本国货币汇率上升。

经济增长→出口增加，经常账户趋于顺差；吸引资本流入，资本账户趋于顺差→外汇收入（供给）>外汇支出（需求）→外币贬值；本币升值。

但就短期而言，一国实际经济增长率与汇率的变动有着复杂的关系。

（1）如果一国的经济是依靠内需拉动的，经济的高速增长会刺激总需求并增加该国的进口，导致贸易逆差，则该国货币汇率趋于下跌。

（2）如果一国的经济是出口导向型的，经济的高速增长会推动出口增加，出口的增长超过进口，经常项目就可能持续顺差，该国的汇率也将趋于上升。

（3）一国经济增长率高，意味着劳动生产率提高很快，成本降低，因而改善本国产品的竞争地位而有利于增加出口，抑制进口；并且经济增长率高使得该国货币在外汇市场上被看好，因而该国货币汇率会有上升的趋势。

新闻摘要

英国经济衰退担忧加剧，英镑跌至37年新低

英国国家统计局当天发布的数据显示，由于生活成本危机恶化以及信心下降，迫使消费者削减开支。8月英国零售销售环比下降1.6%，为2021年12月以来的最大跌幅。数据发布后，英镑兑美元应声下跌0.8%至1.137美元，创下1985年以来的最低水平。另外，英镑兑欧元下跌约0.4%至1.142欧元，为2021年初以来最低水平。

资料来源：界面新闻，2022-09-17。

（二）利率水平

利率水平的高低对投资者来说，决定其投资的收益水平。利率水平变化对汇率的影响主要是通过资本流动，尤其是短期资本的流动起作用的。当各国货币的利率出现差异时，投资者为了追求较高的收益，会卖出低利率的货币，买入高利率的货币。这种资本流动势必影响不同货币的供求，进而影响汇率的变动。另外，利率又是一国官方调节经济的手段。利率上升，银根收紧，单位货币价值量增加，本币汇率上升。

如果A国的利率水平相对于B国提高，A国资金的收益率上升就会刺激B国资金流入增加；同时，使用A国资金的成本上升，A国资金流出减少，外汇市场上A国本币供应相对减少，由此改善资本账户，提高A国货币的汇价。反之，如果A国的利率水平相对于B国水平下降，则会恶化资本账户，造成A国本币汇率下跌。路线如下：

$Ia > Ib$→资本由B国流入A国→A国外汇供给＞外汇需求→B国货币汇率下跌；A国货币汇率上升。

新闻摘要

美联储加息落地　离岸人民币兑美元汇率盘中跌破7.10

2022年9月21日，美联储公布利率决议，宣布加息75个基点。这是美联储今年以来第五次加息，也是连续第三次加息75个基点。

受此消息影响，美元指数出现20年新高，最高冲至111.79。而非美货币普跌，人民币兑美元汇率也大幅走低。其中，更多反映国际投资者预期的离岸人民币兑美元汇率盘中跌破7.10，日内贬值逾300点，最低报7.1048。同时，在岸人民币兑美元汇率跌破7.09，最低贬至7.0954。中间价方面，中国外汇交易中心的数据显示，9月22日人民币兑美元中间价报6.9798，较前一日大幅调贬262个基点。

短期由于美联储激进“收水”，美元走强，对人民币等非美货币构成一定压力，人民币兑美元货币有所贬值，但由于其他非美货币贬值幅度更大，人民币对“一篮子”货币仍维持强势。

资料来源：华夏时报，2022－09－22。

（三）通货膨胀率

货币的对内价值是决定其对外价值（汇率）的基础，货币对内价值的变化必然引起其对外价值的变化。对内价值具体体现为货币在国内的购买力高低，而通货膨胀正是纸币发行量超过商品流通所需货币量而引起的货币贬值、物价上涨的现象。

一国出现通货膨胀意味着该国货币在国内的购买力下降，即该国货币对内贬值，在其他条件不变的情况下，货币对内贬值必然会引起对外贬值。当一国出现较他国更高的通货膨胀时，该国出口商品相对价格上升，进口商品相对价格下降，从而削弱本国商品在国际市场上的竞争力，提高外国商品在本国市场上的竞争力，造成出口减少，进口增加，改变国际收支状况。一般而言，通货膨胀率相对较高的国家，其货币汇率趋于下降；通货膨胀率相对较低的国家，其货币汇率趋于上升。

通货膨胀对汇率的影响，一般要经过一段时间才能显示出来。因为它对汇率的影响是间接的，但这种影响一旦起作用，其延续的时间却比较长，可能会连续几年。

新闻摘要

货币贬值、通胀飙升，土耳其央行的不可承受之重

2022 年 1 月 3 日，土耳其统计局公布的最新数据显示，去年 12 月，该国消费者价格指数（CPI）同比上涨 36%，连续第七个月上涨，并创下 2002 年以来的最高水平。

通胀持续走高的最大推手是土耳其央行降息。自去年 9 月以来，土央行连续四个月降息，将利率从 19% 下调至 12 月的 14%。

土耳其央行不顾高通胀采取降息措施，与总统埃尔多安“低利率”的政策主张密切相关。埃尔多安坚信降息能够降低通胀，并带来高投资、高就业和高出口。这与主流经济学理论通过提高利率抑制通胀的主张相悖。但在埃尔多安看来，他的“新经济政策”将会增强土耳其相对其他国家的独立性。

为了推行“低利率”政策，埃尔多安在两年多时间里换掉了三任央行行长，导致央行的独立性受损。而央行迫于政治压力一再降息，又让市场对其操作的独立性进一步丧失信心。

与通胀不断走高相伴随的是土耳其货币里拉遭遇严重的贬值危机。去年，里拉一路贬值，从年初的1美元兑7.23里拉到年底1美元兑13.3里拉，贬值达45%。

事实上，土耳其多年以来都面临着高通胀和货币大幅波动的威胁。在资本不受管制的要求下，土耳其央行于2010～2013年为稳定汇率和金融稳定、稳物价并促增长，采取了一系列由非主流与实验性政策工具所组成的货币政策新框架，包括引入短端利率高频波动以遏制投机资本、频繁的流动性管理以稳定汇率、引入外汇缴存里拉准备金机制以吸纳流动性等。

资料来源：中国金融四十人论坛（CF40），2022－01－05。

（四）国际收支状况

国际收支是一国对外经济活动的综合反映，它对一国货币汇率的变动有着直接的影响，一国国际收支直接决定着该国外汇供求状况。国际收支的收入项目形成了该国的外汇供给，如商品和劳务的出口以及资本的流入等；国际收支的支出项目形成了该国的外汇需求，如商品和劳务的进口以及资本的流出等。

当一国国际收支出现顺差时，说明外汇流入大于外汇流出，对外汇的供给大于外汇的需求，本币对外币升值，本币汇率上升。路线如下：

国际收支顺差→外汇收入＞外汇支出→外汇供给＞外汇需求→外汇汇率下跌；本币汇率上升。

反之，当一国国际收支出现逆差时，说明外汇流入小于外汇流出，对外汇的供给小于外汇的需求，本币对外币贬值，本币汇率下降。路线如下：

国际收支逆差→外汇收入＜外汇支出→外汇供给＜外汇需求→外汇汇率上升；本币汇率下跌。

我国自2001年以来，国际收支持续顺差，并且顺差规模快速增加，推高了人民币汇率水平，加大了人民币升值的压力。国际收支顺差是推动人民币不断升值的主要原因。

新闻摘要

人民币兑美元创逾3年新高，出口强劲推动汇率升值

海关总署数据显示，2021年1～11月，我国进出口总值为5.47万亿美元，贸易顺差达到5817亿美元，较2020年同期增长26.5%。巨额的贸易顺

差会导致整个外汇市场的美元供给过剩，而人民币相对来说供给不足，从而推动人民币汇率走强。近期，在岸、离岸人民币兑美元汇率分别最高触及6.3515、6.3512，均创2018年5月以来新高。

资料来源：界面新闻，2021-12-08。

（五）中央银行对外汇市场的干预

尽管布雷顿森林体系崩溃后，世界各国纷纷放松了外汇管制，但政府干预仍是影响汇率变动的重要因素。各国货币当局为保持汇率稳定，或有意识地操纵汇率变动以服务于某种经济政策目的，都会对外汇市场进行直接干预。中央银行作为外汇市场的参与者，可以利用所拥有的外汇储备在外汇市场上买卖货币，对汇率变化的影响最为直接，效果也较明显。

新闻摘要

中央银行干预外汇市场

1. 1978年美国卡特政府干预外汇市场

1978年，外汇市场因此开始不断地抛美元，使美元的汇价一路下跌。面对美元的跌势，卡特政府决定干预外汇市场。1978年11月1日，卡特总统宣布美元汇价太低，美国财政部和中央银行将直接进行干预，宣布：美国中央银行将调用300亿美元干预外汇市场，平稳美元的汇价。其中150亿美元将从其他中央银行借调，50亿美元从国际货币基金组织提取和特别提款权的销售，50亿美元为所谓“卡特债券”（carter bonds），即财政部在国外销售的以马克和瑞士法郎记账的债券。卡特计划宣布后，外汇市场果然受到震动。

在11月1日上午9：13，美元兑马克的汇价立刻比前一天的最低点上升3.25%，达到1.83马克；几分钟后，随着中央银行抛出6900万马克、1900万瑞士法郎后，美元继续上升，对马克的汇价又上升1%，对瑞士法郎的汇价也上升到1.567。在针对日元的干预动用了500万美元之后，美元兑日元的汇价也跌至187.5日元。在这一天外汇市场收市时，美元对主要外汇的汇价平均上升了7%~10%。

在以后的两个星期内，外汇市场仍有抛美元风，以试探美国等中央银行干预市场的决心，但美国联邦储备委员会联合德国、瑞士和日本中央银行，一次又一次地在市场干预。到11月底，美国干预市场的总额达350亿美元，使美元明显回升。

2. 1992年9月欧洲货币体系成员国对外汇市场的干预

1992年9月欧洲货币体系出现危机，外汇市场猛烈地抛售成员国中几乎所有的疲软货币，英镑、意大利里拉、爱尔兰镑等无不出现大幅度币值下跌的情况。受其株连的是非成员国芬兰等国货币，在外汇市场上也出现大跌，迫使这些国家宣布脱离与欧洲货币体系的自愿挂钩。这次干预中，欧洲共同体的成员国几乎都花了很大的代价。德国中央银行花了120多亿美元，英国花了近60亿美元，而法国向德国中央银行借调外汇进行干预的钱，到11月初才还清。

资料来源：中国价值网，2012－05－21。

（六）市场预期

市场预期是短期内影响汇率变动的一个重要因素。国际金融市场上，存在大规模的热钱。这些巨额资金对世界各国的政治、经济、军事等因素都具有高度的敏感性，受预期因素的支配，一旦市场出现蛛丝马迹的变化，就到处流动。如果预期某国货币汇率将下跌，这些资金则在外汇市场上抛售该国货币，这将会对外汇市场的供求关系产生巨大冲击，从而造成该国货币汇率的下跌。随着国际资本流动规模的日益庞大，市场预期对汇率的影响也越来越大。

新闻摘要

拜登宣誓就任美国总统，美元指数显著反弹

2021年1月20日，美国当选总统拜登在首都华盛顿国会山举行的就职典礼上正式宣誓就任美国第46任总统。

在美国新冠疫情仍然严峻、国内经济表现疲弱的背景下，拜登可谓是临危受命。拜登就任使美元前景增添了变数。众所周知，特朗普在其任期内一直鼓吹“美国优先”和弱势美元政策，2020年美元大幅贬值12%，美元指数甚至跌破90点的关键点位，为近3年来低点。

但2021年1月11日以来，美元指数显著反弹。上周美元指数持稳在90点上方，1月18日一度上扬至91点附近。1月19日，美联储前任主席、美国候任财长耶伦在出席其担任美国财长的参议院财政委员会提名听证会上，并未延续特朗普所吹捧的弱势美元政策，此举引发特朗普弱势美元政策或将

终结的市场猜测。综合来看，耶伦这番表态中规中矩，并未为强势美元“站台”，但显然也没有倾向于弱势美元政策。

资料来源：金融时报，2021-01-23。

总之，影响汇率变动的因素有很多，既包括经济因素，又包括政治因素和心理因素等。它们之间相互联系、相互制约，错综复杂。因此，在分析汇率变动时，不能只从某一角度和某一因素进行，而要从不同角度全面综合剖析。

三、各外币的影响因素——以美元为例

很多因素都会影响汇率的变动，如一国经济实力的变化与宏观经济政策的选择等。投资者在外汇投资中，通常会比较关注各国中央银行、利率、国民经济生产总值及消费者物价指数的变化等。

美元是国际外汇市场上最重要的货币，作为参与汇市的投资者来说，把握影响美元汇率变化的因素，有助于把握国际外汇市场运行的脉搏，更有方向感地进行交易。

（一）美联储（FED）的货币政策

外汇交易归根结底是两种货币的交换，因此供求关系对美元汇率走势的影响格外明显。当美联储实行宽松的货币政策时，美元的供给增加，美元指数会走强；反之则美元供给减少，美元指数会走弱。

联邦公开市场委员会（FOMC）负责制定货币政策，其每年召开8次议息会议，制定的关键利率调整公告是美联储货币政策的风向标。2021年美联储议息会议时间表、利率变化以及影响如表2-3所示。

表2-3　　美联储利率变化及影响

决议时间	变动基点	变动后利率	市场影响
2020-12-17	0	0~0.25%	从本次美联储决议声明上看，美联储上调了经济增长预期，并上调了来年的通胀预期。在决议公布后，现货金价短线小幅下挫10美元，美元指数短线上涨13点，其他非美品种不同程度下挫

续表

决议时间	变动基点	变动后利率	市场影响
2020-11-06	0	0~0.25%	从本次美联储决议声明上看，美联储措辞相对中性，重申使用所有工具支撑经济。在美国大选结果出炉之前，美联储的官员们似乎也保持相对谨慎的态度。在决议公布后，现货金价基本持稳于日内高位，美元指数小幅回落延续日内颓势，其他非美品种依然维持日内相对强劲的势头
2020-09-17	0	0~0.25%	美联储维持超低利率不变直至2023年，且美联储允许通胀温和超调，短线刺激非美上行，不过由于本次决议声明没有超出此前预期，可能让一些投资者失望，在决议公布后，现货金价冲高6美元之后，回落10美元；美元指数探底之后回升，加剧震荡，其他非美品种走势放大偏向震荡
2020-07-30	0	0~0.25%	从本次美联储决议声明上看，美联储继续强调病毒对经济的影响。在决议公布后，现货金价短线探底回升上涨10美元维持日内升势，美元指数短线小幅回落，其他非美品种不同程度上涨
2020-06-11	0	0~0.25%	从本次美联储决议声明上看，美联储仍然强调疫情风险。在决议公布后，现货金价探底回升自日低大涨15美元，美元指数大跌50点，其他非美品种不同程度上涨
2020-04-30	0	0~0.25%	在决议公布之后，现货金价短线上涨5美元。因美联储在决议声明中强调，公共卫生危机令经济活动承受重压。从本次美联储决议声明上看，美元指数短线小幅下挫，其他非美品种不同程度攀升，美债收益率持稳，美股小幅走低。另外本次会议没有发布经济预测
2020-03-16	-100	0~0.25%	紧急降息100基点，并重启7000亿美元量化宽松计划。标普500指数开盘跌8.14%，3月16日21：30美股史上第四次熔断（且为史上最快）。恢复交易后，道指跌幅进一步扩大至12%，创1987年以来最大跌幅，一度接近触发美股史上首次二级熔断
2020-03-03	-50	1%~1.25%	这是美联储自2008年以来的最大幅度降息，以此对抗新冠疫情的经济影响。新冠疫情给经济活动带来了不断演变的风险。美联储正在密切监测事态发展及其对经济前景的影响，并将利用其工具，酌情采取行动支持经济

续表

决议时间	变动基点	变动后利率	市场影响
2020-01-30	0	1.5%~1.75%	美联储主席鲍威尔在会后声明里称，决策者对通胀低于2%感到不安，这引发美元高位回落。黄金在受到美元下跌的支撑下一举冲过1571~1575区域的压力，触及了1580美元附近

（二）美国财政部的政策

美国财政部负责发行政府债券、决定财政预算。美国财政部对货币政策没有发言权，但是它对美元的评论对美元汇率有影响。在外汇市场干预方面，由于美国联储银行和财政部都有外汇账户，因此，两者意见一致时，美联储才进行外汇市场干预。

新闻摘要

美国颁布史上最大经济刺激法案

因新冠疫情突然席卷全球，全球总感染人数已经接近60万例，而美国受新冠疫情感染较为严重。受此影响，美股尾盘大跳水，为此，美国总统唐纳德·特朗普27日签署2.2万亿美元财政刺激法案，以缓解新冠疫情对经济的影响。

2020年3月25日凌晨，美国白宫与参议院就2万亿美元的刺激方案达成了协议，而该法案在27日当天由众议院表决通过，提交特朗普，这项美国史上规模最大的财政刺激法案却在如此之短的时间内获得通过，救急意味十分明显。

在本轮经济刺激计划前，美国国会就已通过了两轮与新冠疫情相关的法案。第一轮83亿美元主要的资助工具是医疗系统；第二轮1000亿美元，主要用于提供免费新冠疫情测试，为受影响者提供带薪假、分外的医疗津贴资金和食品援助。从83亿美元到1000亿美元，看起来都是巨额数字。然而，两次法案的拨款加起来还不到新一轮法案的十分之一。

特朗普在社交媒体上发文表示，“这是美国历史上最大的一个经济刺激方案，是有史以来颁布的任何救助法案的两倍”，并称将会为美国的家庭、事业者和企业提供所急需的援助。

这份美国史上最大规模的刺激经济法案的内容包罗增强失业保障、企业贷款津贴以及向医院、州政府和市政府提供更多医疗资源，等等。

这进一步缓解疫情引发的海量美元现金需求和对于美元流动性稀缺的忧虑。对风险敏感的澳元一周来首次突破0.6美元关口，之后扩大涨幅并触及0.6074。此前因疫情冲击和市场大量囤积美元，澳元一度刷新17年低点至0.5510。

资料来源：汇金网，2020-03-25。

（三）其他影响汇率的因素

影响美元汇率的因素还有很多（见表2-4），几乎所有经济数据都会对美元汇率，甚至美国经济造成影响。

表2-4　美国公布的经济数据

影响因素	因素详解
经济数据	美国公布的经济数据中，最重要的包括：劳动力报告（薪酬水平、失业率和平均小时收入）、CPI、PPI、GDP、国际贸易水平、工业生产、房屋开工、房屋许可和消费信心
股市	3种主要的股票指数为道琼斯工业指数、标准普尔500种指数和纳斯达克指数，其中道琼斯工业指数对美元汇率影响最大
交叉汇率	交叉盘的升跌也影响到美元汇率
贴现率	贴现率是商业银行因储备金等紧急情况向Fed申请贷款，Fed收取的利率。尽管这是个象征性的利率指标，但是其变化也会表达强烈的政策信号，贴现率一般都小于联邦资金利率
10年期短期国库券	当比较各国之间相同种类债券的收益率时，一般使用的是10年期短期国库券。债券间的收益率差异会影响到汇率，如果美元资产收益率高，则会推升美元汇率
30年期国库券	长期债券和美元汇率之间没有明确的联系。但是，一般会有如下的联系：因为考虑到通货膨胀的原因导致的债券价格下跌，即收益率上升，可能会使美元受压
3个月期欧洲美元存款	欧洲美元是指存放于美国国外银行中的美元存款。如存放于日本国外银行中的日元存款称为“欧洲日元”。这种存款利率的差别可以作为一个评估外汇利率很有价值的基准
3个月期欧洲美元期货合约	3个月期欧洲美元期货合约对于3个月期欧洲美元存款有影响。例如，3个月期欧洲美元期货合约和3个月期欧洲日元期货合约的息差决定USD/JPY未来走势的基本变化
联邦资金利率期货合约	这种合约价值显示市场对联邦资金利率的期望值（与合约的到期日有关），是对联储政策最直接的衡量

课堂实训

伦敦时间2020年1月31日晚11时，英国正式“脱欧”，结束其47年的欧盟成员国身份。当晚，英国首相鲍里斯·约翰逊在向全国发表讲话时说：“这是破晓一刻，也是幕启之时。”

资料来源：新华社伦敦，2020年1月31日。

自英国脱欧以来，欧元兑人民币的汇率呈现什么样的走势？是由什么因素决定和影响的呢？

第四节　汇率变动的影响

【引导案例】

上海华峰铝业股份有限公司（证券简称：华峰铝业，证券代码：601702）半年报显示，公司2022年上半年实现营业收入40.99亿元，较上年同期增长31.87%；归属于上市公司股东的净利润3.08亿元，同比增长28.52%；考虑到公司主要生产基地位于上海，在经历第二季度突发疫情冲击后仍能取得这样的业绩，无疑显示出该公司较强的综合经营能力。

展望下半年乃至更长时期，可以看到，外部宏观经济金融环境正在发生剧烈变动，如海外主要央行连续加息以应对通胀，加剧了经济衰退风险，也使大宗商品市场后市走向增加不确定性，与此同时，人民币汇率波动性也有所放大。上述因素对公司加工费定价和期间费用成本均可能产生影响，如公司第二季度三费明显降低，主要原因之一就是受美元和人民币的汇兑影响，产生一部分的汇兑收益，从而降低了财务费用。此外，公司从去年开始，把加工费与小合金的价格进行了挂钩和联动，加工费整体都略有上浮，无疑有助于公司上半年业绩提升。

对于铝价、汇价等因素影响及应对，公司近期已有公告，将继续开展外汇衍生品交易业务，公司外销结算货币主要是美元和欧元，随着公司海外销售规模的不断扩大，汇率波动对公司经营业绩的影响也日益增大。为了降低外汇市场的风险，减少汇率波动对公司利润的影响，实现稳健经营，公司及控股子公司拟选择适合的市场时机开展外汇衍生品交易，通过套期保值规避汇率风险。

资料来源：集微网，2022-10-14。

汇率是链接国内外商品市场和金融市场的一条重要纽带。一方面，汇率的变动受一系列经济因素的影响；另一方面，汇率的变动又会对其他经济因素产生广泛的影响。了解汇率变动对经济的影响，不论对于一国当局制定汇率政策，还是对于一个企业进行汇率风险管理，都有重要意义。

一、对经常账户的影响

（一）对进出口商品的影响

一国货币汇率的变动，会使该国进出口商品价格相应涨落，抑制或刺激国内外居民对进出口商品的需求，从而影响进出口规模和贸易收支。对出口而言，假设本国出口商品以本币计值的价格不变，当一国货币对外贬值时，则以外币表示的本国出口商品价格下降，有利于增加出口，扩大出口规模。对进口而言，假设本国进口商品以外币计值的价格不变，当一国货币贬值时，则以本币所表示的进口商品的价格上涨，从而本国居民对进口商品的需求下降，进口规模减小。当一国出现国际收支逆差时，在进出口需求弹性满足马歇尔－勒纳条件情况下，本币贬值能够扩大该国出口、减少该国进口，有利于货币贬值国家改善贸易收支。反之，一国货币对外升值，其结果则与上述情况相反。

知识链接

纺织企业遭遇生存挑战：人民币快速升值，

订单少了，利润大大缩水

最近，人民币汇率大幅上涨，引起了纺织人的密切关注。中国人民银行授权中国外汇交易中心公布，2020 年 11 月 17 日银行间外汇市场人民币汇率中间价为：1 美元兑人民币 6.5762 元，较上一交易日上升 286 基点，升到了6.5 元时代。此外，在岸、离岸人民币兑美元汇率均涨到了 6.5 元时代。

订单减少以及结汇损失是这些外贸企业普遍受到的挑战。一些企业在收到外方货款进行结汇时，由于汇率上升，实际到手的人民币大大缩水，直接影响企业效益甚至导致企业亏损。福建一家服装企业负责人梁女士说，“为了规避这种风险，我们不得不进行锁汇，即在汇率波动频繁的情况下，让银行为企业办理锁定汇率操作”。

据了解，受人民币汇率升值影响比较明显的通常是一些价格敏感型企业。一家纱线外贸企业的工作人员坦承，出于竞争的要求，他们的价格通常被客户压到非常低的程度。当企业遭遇人民币汇率损失，再加上原材料上涨以及海运运费上涨的压力，企业的经营压力就会大增。

中国外汇投资研究院院长、首席经济学家谭雅玲18日指出，中国出口半壁江山是由民营企业撑起来的，相较于国有企业和外资企业，他们抵挡市场风险的能力比较弱。人民币汇率快速升值，确实对这些民营企业带来很大的挑战。“一家企业挣回100万美元，在人民币汇率是7的时候能换回700万元人民币，现在只能换回650万元人民币。要知道这些企业的利润率很低。人民币汇率上涨一下子就超过他们的成本线，对这些企业甚至形成生存挑战”。

资料来源：中国纱线网，2020－11－23。

（二）对无形贸易收支的影响

一国货币贬值，则外国货币兑换本国货币的数量增加，本国商品和劳务与外国商品和劳务相比便宜，本币的购买力相对降低，而外币购买力相对提高，外国商品和劳务价格相对昂贵。这有利于吸引外国游客到本国旅游消费，本国劳务输出到外国会增加，能够改善本国旅游业与其他劳务状况。至于一国货币升值，其作用则与此相反。当然，汇率变动的这一作用，是以货币贬值国家国内物价不变或上涨相对缓慢为前提。

（三）对单方转移的影响

当一国货币贬值，国内价格不变或上涨相对缓慢，一般对该国的单方面转移收支会发生不利影响。以侨汇为例，大多是赡家（赡养家属）汇款，货币贬值后，旅居国外侨民只需汇回少于贬值前的外币，就可以维持国内亲属的生活费用的需要，从而减少该国外侨汇收入。一国货币如果对外升值，则其结果相反。

二、对资本流动的影响

资本从一国流向国外，主要是指追求利润和避免损失，因而汇率变动会影响资本流动。对短期资本流动而言，当一国货币贬值而未贬值到位时，国内资本的持有者和外国投资者为避免货币进一步贬值而蒙受损失，会将资本调离该国，进行资本逃避。若该国货币贬值，并已贬值到位，在具备投资环境的条件下，投资者不再担心贬值受损，投资资本就会撤回国内。当然，货币贬值过头，当投资者预期汇率将会反弹，就会将资本输入该国，以牟取汇率将来升值带来的好处。对长期资本流动而言，一国货币贬值，则外国企业到该国投资的成本下降，有利于吸引外国长期资本流入该国进行直接投资。关于货币升值对于资本流动的影响，一般则相反。

如人民币相对美元升值的背景下，美国企业要到中国投入 1 亿元人民币的项目，与升值前相比则要花更多的美元，意味着外商投资的成本上升。需要说明的是，汇率变动对资本流动的上述影响，是以通货膨胀等因素不变或相对缓慢变动为前提的。

三、对外汇储备的影响

（1）本国货币汇率变动通过资本流动和进出口贸易额的增减，直接影响本国外汇储备的增加和减少。一般来讲，一国货币汇率稳定，有利于该国引进投资，从而会增加该国的外汇储备；反之，则会引起资本外流，而会减少该国的外汇储备。由于一国汇率变动，使其出口额大于进口额时，其外汇收入增加，储备状况也改善；反之，储备状况则恶化。

（2）储备货币贬值，是持有储备货币国家的外汇储备的实际价值在遭受损失，而储备货币国家因储备货币贬值减少了债务负担，又可从中受益。

新闻摘要

保汇率还是外汇储备？这是一个非此即彼的选择吗？

中国人民银行公布的最新外汇储备规模数据显示，截至 2017 年 1 月 31 日，我国外汇储备规模为 29982 亿美元，较 2016 年末下降 123 亿美元，已略低于 3 万亿美元。由于资金外流，人民币承受贬值的压力。这时就存在一个要不要干预市场以维持人民币汇率稳定的问题。如果要维持人民币汇率稳定，就会减少外汇储备。如果不减少储备，就要任由人民币贬值。那么到底是保汇率，还是保储备？

面对人民币汇率的贬值，有观点认为，中国应该保外汇储备，而不是保汇率。4 月 23 日的“汇率稳定实践与房价调控策略——方法论视角”金融家沙龙上，央行参事盛松成则认为：“要适当运用外汇储备，该出手时就出手。”如果目标是保汇率，则面临外储消耗，一旦外储下降到临界点而汇率仍然存在强烈贬值预期，则面临挤兑风险；如果是保外储，则需要加快贬值和加强资本管制。

资料来源：新浪财经，2017－04－23。

知识拓展

人民币升值的影响

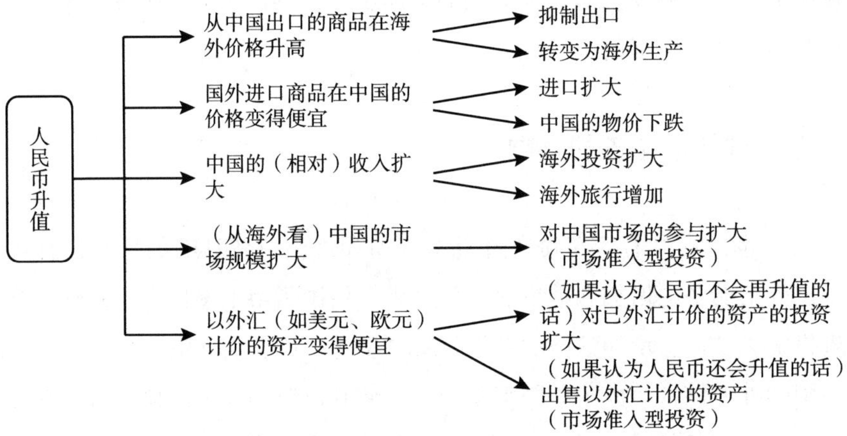

课堂实训

国际收支顺差使本币趋于升值，逆差使本币趋于贬值。反过来，汇率变动对国际收支又会造成什么影响呢？

讨论及思考题

（1）温博士10年前到美国读书后定居美国工作，他的父母在中国生活。温博士是个孝顺的孩子，每年都要邮寄等值于5万元人民币的赡养费给中国的父母，人民币兑美元不断升值的背景下，温先生支付赡养费的美元金额有什么变化？

（2）假设日本和法国之间进行贸易，日本向法国出口汽车，法国向日本出口香水，价值为1300万日元或100万欧元。如此一宗国际贸易其中会遇到一个难题，那就是两个国家的商人都只拥有自己国家的货币。如果想要买到对方国家的东西，要怎么做呢？

（3）在人民币汇率不断创新高的背景下，一到周末，越来越多的中国内地游客利用节假日到香港旅游购物。20世纪80年代时，100元人民币只能换30港元；2005年时100港元能兑换106.5元人民币；但8年光景，今天100港元只能兑换78元人民币。

问题：假设2005年香港公园门票保持价格不变，迪士尼399港元、海洋公园280港元。请计算2005年和2019年去香港迪士尼乐园和海洋公园游玩，分别要花多少元人民币购买门票？汇率变动对我国非贸易收支有什么影响？

习题与挑战

一、单项选择题

1. 以一定单位的外币作为基准货币，折算成一定数额本国货币的汇率标价法为（　　）。

A. 外币标价法　　B. 直接标价法

C. 间接标价法　　D. 美元标价法

2. 下列汇率中，属于直接标价法的是（　　）。

A. 纽约市场1USD＝87.68JPY

B. 纽约市场1GBP＝1.5173USD

C. 伦敦市场1GBP＝1.5173USD

D. 法兰克福市场1EUR＝1.3030USD

3. 一个出口企业从国际贸易中收入30000美元，到银行办理结汇手续，则银行应该按（　　）计算人民币支付给企业。

A. 中间价　　B. 现钞买入价

C. 现汇买入价　　D. 卖出价

4. 当一国利率水平低于其他国家时，外汇市场上本、外币资金供求的变化则会导致本国货币汇率的（　　）。

A. 上升　　B. 下降　　C. 不升不降　　D. 升降无常

5. 人民币自由兑换的含义是（　　）。

A. 经常项目的交易中实现人民币自由兑换

B. 资本项目的交易中实现人民币自由兑换

C. 国内公民实现人民币自由兑换

D. 经常项目和资本项目下都实现人民币自由兑换

二、判断题

1. 外汇银行公布的买入汇率是指企业向银行买进外汇时所使用的汇率。（　　）

2. 一般而言，一国货币贬值有利于出口。（　　）

3. 通胀率的上升将导致本币汇率的下浮。（　　）

4. 现汇卖出价一般要高于现钞卖出价。（　　）

5. 在间接标价法下，当汇率数值减少时，称外国货币汇率上浮或升值。（　　）

实训活动

1. 利用中国银行网站（参考网址：www. boc. cn）查阅汇率报价，并完成以下题目。

（1）世界上有200多个国家，为何中国银行只标出了17种货币的汇率？

（2）按照由高到低给现汇买入价、现钞买入价、卖出价、基准价排序，并理解其含义。

（3）假设你有1000美元要出售给中行，按照该外汇牌价表，能够得到多少人民币？

2. 案例分析：广场协议。

广场协议签订的背景：1979年夏天，美国为治理严重的通货膨胀，连续三次提高官方利率，实施紧缩的货币政策。美国出现高达两位数的官方利率和20%的市场利率。高利率吸引了大量的海外资金流入美国，导致美元飙升，从1979年底到1984年底，美元汇率上涨了近60%，美元对主要工业国家的汇率超过了布雷顿森林体系瓦解前所达到的水平。美元大幅度升值导致美国的贸易逆差快速扩大，到1984年，美国的经常项目赤字达到创历史纪录的1000亿美元。

广场协议内容：1985年9月22日，美国、日本、联邦德国、法国以及英国的财政部部长和中央银行行长（简称G5）在纽约广场饭店举行会议，达成五国政府联合干预外汇市场，诱导美元对主要货币的汇率有秩序地贬值，以解决美国巨额贸易赤字问题的协议。因协议在广场饭店签署，故该协议又被称为“广场协议”。“广场协议”签订后，上述五国开始联合干预外汇市场，在国际外汇市场大量抛售美元，继而形成市场投资者的抛售狂潮，导致美元持续大幅度贬值。1985年9月，美元兑日元在1美元兑250日元上下波动，协议签订后不到3个月的时间里，美元迅速下跌到1美元兑200日元左右，跌幅25%。在这之后，以美国财政部部长贝克为代表的美国当局以及以弗日德·伯格斯藤（当时的美国国际经济研究所所长）为代表的金融专家们不断地对美元进行口头干预，最低曾跌到1美元兑120日元。在不到三年的时间里，美元兑日元贬值了50%，也就是说，日元兑美元升值了1倍。

广场协议对日本经济的影响：日本形成了资产泡沫。“广场协议”后近5年时间里，股价每年以30%、地价每年以15%的幅度增长，而同期日本名义GDP的年增幅只有5%左右。泡沫经济离实体经济越来越远，虽然当时日本人均GNP超过美国，但国内高昂的房价使得拥有自己的住房变成普通日本国民遥不可及的事情。1989年，日本政府开始施行紧缩的货币政策，虽然戳破了泡沫经济，但股价和地价短期内下跌50%左右，银行形成大量坏账，日本经济进入十几年的衰退期。低利率刺激经济，再次形成泡沫经济。从1986年起，日本的基准利率大幅下降，这使得国内剩余资金大量投入股市及房地产等非生产工具上，从而形成了20世纪90年代著名的日本泡沫经济。1991年破灭之后，日本经济便陷入战后最大的不景气状态，一直持续了十几年，日本经济仍然没有复苏之迹象。

资料来源：环球网，2018-08-17。

思考：广场协议对日本的影响及对中国的启示。

模块二

国际金融实务

第三章 外汇市场

【学习目标】

1. 外汇市场的环境与结构
2. 外汇市场的交易时间和交易报价基础
3. 银行间、银行与客户间即期/远期外汇的交易程序
4. 外汇交易方式
5. 抛补套利和不抛补套利的区别

【技能目标】

1. 能够熟练操作银行结售汇业务
2. 能够掌握银行外汇交易中常用的规范化专业术语（英文）
3. 能够通过远期外汇交易、外汇掉期交易防范汇率风险
4. 能够根据汇率走势选择合适的外汇交易种类
5. 能够利用外汇期货、外汇期权、套利套汇等交易达到保值和投机目的

【素养目标】

1. 通过即期、远期、掉期、套汇及套利交易的操作和学习，培养认真细致的工匠精神和追求卓越的工作态度

2. 通过利用为企业和银行设计外汇风险解决方案，培养风险防范意识

【案例导读】

人物介绍：索罗斯

（一）弄垮英格兰银行

索罗斯最早在全世界扬名，是在他弄垮了英格兰银行之后。1992 年 9 月 15 日，索罗斯大量放空英镑。英镑对德国马克的比价一路狂跌，有消息

说英格兰银行购入30亿英镑，但仍未能挡住英镑的跌势。到当天傍晚收市时，英镑对德国马克的比价差不多已跌至欧洲汇率体系规定的下限。英镑已处于退出欧洲汇率体系的边缘。到了9月16日，英国政府彻底失败，退出了欧洲汇率体系。在这场捍卫英镑的行动中，英国政府甚至动用了价值269亿美元的外汇储备，但还是以失败而告终。英国人把这一天叫作“黑色星期三”。索罗斯成了这场袭击英镑行动中最大的赢家，他的照片登在了各大杂志之上，被杂志《经济学家》称为“打垮了英格兰银行的人”。在这一年，索罗斯的基金增长了67.5%。他个人也因净赚6.5亿美元而荣登《金融世界》杂志的华尔街收入排名表的榜首（这个纪录一直保持至今）。

（二）引爆东南亚金融危机

1997年索罗斯引爆的亚洲金融风暴，使许多亚洲国家的金融体系濒临崩溃，经济陷入困境。1997年索罗斯及其他套利基金经理开始大量抛售泰铢，泰国汇市场立刻波涛汹涌、动荡不宁。泰铢一路下滑，泰国政府动用了300亿美元的外汇储备和150亿美元的国际贷款企图力挽狂澜，但仍无济于事。索罗斯飓风很快就扫荡到了印度尼西亚、菲律宾、缅甸、马来西亚等国家。印尼盾、菲律宾比索、缅元、马来西亚林吉特纷纷大幅贬值，导致工厂倒闭，银行破产，物价上涨等一片惨不忍睹的景象。

这场扫荡东南亚的索罗斯飓风一举刮去了百亿美元之巨的财富，使这些国家几十年的经济增长化为灰烬。所有的亚洲人都记住了这个恐怖的日子，记住了这个可怕的人，人们开始叫他“金融大鳄”。在一些亚洲人的心目中，索罗斯甚至是一个十恶不赦、道德败坏的家伙。

分析与思考：

1. 如何看待索罗斯？

2. 索罗斯为何可以弄垮英格兰银行和引爆东南亚金融危机？

资料来源：中国日报网，2015－01－24。

【章节概述】

不论是否了解外汇市场，每个人已身为其中的一分子，简而言之，口袋中的钱已使你成为货币的投资人。本章将首先介绍外汇市场的概念及其参与者，再分别对即期外汇交易、远期外汇交易、外汇掉期交易、套汇交易与套利交易的内容进行讲解，使学生熟悉各种外汇交易操作。

第一节 外汇市场

【引导案例】

在外汇交易市场上，许多跨国公司以金融寡头的面目出现，拥有自己的银行，从外汇交易中获得巨额利润。例如，西门子公司从事外汇交易获得的利润大大超过它从事世界著名产品生产所获得的利润。也就是说，世界上许多著名的大公司除了在进行技术和产品的开发和生产的同时，还从事外汇交易，并且外汇交易成为其利润的一个重要来源。

2016 年 9 月，华为技术有限公司获国家外汇管理局备案同意，于 9 月 14 日进入银行间人民币外汇市场，成为银行间外汇市场第 2 家非金融企业类型即期会员。非金融企业入市丰富了银行间外汇市场主体类型，大大方便了拥有庞大全球市场和大量外币结算需求的华为进行汇率风险管理，有利于金融服务实体经济，对支持企业进行汇率风险管理等方面都具有积极意义。

资料来源：中国证券网，2016 -09 -12。

一、外汇市场概念

（一）外汇市场概念

外汇市场是指个人、企业、银行和经纪人从事外汇交易的组织系统、场所或网络。在外汇市场上，货币成了买卖交易的对象。国际上因贸易、投资、旅游等经济往来，总不免产生货币收支关系。但各国货币制度不同，要想在国外支付，必须先以本国货币购买外币。另外，从国外收到外币支付凭证也必须兑换成本国货币才能在国内流通。这样就发生了本国货币与外国货币的兑换问题。这就是外汇市场出现的直接原因。

（二）外汇市场规模和构成

全球外汇市场的规模是由世界各个外汇交易中心的日成交量来衡量的。这一般由国际清算银行（Bank for International Settlements，BIS）三年发布一次的外汇市场调查报告公布全球外汇市场的日均成交量。

目前，外汇交易量的地区分布，保持在第一位的是英国，排在第二位的是美国，新加坡外汇市场排名第三；其次是中国香港、日本。外汇市场成交量的货币构成中，美元保持全球货币主导地位，欧元是第二大活跃交易货币，日元是第三大活跃交易货币；其次分别是英镑（13%）、澳元（7%）、加元（5%）以及瑞郎（5%）（见图3－1）。货币对方面，主要货币对排名前7位的依次为EUR/USD、USD/JPY、GBP/USD、UDS/EME（新兴市场国家货币）、AUD/USD、USD/CAD、USD/CNY等（见图3－2）。

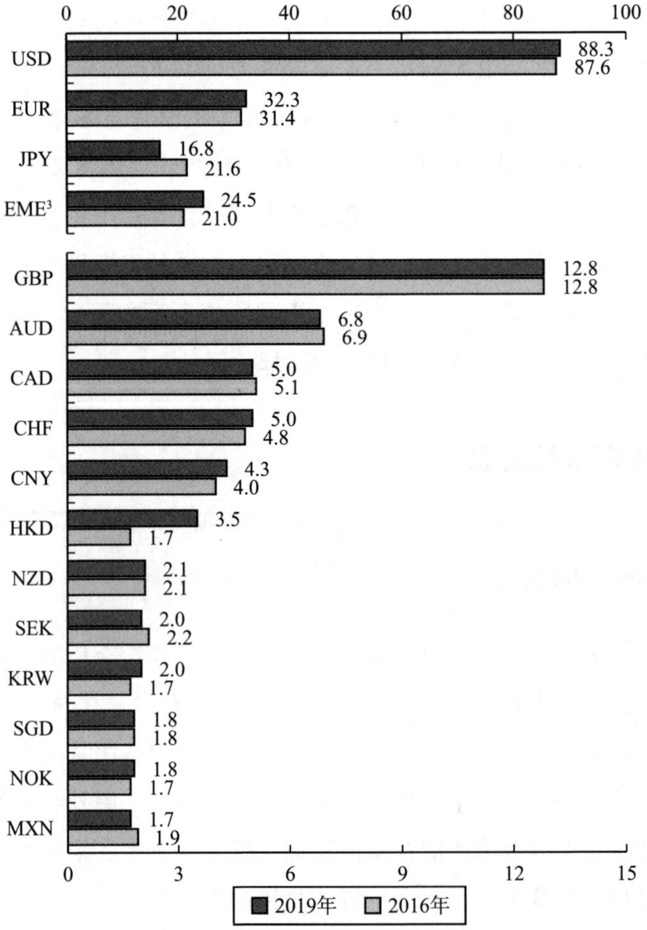

图3－1　2016年与2019年全球外汇交易市场的交易占比

资料来源：国际清算银行。

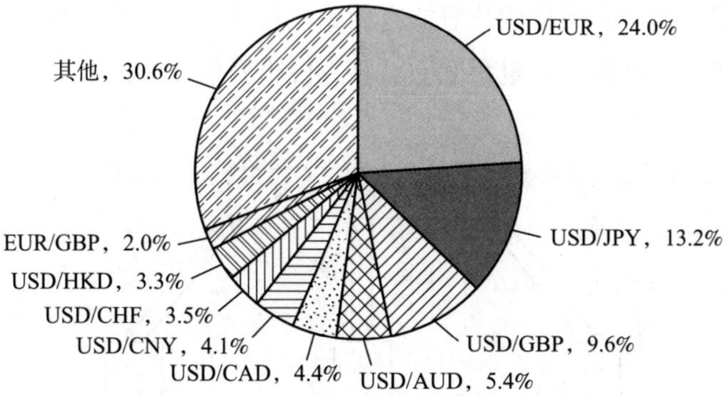

图 3－2 2019 年主要货币对的交易占比

资料来源：国际清算银行。

二、外汇市场参与者

外汇市场产生后，除满足一般客户的直接换汇需求外，市场参与者也进行基于不同目的的交易。外汇市场的参与者包括中央银行、外汇银行、外汇经纪人和客户。

下面我们来描述一下外汇市场的主要参与者和他们所扮的角色。

（一）中央银行

汇率容易大幅度变动，这种汇率变动将对贸易和国际投资活动带来重大影响。政府为了减轻汇率剧烈震荡带来的汇率风险要采取干预市场的行动。以我国为例。如果人民币升值持续下去，中国出口产品的海外价格就必然会提高，那么，中国企业的国际竞争能力就会相应下降。为了防止这一事态的发生，有时也需要干预市场。相反，如果中国贬值持续下去，从海外进口的商品价格就会迅速上升。也就是说，人民币过度贬值，就会出现“输入性通胀”的可能。在这种情况下，政府也有可能对外汇市场进行干预。即在人民币剧烈升值时，为了减轻升值势头，抛售人民币。相反当人民币贬值时进行回购人民币的干预。通过这样的干预，实现抑制汇率的急剧变化、减轻汇率变动幅度的意图。外汇市场其他参与者（如商业银行、公司、客户等）一直密切关注着中央银行的一举一动，希望能够从中获得可能影响未来汇率的宏观经济政策的蛛丝马迹。

我们以中国人民银行为了减轻人民币升值压力从而购买美元为例，介绍中央银行干预外汇市场（见图 3－3）。中国人民银行将市场中的（外汇持有银行想要抛售的）美元吸收过来，作为对等资金向那些外汇持有银行支付人民币。这样，一方面会使政府持有的美元增多，另一方面也会使流入民间的人民币增加。这样在一定程度上减轻人民币升值压力。

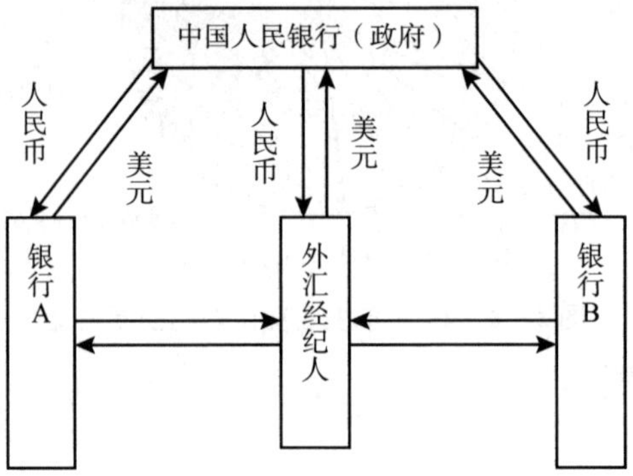

图3－3　中国人民银行干预外汇市场（购进美元情景）

（二）外汇银行

外汇银行是经中央银行批准可以从事外汇经营活动的商业银行和其他金融机构。其外汇交易业务：一是受客户委托从事外汇买卖，其目的是获取代理佣金或交易手续费；二是以自己的账户直接进行交易，以调整自己外汇头寸，其目的是减少外汇头寸可能遭受的风险，以及获得外汇买卖的差价收入。外汇银行所进行的外汇交易额占外汇交易总量的绝大部分收入，是外汇市场上最重要的参与者，是外汇市场的主体，90%左右的外汇买卖业务是在外汇银行之间进行的。

外汇银行通常是商业银行，可以是专门经营外汇的本国银行，也可以是兼营外汇业务的本国银行或者是在本国的外国银行分行。中国的外汇银行主要有中国银行、中国工商银行、中国农业银行、中国建设银行、中国光大银行、招商银行、交通银行等16家银行以及外国银行在中国设立的分支机构。

新闻摘要

2019年外汇市场10大玩家

欧洲货币杂志对外汇市场的年度调查结果，调查报告结果显示，在全球外汇市场份额中，前三名分别为摩根大通（JPMorgan）（美国），市占率9.81%；德意志银行（Deutsche Bank）（德国），占比8.41%；花旗银行（Citi）（美国），占比7.87%；紧随其后的是非银金融机构XTX Markets

（7.22%）和瑞银集团（UBS）（瑞士），占比6.63%（见表3-1）。

表3-1 《欧洲货币》外汇调查2019年整体市场份额

序号	金融机构	Market share（市场份额%）
1	JPMorgan（摩根大通）	9.81
2	Deutsche Bank（德意志银行）	8.41
3	Citi（花旗）	7.87
4	XTX Markets	7.22
5	UBS（瑞银集团）	6.63
6	State Street	5.50
7	HCTech	5.28
8	HSBC（汇丰银行）	4.93
9	Bank of Amenca Mernll Lynch（美林银行）	4.63
10	Goldman Sachs（高盛）	4.60

资料来源：新浪财经，2019-12-31。

（三）外汇经纪人

外汇经纪人是指介于外汇银行之间以及外汇银行和外汇市场其他参与者之间代理外汇买卖业务，从中赚取佣金的经纪人公司或个人。外汇经纪人本身并不买卖外汇，而是联结外汇买卖双方，促成交易，并从中收取佣金。外汇经纪人与银行、顾客有着密切的联系，他们了解并掌握外汇市场的各种行情和信息，能够了解买卖双方各自的条件和愿望，为买卖双方提供"集合点"，使买卖双方能在适当的交易价格上找到适当的交易对象，从而提高外汇交易的效率。有些国家外汇经纪人经所在地中央银行或授权部门批准，也可取得经营外汇买卖的资格，从事外汇买卖。

（四）外汇市场上的客户

在外汇市场上，凡是与外汇银行有外汇交易关系的公司或个人，都是外汇银行的客户。主要包括进出口商、居民个人和跨国公司等。

（1）进出口商是外汇市场上重要的外汇供给者和需求者。一方面，出口商出口商品后，取得外币或外汇债权票据，他们为了保值或取得本币资金等目的，需要售出所取得的外汇；另一方面，当进出口商进口商品时，一般需要支付对方国家的货币或对方愿意接受的第三国货币，这时，进口商就需要从外汇市场买进外汇以支付进口货款。

（2）居民个人也是外汇市场上的重要参与者。居民个人也会从工资、劳务及亲属汇款等方面取得一部分外汇，从而形成对外汇的需求。

（3）跨国公司在多个国家开展业务的公司，日常业务收支所用的货币往往与总部所在国的货币不一致。例如，为了支付位于我国工厂的工人工资，苹果公司可能需要人民币。如果苹果公司只有在美国销售 iPad 而获得的美元，该公司就必须从外汇市场上用美元换成人民币。

三、外汇市场参与者的活动

我们以外汇经纪人、外汇银行和客户这三个参与者在外汇市场的活动为例，介绍他们的活动（见图 3－4）。

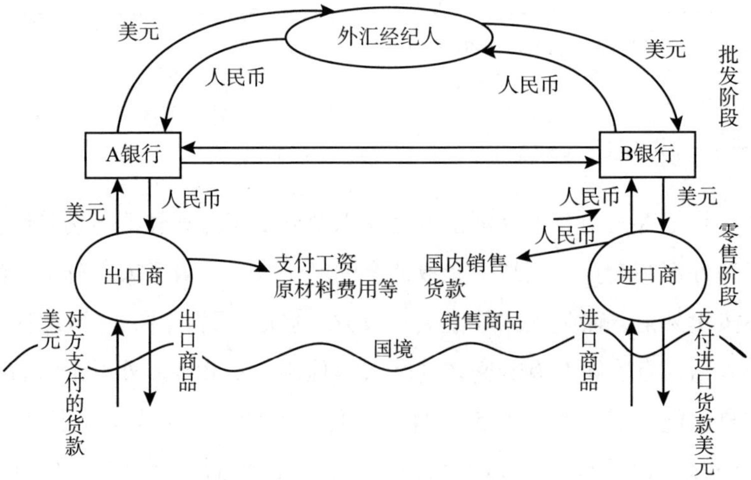

图 3－4　外汇市场的鸟瞰图

（一）企业和外汇银行交易——零售性外汇交易

如果出口商需要将美元换成人民币，他要求 A 银行由美元兑换为人民币；而进口商需要将人民币转换为美元，他要求 B 银行用人民币兑换美元。而收取一定的手续费并提供货币兑换的业务，对 A、B 外汇银行来说是一项重要的业务。这种交易属于零售市场。

（二）外汇银行之间交易——批发性外汇交易

A 银行直接将美元支付给 B 银行，而相反 B 银行直接向 A 银行支付人民币。这样，A、B银行之间作为批发市场进行人民币和美元交易，即使这两家银行没有过多的外汇也可以满足顾客的需要。

外汇银行在对客户买入或卖出外汇后，其自身所持有的外汇就会出现多余或短缺，某种货币买入过多，就会形成多余的情况，称为多头头寸；某种货币卖出过多，就会形成短缺的情况，称为空头头寸。

银行账户上的多头头寸或空头头寸会形成外汇敞口和风险，因此外汇银行会根据其头寸的总差额和汇率走势，在银行当日零售业务结算后，在银行同业外汇市场上做外汇即期或远期的抛补交易，以保持本行资产负债的合理配置，保持外汇头寸的平衡，将风险减少到最低程度。

（三）银行和外汇经纪人之间交易

外汇经纪人是指促成外汇交易的中间人。他们是处于外汇银行之间、外汇银行和外汇市场其他参加者之间，代理外汇买卖业务，通过平衡买卖双方外汇供求而获取利润的外汇买卖中间人（见图3－4）。

知识链接

银行间外汇市场做市商名单

1. 中国工商银行股份有限公司
2. 中国农业银行股份有限公司
3. 中国银行股份有限公司
4. 中国建设银行股份有限公司
5. 交通银行股份有限公司
6. 国家开发银行
7. 中信银行股份有限公司
8. 招商银行股份有限公司
9. 华夏银行股份有限公司
10. 中国光大银行股份有限公司
11. 平安银行股份有限公司
12. 广发银行股份有限公司
13. 兴业银行股份有限公司
14. 上海浦东发展银行股份有限公司
15. 中国民生银行股份有限公司

16. 浙商银行股份有限公司
17. 上海银行股份有限公司
18. 南京银行股份有限公司
19. 宁波银行股份有限公司
20. 渣打银行（中国）有限公司
21. 汇丰银行（中国）有限公司
22. 花旗银行（中国）有限公司
23. 法国巴黎银行（中国）有限公司
24. 华侨永亨银行（中国）有限公司
25. 摩根大通银行（中国）有限公司

注：根据《银行间外汇市场做市商指引》（汇发〔2021〕1号），外汇局对银行间外汇市场做市商进行评估，每两年对做市商名单进行更新。

资料来源：国家外汇管理局，2023-03-13。

四、交易规则

外汇投资是一种典型且充满智慧的投资，投资者除了要了解外汇交易的方式外，还需掌握外汇交易的细则，包括交易时间、交易报价、订单种类、利息计算、盈亏计算等。

（一）交易时间

外汇市场区别于其他交易市场最明显的一点就是时间上的连续性和空间上的无约束性。即外汇市场是一个24小时不停止的市场，各个市场的汇开市、收市时间见表3-2。

表3-2　外汇市场交易时间表

地区	城市	开市时间	收市时间	活跃品种	活跃程度
大洋洲	新西兰惠灵顿	04：00	13：00	AUD、NZD	较小
	悉尼	7：00	15：00	AUD、NZD	较小
亚洲	东京	8：00	16：00	JPY	一般
	香港	9：00	17：00	JPY、HKD	一般
	新加坡	9：00	17：00	NZD、JPY	一般
	巴林	14：00	22：00	USD	较小

续表

地区	城市	开市时间	收市时间	活跃品种	活跃程度
欧洲	法兰克福	16：00	0：00	JPY、EUR、GBP、CHF	较好
	苏黎世	16：00	0：00	CHF	一般
	巴黎	17：00	1：00	EUR	一般
	伦敦	18：00	2：00	所有币种	活跃
北美洲	纽约	20：00	4：00	所有币种	活跃
	洛杉矶	21：00	5：00	所有币种	一般

注：表中有阴影的城市为全球三个主要外汇市场。
资料来源：各大外汇市场信息汇总。

（二）交易报价

汇率实际就是以一种外国货币表示另一种外国货币的价格。汇率经常以货币对的形式报价，之所以是货币对的形式报价，是因为每笔外汇交易中买进一种货币的同时又卖出了另一种货币。

外汇交易通常要依次经过报价（询价）、成交（签订或达成买卖合同）和交割（互相交付现款或转账结算）几个环节，其中报价是核心环节。

外汇交易的报价，其实就是货币的买入价以及卖出价，这两个概念在外汇投资术语中我们已经学习到了。这里要重点理解两个知识点：

（1）基础货币与报价货币。所谓“基础货币”，是指任何货币对中的第一个货币。基础货币的价值总是以 1 为单位。例如，USD/JPU（美元/日元）123.32，在这组报价中，美元即为基础货币，意味着 1 美元等于 123.32 日元。无论买/卖，都是在交易基础货币。

当美元作为基础货币时，如果汇率上涨，则意味着美元增值，同时相对于美元的另一货币贬值。如果我们上面提到的 USA/JPY 从 107.25 升到 110.25，说明美元现在可以兑换比以前更多的日元。

而报价货币是指任何货币对中的第二个货币，也经常被称为点子货币。

（2）点和点差概念。汇率价格的最后一数，我们通常称之为“一点”，如 USD/JPY 为 123.32、EUR/USD 为 1.0993 中的 0.0001，都称作为“一点”，这是汇率变动的最小基本单位。

在外汇交易中，我们会看到一个两边的报价，由买入价与卖出价组成。买入价代表您能买入基础货币的价位（同时卖出非基础货币）；卖出价代表您能卖出基础货币的价位（同时买入非基础货币）。买价与卖价的差别为点差，交易商通过买卖的点差获利。5 点点差的 EUR/USD 可表现为 1.2953/1.2958；5 点点差的 USD/JPY 可表现为 107.25/107.30。

（1）询价。发出询价价格，等待其他银行回应，或者向某一个特点的目标（其他银行、经纪商、投资者）发出询价价格，等待其回应。

（2）报价。报出自己目前的买卖价，等待他人的回应。一般情况下，投资者在某些保证金交易平台、银行网站上看到的报价是会在一段时间内发生变化的。但由于报价人并不知道投资者是买还是卖，所以只有到报出该价格的交易员的授权额度满了或者该货币的风险额度达到一定的水平以后，该交易员的报价才会改变。

（3）撮合价。一般发生在经纪商的对外报价中，经纪商会将价格最相近（但不一样）、时间最相近（可能是同一时间）的两个报价放在一起进行撮合，然后对外报价，等待交易双方的回应。

五、主要外汇市场

全球外汇市场是一个连续不断循环的市场。世界外汇市场由各国际金融中心的外汇市场构成，这是一个庞大的体系。目前，世界上有外汇市场 30 多个。其中：最重要的有伦敦、纽约、巴黎、东京、苏黎世、新加坡、中国香港等，它们各具特色并分别位于不同的国家和地区，并相互联系，形成了全球统一的外汇市场。

（一）伦敦外汇市场

伦敦外汇市场是一个典型的无形市场，没有固定的交易场所，只是通过电话、电传、电报完成外汇交易。在伦敦外汇市场上，参与外汇交易的银行机构约有 600 家，包括本国的清算银行、商人银行、其他商业银行、贴现公司和外国银行。这些外汇银行组成伦敦外汇银行公会，负责制定参加外汇市场交易的规则和收费标准。

在伦敦外汇市场上，约有 250 多个指定经营商。作为外汇经纪人，他们与外币存款经纪人共同组成外汇经纪人与外币存款经纪人协会。在英国实行外汇管制期间，外汇银行间的外汇交易一般都通过外汇经纪人进行。1979 年 10 月英国取消外汇管制后，外汇银行间的外汇交易就不一定通过外汇经纪人了。

伦敦外汇市场的外汇交易货币种类众多，最多时达 80 种，经常有三四十种。交易处理速度很快，工作效率高。伦敦外汇市场上外币套汇业务十分活跃，自从欧洲货币市场发展以来，伦敦外汇市场上的外汇买卖与“欧洲货币”的存放有着密切联系。

（二）纽约外汇市场

纽约外汇市场是最重要的国际外汇市场之一，其日交易量仅次于伦敦。纽约外汇市场也是一个无形市场。外汇交易通过现代化通信网络与电子计算机进行，其货币结算都可通过纽约地区银行同业清算系统和联邦储备银行支付系统进行。

由于美国没有外汇管制，对经营外汇业务没有限制，政府也没有指定专门的外汇银行，所以几乎所有的美国银行和金融机构都可以经营外汇业务。但纽约外汇市场的参加者以商业银行为主，包括50余家美国银行和200多家外国银行在纽约的分支机构、代理行及代表处。

由于美国股市是全球最大的资本流动中心，因此纽约外汇市场也是全球最活跃的外汇交易市场，其高度的活跃性也就意味着投资者盈利机会的增多。在纽约外汇交易市场，美国GDP数据、利率变化、生产价格指数、消费价格指数、失业率以及美联储公开言论等一系列基本面数据，都会在此时产生重要的影响。

（三）东京外汇市场

东京外汇市场是亚洲最大的外汇交易市场，但在三大外汇市场（纽约、伦敦、东京）中却是规模最小的。东京外汇市场在其交易时段内，仅有日元出现波动的概率会大一些。因此，习惯于做日元交易的投机者，往往都是在此时开始交易。

（四）巴黎外汇市场

巴黎外汇市场由有形市场和无形市场两部分组成。其有形市场主要是指在巴黎交易所内进行的外汇交易，其交易方式和证券市场买卖一样，每天公布官方外汇牌价，外汇对欧元汇价采用直接标价法。但大量的外汇交易是在交易所外进行的，或者是交易双方通过电话直接进行买卖，或者是通过经纪人进行。在巴黎外汇市场上，名义上所有的外币都可以进行买卖，但实际上，目前巴黎外汇市场标价的只有：美元、英镑、欧元、瑞郎、加元等货币。原则上，所有银行都可以中间人身份为它本身或客户进行外汇买卖，实际上，巴黎仅有较大的100家左右银行积极参加外汇市场的活动。外汇经纪人约有20名，参与大部分远期外汇交易和交易所外的即期交易。

（五）苏黎世外汇市场

苏黎世外汇市场是一个有历史传统的外汇市场，在国际外汇交易中处于重要地位。这一方面是由于瑞郎是自由兑换货币；另一方面是由于第二次世界大战期间瑞士是中立国，外汇市场未受战争影响，一直坚持对外开放。其交易量原先居世界第四位，但近年来被新加坡外汇市场超过。

在苏黎世外汇市场上，外汇交易是由银行自己通过电话或电传进行的，并不依靠经纪人或中间商。由于瑞郎一直处于硬货币地位，汇率坚挺稳定，并且瑞士作为资金庇护地，对国际资金有很大的吸引力，同时瑞士银行能为客户资金严格保密，吸引了大量资金流入瑞士。所以苏黎世外汇市场上的外汇交易大部分是由于资金流动而产生的，只有小部分是出自对外贸易的需求。

（六）新加坡外汇市场

新加坡外汇市场得益于独特的地理位置，新加坡外汇市场发展迅速，外汇交易量位居全球第三，仅次于英国和美国。在新加坡活跃的外汇交易市场中，开展外汇业务的银行、获批准的外资银行和外汇经纪商、机构投资者及新加坡金融监管局是重要的参与者。其中外资银行的资产、存放款业务和净收益都远远超过本国银行。

新加坡外汇市场是在20世纪70年代初亚洲美元市场成立后，才成为国际外汇市场。新加坡地处欧、亚、非三洲交通要道，时区优越，上午可与中国香港、东京、悉尼进行交易，下午可与伦敦、苏黎世、法兰克福等欧洲市场进行交易，中午还可同中东的巴林、晚上同纽约进行交易。根据交易需要，一天24小时都同世界各地区进行外汇交易买卖。新加坡外汇市场除了保持现代化通信网络外，还直接同纽约的纽约银行间支付系统（clearing hourse inter-bank paxments systems，CHIPS）和欧洲的环球银行金融电信协会（SWIFT）系统连接，货币结算十分方便。

新加坡外汇市场是一个无形市场，大部分交易由外汇经纪人办理，并通过他们把新加坡和世界各金融中心联系起来。交易以美元为主，约占交易总额的85%。

（七）中国香港外汇市场

香港外汇市场是20世纪70年代以后发展起来的国际性外汇市场。自1973年香港取消外汇管制后，国际资本大量流入，经营外汇业务的金融机构不断增加，外汇市场越来越活跃，发展成为国际性的外汇市场。

香港外汇市场是一个无形市场，没有固定的交易场所，交易者通过各种现代化的通信设施和电脑网络进行外汇交易。香港地理位置和时区条件与新加坡相似，可以十分方便地与其他国际外汇市场进行交易。

香港外汇市场的参加者主要是商业银行和财务公司。该市场的外汇经纪人有三类：当地经纪人，其业务仅限于香港本地；国际经纪人，是20世纪70年代后将其业务扩展到香港的其他外汇市场的经纪人；香港本地成长起来的国际经纪人，其业务已扩展到其他外汇市场的香港经纪人。

20世纪70年代以前，香港外汇市场的交易以港元和英镑的兑换为主。70年代以后，随着该市场的国际化及港元与英镑脱钩与美元挂钩，美元成了市场上交易的主要外币。香港外汇市场上的交易可以划分为两类：一类是港元和外币的兑换，其中以和美元兑换为主；另一类是美元兑换其他外币的交易。

（八）中国外汇市场

中国外汇市场有两部分，分别是零售外汇市场和银行间外汇市场（不对个人投资者开放、超大巨额资金的要求）。零售外汇市场指的就是外汇交易机构与客户之间的市场，在这个市场中最基础的阶层就是个人交易者，特点是广泛且分散。而与零售外汇市场相对的，就是银行间外汇市场了。银行间外汇市场也可以称作是银行间的外汇批发市场，这是外汇交易中最上层的市场，是各家银行间进行外汇交易的市场，形成一个相对集中的外汇市场。在银行间市场，没有保证金交易这一说。

我国外汇市场已经形成了现货和包括远期、掉期、货币掉期、期权在内的基础类场外衍生产品体系，与国外外汇交易市场较为一致，以现货产品和掉期产品为主。

新闻摘要

见表3－3。

表 3-3　　2019 年中国外汇市场交易概况　　单位：亿美元

交易品种	合计	交易品种	合计
一、即期	113561	四、期权	8500
银行对客户市场	34188	银行对客户市场	2688
其中：买入外汇	17592	其中：买入期权	1355
卖出外汇	16595	卖出期权	1333
银行间外汇市场	79374	其中：3 个月（含）以下	1006
二、远期	3806	3 个月至 1 年（含）	1442
银行对客户市场	3047	1 年以上	241
其中：买入外汇	798	银行间外汇市场	5812
卖出外汇	2249	其中：3 个月（含）以下	3779
其中：3 个月（含）以下	1474	3 个月至 1 年（含）	2011
3 个月至 1 年（含）	1318	1 年以上	23
1 年以上	255	五、合计	291196
银行间外汇市场	760	其中：银行对客户市场	41118
其中：3 个月（含）以下	546	银行间外汇市场	250079
3 个月至 1 年（含）	176	其中：即期	113561
1 年以上	37	远期	3806
三、外汇和货币掉期	165329	外汇和货币掉期	165329
银行对客户市场	1195	期权	8500
其中：近端换入外汇	165		
近端换出外汇	1030		
银行间外汇市场	164134		
其中：3 个月（含）以下	141884		
3 个月至 1 年（含）	21344		
1 年以上	906		

资料来源：国家外汇管理局，2020-01-17。

知识拓展

外汇交易团队的日常

宽敞的交易大厅里，密密麻麻地摆放了数排办公桌，每位外汇交易员的办公桌上都安放了三四台电脑屏幕，分别显示着国内客户交易信息和外汇牌价、国际外汇交易市场外汇牌价和交易记录、外汇走势图和即时新闻。每天客户的交易需求都会汇集到银行外汇交易台，银行利用现有的资金头寸，实时根据国际金融形势和外汇市场的变化，把握市场运行的先机，到国际外汇交易市场上进行交易，争取获得资本利得。

外汇交易团队是一个年轻的队伍，平均年龄不到30岁。国内银行（如中国银行）外汇交易员每天分四班，市场上任何一个微小的变动都会对外汇市场产生影响，交易员必须随时关注市场变化，对数据进行严密分析。每个交易员手头掌握着几百万至数千万美元的头寸，市场情况瞬息万变，一个小小的失误可能会导致巨大的损失。一个好的交易员必须保持一个平稳的心态，在把握市场先机的同时，能稳定地去执行自己的交易策略。

2008年国际金融危机爆发时市场波动剧烈，一天有几百个点的上下波动，而在此之前，一天的波动幅度只有50个点左右。那段时间，最紧张的时候每分钟要做一笔交易，一个下午大约要完成150多笔交易，每天要盯盘15个小时。此外，深夜盯盘是外汇交易员的日常生活。

一个好的交易员对市场要有感觉，看着汇率走势图就像音乐家看着乐谱一样，而且还要有良好的职业道德，不能为了隐瞒亏损而隐藏交易。

资料来源：人民网，2012-06-12（资料整理）。

课堂实训

请结合外汇市场的时间段、外汇市场交易额和主要交易货币，请问最佳外汇交易时段是什么时间呢？什么时段不适宜交易？

第二节　即期外汇交易

【引导案例】

小张是一家大型跨国贸易公司的财务部经理，每天为公司业务忙得焦头烂额。一天下午，小张正看上月的会计报表，突然桌上的电话铃响了，原来是财务经办李小姐。

李小姐：张经理，进口欧洲的那批设备下个月到港，后天就要给外商支付首付款560万欧元，但现在咱们账户上只有120万欧元，倒是有3000万美元的富余，怎么办?

小张不假思索：这好办啊，找中国银行做即期外汇交易不就得了？

按照小张的指点，李小姐找到中国银行资金全球金融市场部客户业务处交易员高明，以当天市场价格欧元/美元=1.0735的价格买到了需要的欧元，顺利完成了对外支付。高明还向李小姐介绍说："除了满足临时性的付汇需求和调整头寸外，即期外汇买卖还可以用来进行外汇投机，不过风险比较大，建议企业谨慎操作。"

资料来源：中国银行网，2013－10－17。

一、即期外汇交易定义

在外汇市场，即期外汇交易就是买卖双方约定于交易后的第二个营业日，相互交付对方所购买的货币。

例如：假设两交易商A和B，同意在星期一A按0.50美元/澳元的即期汇率向B出售100万澳元。两交易商相互制定对方交易款项将被贷记的银行账户。在星期三，A贷记到B的指定账户100万元澳元，B贷记到A的账户50万美元。即期外汇交易货币交换如图3－5所描述。

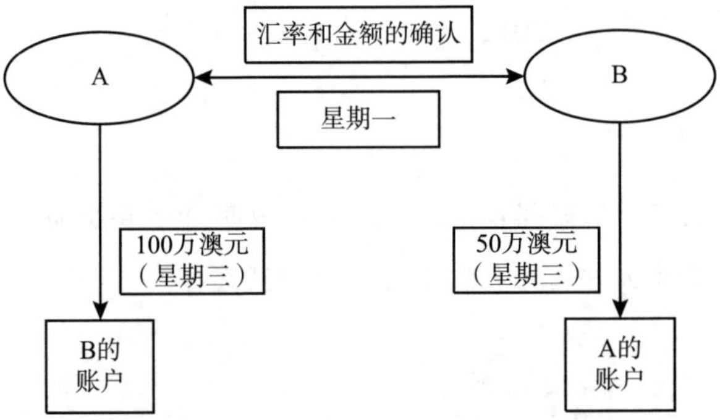

图3－5　即期外汇交易货币交换图

二、即期交易交割日

营业日也称工作日，除非交易双方另有约定，指相关账户所在地商业银行正常营业的日期（不含法定节假日）。

起息日指外汇交易达成后，交易双方履行资金划拨，其货币收款或付款能真正执行生效的日期。起息日也叫结算日或交割日。

（一）即期外汇交易的交割日期

（1）当日交割（T+0），英文简称Value Today或者是VAL TOD。银行与当地客户的零星即期外汇交易一般是当天就可以实现外汇的收付。当日交割使用的即期汇率称为 Spot Rate。

（2）隔日交割（T+1），在成交后第一个营业日交割（Value Tomorrow or VAL TOM）。在中国香港外汇市场上，港元对日元、新加坡元、澳大利亚元的即期交易都是隔日交割。美元兑加元、墨西哥比索的即期交易也是隔日交割。因为这些国家或地区基本上属于同一个时区。隔日交割使用的即期汇率称为 Tom Rate。

（3）标准交割（T+2），在成交后第二个营业日交割。除特别声明外，这是惯例一般采取 T+2 交割模式，主要是适应全球外汇市场的 24 小时运作与时差问题。

一般而言，在国际外汇市场上进行外汇交易时，除非特别指定日期，否则一概以即期交易视之。目前在全球两大即时外汇汇率报价系统之一的路透社中，其所显示的外汇汇率报价就是即期汇率。

（二）即期外汇交易交割规则

交割日必须是两种货币共同的营业日，只有这样才能将货币交付对方，故其规则如下：

（1）交割日必须是两种货币共同的营业日，至少应该是付款地市场的营业日。

举例：东京 A 银行，伦敦 B 银行星期一达成一笔英镑对日元的即期交易，情况 1 和情况 2 的交割日如表 3-4 和表 3-5 所示。

表 3-4　英镑对日元即期交易情况 1 交割日

星期	东京	伦敦
一	营业日	营业日
二	营业日	营业日
三	营业日	营业日

表 3-5　英镑对日元即期交易情况 2 交割日

星期	东京	伦敦
一	营业日	营业日
二	营业日	假日
三	营业日	营业日
四	营业日	营业日

若星期一为交易日，情况 1 下的交割日为星期三，情况 2 下的交割日为星期四。

（2）交易必须遵循“价值抵偿原则”，即一项外汇交易合同的双方必须在同一时间进行交割，以免任何一方因交割不同而蒙受损失。

（3）成交后的若不是营业日，则即期交割日必须向后顺延，顺延不跨月。

例如：

某年 5 月 28 日（星期四）做成了一笔即期外汇买卖，按规定，交割日应该是 6 月 1 日，但由于顺延不能跨月，所以交割日应向前推到 5 月 29 日（星期五）。

三、即期外汇交易程序

在货币兑换中，我们习惯的“换”要具体为“买”或者“卖”，大家知道怎样描述才准确吗？一定要说清楚“谁”“买”或者“卖”了、“哪种货币”。

（一）银行间外汇交易程序

银行间交易通过专门交易机进行，其交易程序为：询价→报价→成交→确认，其中报价环节最重要。

（1）询价（asking）。通常由主动交易一方在外汇市场根据自己的意图进行询价，询价的目的有两个：一是让交易对手了解自己公司的要求；二是希望交易对手能报出自己满意的价格。询价的内容包括：公司的名称和地址（有时有些简单的问候语），交易类型，（说明是即期外汇交易），交易货币和金额。

（2）报价（quotation）。采用在即期市场中，所有的报价都是针对美元的，绝大多数的交易都是美元和其他货币的兑换，即以美元为中心进行报价。但绝大多数原英联邦（除加元）国家的货币如英镑、爱尔兰镑、澳元和新西兰元的报价均以一单位该货币等于若干美元报价，其余所有的货币均以一单位美元等于若干该种货币报价。其中即期外汇交易报价方法：

①采用双向报价，即同时报出买入价和卖出价。在即期外汇市场询价时，客户可以不必向交易员透露其交易方向。因此，交易员会向客户同时报出买入和卖出价。价格一经报出，就承担买卖义务。

②交易用语规范化。为节约时间，交易者们常常使用规范化的简语，交易额是100万美元的整数倍。如在银行同业交易中“one dollar”表示100万美元；“yours”表示“卖出”，如“six yours”表示“我卖给你600万美元”；“mines”表示“买入”，如“three mine”表示“我买入300万美元”。语言简单明了，不含糊，用肯定语气。

③通过电话、电传等报价时，报价银行只报汇率的最后两位数字。汇率一般均用5位数表示，最后一位数的单位称作基本点（basic point，BP）。由于外汇市场波动频繁，外汇交易员的报价通常采取省略形式，为求做到简洁明了，只报出汇价小数点末两位数字。例如：美元兑日元为133.56/62，一般的省略报价为“56/62”。

（3）成交（done）。询价方在交易对手报出汇价后，迅速作出买卖决策，并通过交易设备立刻完成成交程序。一个老练的外汇交易者在一些重要数据公布而趋势不明朗之前或周末一般不会成交大笔交易。

（4）确认（confirm）。最后一步是对上述交易进行确认。为了防止错漏和误解，交易双方应相互确认先前交易的内容，包括买卖方向、交易金额、起息日等并告知对方详细的结算指示。

举例

交易程序［括号内为中文解］

ABC：GBP 2 Mio（询价者ABC询价，金额为200万英镑兑美元）

XYZ：1.4543/48（报价者银行XZY报价，价格GBP1 = USD1.4543/48）

ABC：My Risk（询价者ABC不满意XYZ所报的价格，在目前价格之下不做交易。也就是此价格不再有效，ABC在数秒之内，可以再次向XYZ询价）

ABC：Now PLS（ABC再次向XYZ询价）

XYZ：1.4544 Choice（XYZ报价，以1.4544的价格任ABC选择要买或卖（一般而言，当报价银行报出choice时，一定要做交易，不可以用价格不好为借口而不做交易）

ABC：Sell PLS，My USD To ABC NY（ABC选择卖出英镑200万，美元汇入ABC的纽约账户）

XYZ：OK DONE at 1.4544 We Buy GBP 2 Mio AG USD Val SEP - 10 GBP To My London。TKS for Deal，BIBI

（交易成功，在 1.4544 XYZ 买入英镑 200 万兑美元，交割日 9 月 10 日，英镑汇入 XYZ 伦敦的英镑账户，谢谢惠顾，再见）

资料来源：公开资料整理。

（二）银行与客户间即期外汇交易程序

银行与客户间即期外汇买卖，是指客户在银行规定的交易时间内，通过银行外汇买卖交易系统，进行不同币种（不含人民币）之间的即期外汇交易。

以中国银行对公司客户交易为例，说明银行为客户即期外汇买卖的程序。

（1）来历账户：公司客户申办及其外汇交易，需在银行开立外汇账户，并具有贸易背景或自有资金保证交割。

（2）签订协议：申请者在与中国银行叙作即期外汇交易之前，需要与中国银行签订保值外汇买卖总协议和办理外汇买卖申请书。

（3）询价：申请者通过书面委托形式确定即期外汇交易的细节，以此向中国银行询价，填写《分行内部买卖委托书》，注明交易细节、金额，并提供相关业务背景证明文件。

（4）成交：交易一旦完成，中国银行以书面形式向申请者发送交易中心证实。

（5）结算：在交割日进行实际交割。

保值外汇买卖委托书样本

保值外汇买卖委托书

____________________（委托方）根据双方签订的《保值外汇买卖总协议》，现委托中国银行股份有限公司威海分行（受托方）按（即期/远期）汇率____________________：

卖出（货币名称）____美元__________金额____________________

买入（货币名称）____美元__________金额____________________

起息日____2010 年____月____日

委托人特此保证在起息日（交割日）按期支付委托中国银行所卖出货币的全部外汇金额，并将承担由于逾期或无力支付而引起的一切经济损失。

（本委托书有效期至____年____月____日止）

委托方付款账号：________________

委托方收款账号：________________

联系人：________________

联系电话：________________

委托方授权交易人（签字）：________________委托方（盖章）：

委托日：____年____月____日

课堂实训

XX银行的当日外汇报价如下：USD1 = JPY120.10/90，GBP1 = USD1.4819/80。

（1）银行向客户卖出日元、买入美元，汇率为多少？

（2）客户要求卖出美元、买入英镑的汇率为多少？

（3）某客户要求将100万美元兑换成英镑，按即期汇率能够得到多少英镑？

第三节　远期外汇交易

【引导案例】

公司业务蒸蒸日上，营业额和利润不断增长，小张作为财务部经理也喜上眉梢。但是，由于公司主要出口对象在日本和拉美，收到的货币以日元、瑞郎和巴西雷亚尔为主，而由于拉美出现经济危机，加上日本央行频频入场干预日元，以上货币的价格波动剧烈，给公司造成很大风险。别的不说，资产负债表上“货币汇兑损益调整”科目余额的大起大落也让小张心跳加快。为了解决这个问题，小张找到了中国银行巴黎分行客户经理小高，小高建议小张做远期外汇交易进行保值，锁定风险。

按照小高的建议，小张将预计三个月后收到的一笔14.5亿日元按照目前远期市场行情116.90卖出，买得美元12403763.90，从此高枕无忧，不再为市场汇率波动烦心。小高进一步解释说，日元远期价格比即期价格高，因为日元利息率接近0；而欧元远期则比即期便宜，因为欧元比美元利息高。小张听了点了点头：“啊，明白了，高息货币远期价便宜，低息货币远期价更贵。”

资料来源：中国银行，2013－10－17。

在实际业务中，交易主体经常面临不能即时收付外汇的情况，交易产生到清偿之前的时间差，这段时间汇率会变动，进而带来汇率风险。20 世纪 70 年代初期，金融市场蓬勃发展，从而推动了远期外汇市场的发展。

一、远期外汇交易定义

远期外汇交易又称期汇交易，是指外汇买卖双方成交后并不立即办理交割，而是预先签订合约，先行约定各种有关条件如外币的种类、金额、汇率、交割时间和地点，在未来的约定日期办理交割的外汇交易，其中未来的约定日期是指两个营业日后。通过远期外汇交易买卖的外汇称为远期外汇或期汇。远期外汇结算到期日以 1 星期、2 星期、1 月期、2 月期、3 月期、6 个月居多，有的可达 1 年或 1 年以上。图 3 – 6 展示了远期外汇交易的交割实例。

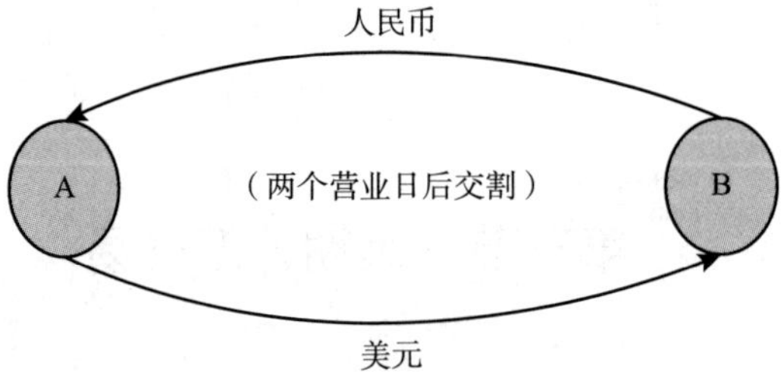

图 3 – 6　远期外汇交易

二、远期外汇业务分类

远期外汇买卖按外汇实际的交割日来划分，可分为以下三种。

（1）固定外汇交割日的远期外汇买卖。即交易双方商定某一确定的日期作为外汇买卖履行的交割日。这类外汇交易的交割日既不能提前，也不能推迟。例如，2020 年 1 月 15 日，纽约银行与东京银行通过电传达成一项为期三个月固定外汇交割日的远期外汇买卖合约，纽约银行愿意按 1 美元兑换 110 日元的汇率卖出 100 万美元，买入等值的日元，东京银行也愿意按同样的汇率卖出 11000 万日元，买入等值的美元，交割日为 4 月 15 日。届时，纽约银行和东京银行必须在 4 月 15 日这一天，同时按双方的要求将卖出的货币解入对方指定的账户内，如果一方提前交割，另一方既不需要提前交割，也不需要因对方提前交割而支付利息。但如有一方延迟交割则另一方可向其收取利息。

（2）确定外汇交割月份的远期外汇业务买卖。它是指交易双方商定某一月份中的任何一天可以作为外汇买卖履行日。例如 G 银行（报价银行）与 H 银行（询价银行）在 2020 年 1 月 15 日通过电传达成一项 3 月期选择外汇交割日的远期外汇买卖合约，约定 4 月份交割。G 银行愿意按 1 美元兑换 110 日元的汇率卖出一百万美元，买入等值的日元，H 银行则愿意按同意的汇率卖出 11000 万日元，买入等值的美元。在 4 月 15 日起至 5 月 15 日止的任何一个营业日，H 银行都可以要求 G 银行按 1 美元兑换 110 日元的汇率进行交割，并按对方的要求将各自卖出的货币解入对方指定的账户内。

（3）未确定交割期的远期外汇买卖。它是指交易一方可以把在签订远期外汇合约的第三天到约定期满之间的任何一天选择为交割日。这种类型的远期外汇买卖基本上与第二种类似，是一种选择外汇交割日的远期外汇买卖，只是可选择的时间范围更宽。

三、远期外汇交易报价

（一）直接报价法

即直接报出远期汇率，又称买断或卖断远期汇率（outright rate）。银行对顾客的远期外汇报价通常采用这一形式。如表 3－6 所示。

某日伦敦外汇市场英镑兑美元的汇率为：

即期汇率	一个月远期汇率	三个月远期汇率	六个月远期汇率
1. 8205/15	1. 8235/50	1. 8265/95	1. 8345/90

表 3－6　中行人民币远期外汇牌价 2020－09－17

项目		美元 USD	欧元 EUR	日元 JPY	港元 HKD	英镑 GBP	瑞郎 CHF	澳元 AUD	加元 CAD	新加坡元 SGD	印度卢比 INR
七天	买入	675. 46	795. 14	6. 4273	86. 97	871. 79	739. 99	490. 84	510. 05	496. 15	8. 8291
	卖出	680. 30	805. 57	6. 5075	87. 97	882. 95	748. 38	498. 40	516. 66	500. 80	9. 0970
一个月	买入	676. 73	796. 95	6. 4399	87. 10	873. 43	741. 73	491. 73	510. 96	497. 02	8. 8253
	卖出	681. 74	807. 76	6. 5244	88. 13	884. 95	750. 68	499. 56	517. 88	501. 97	9. 0963
六个月	买入	683. 39	807. 39	6. 5175	87. 86	882. 06	752. 26	496. 78	516. 01	501. 99	8. 7762
	卖出	688. 45	818. 39	6. 6031	88. 91	893. 80	761. 57	504. 69	523. 08	507. 05	9. 0528

续表

项目		美元 USD	欧元 EUR	日元 JPY	港元 HKD	英镑 GBP	瑞郎 CHF	澳元 AUD	加元 CAD	新加坡元 SGD	印度卢比 INR
十二个月	买入	689. 99	818. 65	6. 5999	88. 61	890. 73	763. 35	501. 53	520. 92	506. 99	8. 6695
	卖出	695. 35	830. 08	6. 6886	89. 72	902. 90	773. 53	509. 84	527. 47	512. 39	8. 9559

注：①每100外币兑换人民币。

②以上人民币牌价系当日市场开盘价，仅作参考。我行交易报价随市场波动而变化，如需交易，价格以我行当时报价为准。

资料来源：中国银行，2020－09－17。

（二）远期差价报价法

远期差价报价法指外汇银行只公布即期汇率而不直接公布远期汇率，即外汇银行只报出远期差价数（升水或贴水），再根据远期差价计算远期汇率。又叫掉期率报价法。这种方法通常用于银行同业交易的报价上（见表3－7）。

表3－7　　人民币外汇远掉报价2020－9－18　3时30分　　单位：BP

货币对	1周	1月	3月	6月	9月	1年
USD/CNY	31. 00/ 31. 00	166. 00/ 166. 50	427. 00/ 428. 00	826. 00/ 826. 00	1169. 43/ 1170. 00	1492. 00/ 1492. 00
EUR/CNY	47. 34/ 47. 57	249. 25/ 249. 36	660. 60/ 661. 24	1316. 58/ 1317. 00	1892. 26/ 1892. 79	2447. 66/ 2449. 33
100JPY/CNY	106. 87/ 114. 17	196. 16/ 196. 24	482. 93/ 483. 00	979. 26/ 981. 23	1393. 24/ 1393. 65	1802. 85/ 1804. 02
HKD/CNY	4. 01/ 4. 09	18. 46/ 18. 73	48. 20/ 48. 44	95. 17/ 95. 99	134. 64/ 135. 50	172. 25/ 172. 58
GBP/CNY	49. 61/ 51. 22	229. 62/ 230. 62	594. 89/ 596. 93	1181. 52/ 1182. 41	1674. 54/ 1675. 37	2144. 44/ 2146. 37
AUD/CNY	23. 19/ 23. 55	125. 57/ 125. 61	324. 43/ 325. 74	626. 90/ 630. 09	880. 62/ 885. 04	1111. 97/ 1118. 36
NZD/CNY	19. 32/ 20. 41	107. 75/ 109. 68	276. 91/ 281. 34	528. 07/ 543. 89	770. 43/ 792. 58	1009. 46/ 1036. 69
SGD/CNY	22. 51/ 23. 14	123. 06/ 123. 21	319. 52/ 322. 73	624. 14/ 627. 93	890. 00/ 896. 48	1135. 32/ 1145. 56
CHF/CNY	47. 96/ 48. 04	247. 83/ 248. 41	666. 60/ 668. 32	1334. 03/ 1335. 15	1914. 68/ 1915. 40	2467. 53/ 2478. 11

续表

货币对	1周	1月	3月	6月	9月	1年
CAD/CNY	24.60/24.72	130.94/131.26	335.82/336.71	656.82/657.10	912.35/914.20	1149.70/1151.20

资料来源：中国外汇交易中心网站，2020-09-18。

掉期率是指远期外汇交易和即期外汇交易价格之间的差价，它有三种形态：

（1）升水。当某货币在外汇市场上的远期汇价高于即期汇率时，称之为升水。例如，即期外汇交易市场上 1EUR = 0.8560U5D，三个月期的 1EUR =0.8530USD。此时被报价币 EUR 贴水，报价币 USD 升水。

（2）贴水。当某货币在外汇市场上的远期汇价低于即期汇率时，称之为贴水。例如，即期外汇交易市场上 1EUR = 0.8530U5D，三个月期的 1EUR =0.8560USD。此时被报价币 EUR 升水，报价币 USD 贴水。

（3）平价。远期汇率与即期汇率相同时，则称为平价。

四、远期汇率计算

掉期率报价法与直接报价法不同，银行首先报出即期汇率，在即期汇率的基础上再报出点数（掉期率），客户把点数加到或从即期汇率中减掉点数而得到远期汇率。

在掉期率报价法下，银行给出的掉期率斜线左边的点数小于斜线右边的点数时，应把掉期报价的点数加到即期汇率上，此时单位货币相对报价货币远期升水。相反，当银行给出的掉期率斜线左边的点数大于斜线右边的点数，应掉期报价点数从即期汇率中减去，此时单位货币相对报价货币远期贴水（见表3-8）。

表3-8　掉期率报价法

掉期率	远期汇率计算	远期升贴水判断
小/大	即期汇率+掉期率	单位货币远期升水 报价货币远期贴水
大/小	即期汇率—掉期率	单位货币远期贴水 报价货币远期升水

例如

某日纽约外汇市场

USD/JPY 的即期汇率为 110.56/77，

美元 3 个月的远期差价为 10/20BP，

美元/日元 3 个月远期汇率为：

110.56/77

\+ 10/20

110.66/97

EUR/USD 的即期汇率为 1.0021/35，

欧元 3 个月的远期差价为 25/15BP。

欧元/美元 3 个月远期汇率为：

1.0021/35

\- 25/15

0.9996/1.0020

五、远期外汇交易应用

远期外汇交易是外汇市场上重要的交易形式之一，通常是由经营即期外汇交易的外汇银行与外汇经纪人来经营。你知道远期外汇交易规避风险吗？

（一）银行间远期外汇交易的应用

（1）远期外汇交易的报价程序。

A：GBP 0.5 Mio.

B：1.8480/86.

A：Mine，PLS adjust to 1Month.

B：OK，Done. Spot/1 Motnth 93/89 at1.8397，we sell GBP 0.5 Mio ValJune/20/2010. USD to My N. Y..

A：OK，All agreed，My GBP to LONDON Tks BI.

B：ok，BI and Tks

A：询问 GBP/USD 的即期汇率，金额为 50 万英镑。

B：GBP/USD 的即期汇率为 1.8480/86

A：买入英镑，并调整为一个月后的交割日期。

B：好的，成交。即期到1个月的远期汇水为93/89.50万英镑的1个月远期汇率为1.8397，交割日为2010年6月20日。美元请汇至我纽约的账户。

A：好的，同意，英镑请汇入我伦敦的账户。

B：好的，同意你说的。

（2）平衡其远期外汇持有额而交易。

远期外汇持有额就是外汇头寸（foreign exchange position）。进出口商为避免外汇风险而进行期汇交易，实质上就是把汇率变动的风险转嫁给外汇银行。外汇银行之所以有风险，是因为它在与客户进行了多种交易以后，会产生一天的外汇“综合持有额”或总头寸（overall position），在这当中难免会出现期汇和现汇的超买或超卖现象。这样，外汇银行就处于汇率变动的风险之中。为此，外汇银行就设法把它的外汇头寸予以平衡，即要对不同期限不同货币头寸的余缺进行抛售或补进，由此求得期汇头寸的平衡。

案例分析

中国香港某外汇银行发生超卖现象，表现为美元期汇头寸“缺”10万美元，为此银行就设法补进。假定即期汇率为US = HK.70，3个月远期汇率为US $1 = HK.88，即美元3个月期汇汇率升水港币0.18元。

3个月后，该外汇银行要付给客户10万美元。该银行为了平衡这笔超卖的美元期汇，它必须到外汇市场上立即补进同期限（3个月）、相等金额（10万）的美元期汇。

如果该外汇银行没有马上补进，而是延至当日收盘时才成交，这样就可能因汇率已发生变化而造成损失。假定当日收市时美元即期汇率已升至US = HK.90，3个月期汇即美元3个月期汇仍为升水港币0.18元，这样，该外汇银行补进的美元期汇就按US = HK.08（7.90 + 0.18）的汇率成交。10万美元合80.8万港元，结果银行因补进时间未及时而损失2万港元（80.8万 - 78.8万）。

所以，银行在发现超卖情况时，就应立即买入同额的某种即期外汇。如本例，即期汇率为US $ = HK.70，10万美元合77万港元。若这一天收盘时外汇银行就已补进了3个月期的美元外汇，这样，即期港元外汇已为多余，因此，又可把这笔即期港元外汇按US = HK.90汇率卖出，因此可收入79万港元，该外汇银行可获利2万港元（79万 - 77万）。

（二）银行与客户间远期外汇交易的应用

（1）套期保值。对进出口商来说，将合同中规定的在将来某时支付或收到的外汇数额进行买卖，从而避免合同到期时可能出现的外汇汇率风险。通过远期外汇买卖，进出口商在签订合同时，可以计算出本币价值，便于成本核算。

案例

某个澳大利亚进口商从日本进口一批商品，日本厂商要求澳方在3个月内支付10亿日元的货款。当时外汇市场的行情是：

即期汇率：1澳元 = 100.00 ~ 100.12日元

3月期远期汇率为：1澳元 = 98.00 ~ 98.22日元

如果该澳大利亚进口商在签订进口合同时3个月后日元对澳元的即期汇率将会升值到：

1澳元 = 80.00 ~ 80.10日元

问：（1）若澳大利亚进口商不采取避免汇率风险的保值措施，现在就支付10亿日元，则需要多少澳元？

（2）若现在不采取保值措施，而是延迟到3个月后支付10亿日元，则到时需要支付多少澳元？

（3）若该澳大利亚进口商现在采取套期保值措施，应该如何进行？3个月后他实际支付多少澳元？

分析：（1）该澳大利亚进口商签订进口合同时就支付10亿日元，需要以1澳元 = 100.00日元的即期汇率向银行支付10亿/100.00 = 0.1亿澳元，即10000000澳元。

（2）该澳大利亚进口商等到3个月后支付10亿日元，到时以即期汇率：1澳元 = 80.00日元计算须向银行支付10亿/80 = 0.125亿澳元，即12500000澳元。这比签订进口合同时支付货款多支付0.025亿澳元，即多支付250万澳元，这是不采取保值措施付出的代价。

（3）该澳大利亚进口商若采取套期保值措施，即向银行购买3月期远期日元10亿日元，适用汇率是1澳元 = 98.00日元。3个月后交割时只需向银行支付1000000000/98 = 10204081.63澳元，就可获得10亿日元支付给日本出口商。这比签订进口合同时支付货款多支付204081.63澳元（大约20.41万澳元）。

这是进口商采取套期保值措施付出的代价，它相对于不采取保值措施，而等到3个月后再即期购买日元支付货款付出的代价250万澳元来说是微不足道的。

（2）规避风险。短期投资者或定期债务投资者预约买卖期汇以规避风险。

案例

9月1日，李先生手中持有一笔美元，他计划在3个月后将部分美元换成欧元，由于预期欧元会升值，为了规避欧元升值带来的风险，李先生决定买进12月份远期欧元10000元，汇率是欧元兑美元1∶1.26，而9月1日的即期汇率是欧元兑美元1∶1.25. 到了12月1日，即期汇率欧元兑美元升为1∶1.26，而12月份的欧元合约汇率为1∶1.27。

此时，李先生将所持有的12月份合约平仓，盈利为100美元（12700－12600＝100美元），而在现货市场上，由于欧元的上涨，李先生亏损了100美元（12600－12500＝100美元），远期合约上的盈利正好弥补了现货市场上的亏损。

（3）外汇投机。（买空卖空）不必持有充足的外汇，只需支付少量保证金即可。

①买空（buy long）。所谓买空，是投机者预测某种货币的汇率将会上涨时，投机者先买进这种货币的远期外汇，然后在到期时再卖出这种货币的即期外汇的投机交易。若远期和约交割日市场即期汇率果然如投机者所料上涨而且高于远期合约协定的汇率，投机者即可获利。

案例

在法兰克福外汇市场上，如果某德国外汇投机商预测英镑兑美元的汇率将会大幅度上升，他就可以做买空交易，先以当时的1英镑＝1.5550美元的3月期远期汇率买进100万3个月英镑远期；然后，在3个月后，当英镑兑美元的即期汇率猛涨到1英镑＝1.7550美元时，他就在即期市场上卖出100万英镑。轧差后他就会获得100万×（1.7550－1.5550）＝20万美元的投机利润。

当然，若交割日市场即期汇率的变动与投机者相反，投机者将会遭受损失。若3个月后市场即期汇率不升反跌为1英镑 = 1.4550美元，则该投机者将遭受10万美元的损失。

②卖空（sell short）。所谓卖空，是在预测某种货币的汇率将会下跌时，投机者先卖出这种货币的远期外汇，然后等到远期外汇的交割日再买进这种货币的即期外汇进行冲抵的一种投机活动。

案例

1个月后将贬值，于是他立即在远期外汇市场上以1美元 = 110.03日元的价格抛售1月期1000万美元，交割日是4月1日。到4月1日时，即期美元的汇率不跌反升，为1美元 = 115.03日元。该日本投机者在即期外汇市场购买1000万美元现汇实现远期合约交割，要遭受1000万 ×（115.03 − 110.03）= 5000（万日元）的损失。

可见，远期外汇投机具有很大的风险。万一投机者预测汇率的走势发生错误，就会遭到很大的损失。

课堂实训

（1）某日中国香港外汇市场的外汇报价：

即期汇率　　USD/HKD = 7.7810/20

3个月远期差价　　30/50

求：3个月的远期汇率是多少？

（2）某日纽约外汇市场的外汇报价：

即期汇率　　USD/CHF = 1.8410/20

6个月远期差价　　20/8

求：6个月的远期汇率是多少？

（3）假设某日中国外汇市场上美元/人民币的6个月远期汇率为6.3420/30，一中国投机商预期半年后美元/人民币的即期汇率将为6.3460/90，若预期准确，在不考虑其他费用的情况下，该投机商买入100万6个月的USD远期，可获多少投机利润？

知识链接

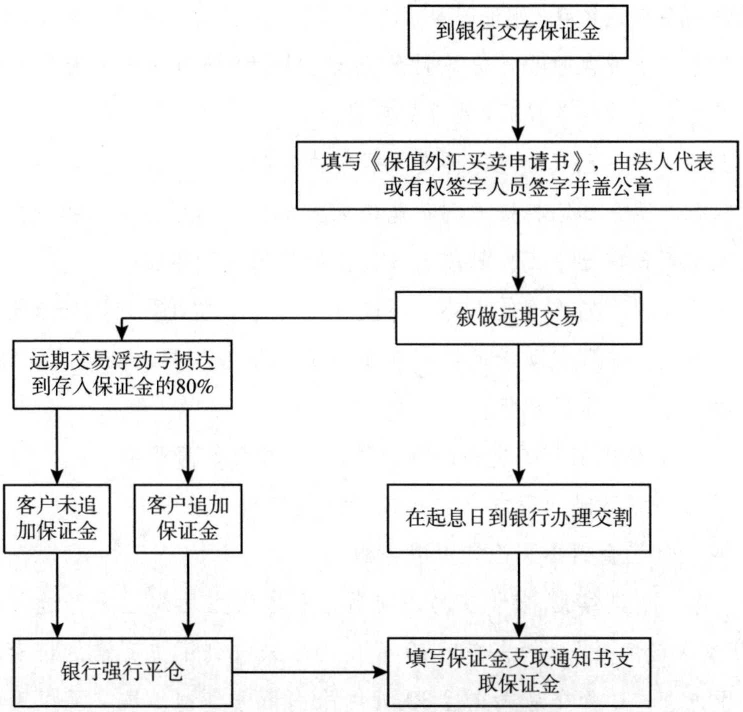

图3－7　中国银行远期外汇买卖业务具体流程

注意事项：客户叙做的远期外汇买卖因汇率波动可能会形成浮动亏损，当亏损达到客户存入保证金的80%时，银行将随时通知客户追加保证金，客户应及时补足保证金，如客户不及时或拒绝追加保证金，银行将视情况予以强制平仓，由此产生的一切费用及损失由客户负责。

资料来源：中国银行股份有限公司，2022－07－06。

银行远期结汇协议书范本

协议甲方：中国银行____________________分行

协议乙方：____________________________公司

为防范汇率风险，经协商，甲方与乙方就甲方为乙方提供远期结汇/售汇业务事宜达成如下协议：

第一条　甲方按照本协议及国家有关规定为乙方叙作远期结汇/售汇。

第二条　乙方需按照中国人民银行及国家外汇管理有关规定，逐笔填写“远期结汇/售汇申请书”，向甲方申请办理远期结汇/售汇业务。

第三条　乙方保证在交割日甲方营业时间内，支付委托甲方购买/售出货币所需的全部人民币/外汇资金。

第四条　甲方在收妥乙方应付的全部人民币/外币交割资金后，即于收款日支付乙方应收的人民币/外币交割资金。

第五条　甲、乙双方均不得要求提前办理交割。

第六条　乙方如因特殊原因不能按期交割，可向甲方申请推迟交割。甲方只受理交割日前三个工作日前乙方提出的推迟交割申请。

第七条　因下列原因使本协议不能履行的，甲方可要求乙方承担由此造成的汇价损失，并可主动借记乙方在甲方的保证金账户，若乙方无法承担，该损失由乙方担保银行承担：

1. 乙方未在交割前提交全部有效凭证及/或有效商业单据；

2. 乙方不能按时向甲方交割（包括推迟交割）；

3. 收、付汇金额小于乙方申请金额。

第八条　远期结汇/售汇交易成交后，甲方应主动向乙方寄送“远期结汇/售汇交易证实书”。如成交后10天内乙方未收到甲方寄送的证实书，应及时向甲方查询；如交易成交后30天内未向甲方查询，该交易以甲方的记录为准，甲方亦不再负责补寄证实书。

证实书寄至：

通信地址：

联系人：　　　　　　　　电话：　　　　　　　　传真：

第九条　乙方可授权其有关人员与甲方办理远期结售汇业务。授权委托书应使用甲方规定格式，并由乙方法定代表人或其授权签字人签字、加盖公司印章。

第十条　乙方提交的“远期结汇/售汇申请书”及“授权委托书”为本协议不可分割的一部分。如某笔远期结汇/售汇业务发生纠纷，甲乙双方应根据本协议规定积极协商解决。

第十一条　本协议需经甲乙双方签字、盖章方能生效。甲方由有权签字人签字并加盖业务章；乙方由法定代表人或其授权签字人签字，并加盖公司法人章。本协议一式两份，甲方与乙方各执一份。

第十二条 本协议自甲、乙双方签字之日起生效，有效期为一年，对于届时尚未完结的业务仍受本协议约束。

甲方盖章：	乙方盖章：
法定代表人	法定代表人
（或其授权签字人）签字：	（或其授权签字人）签字：
年 月 日	年 月 日

第四节 掉期交易

【引导案例】

1981 年，世界银行在欧洲美元市场上能够以较为有利的条件筹集到美元资金，但是实际需要的却是瑞士法郎和德国马克。此时持有瑞士法郎和德国马克资金的 IBM 公司，正好希望将这两种货币形式的资金换成美元资金，以回避利率风险。在所罗门兄弟公司的中介下，世界银行将以低息筹集到的美元资金提供给 IBM 公司，IBM 公司将自己持有的瑞士法郎和德国马克资金提供给世界银行。通过这种掉期交易，世界银行以比自己筹集资金更为有利的条件筹集到了所需的瑞士法郎和德国马克资金，IBM 公司则回避了汇率风险，低成本筹集到美元资金。这是迄今为止正式公布的世界上第一笔货币掉期交易。通过这项掉期交易，世界银行和 IBM 公司在没有改变与原来的债权人之间的法律关系的情况下，以低成本筹集到了自身所需的资金。IBM 公司和世界银行进行了一笔瑞士法郎和德国马克与美元之间的货币掉期交易。

资料来源：新浪财经，2021-03-31。

一、掉期交易概念

（一）掉期交易定义

外汇掉期交易（见图 3-8）也称调期交易或时间套汇，是指一种货币的买入和卖出同时进行，买卖的货币数额相等，交割期不同。即交易双方约定一前一后两个不同的交割日、方向相反的 A、B 两种货币交换。在前一次货币交换中，约定以货币 A 交换一定数量的货币 B，在后一次货币交换中，并以约定价格在未来的约定日期用货币 B 反向交换同样数量的货币 A。

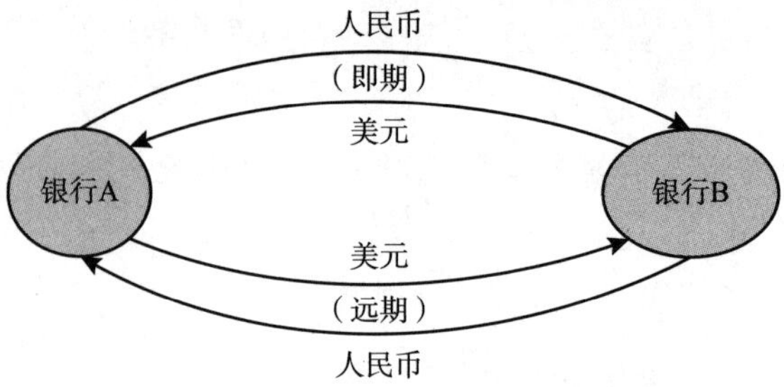

图 3-8　外汇掉期交易

它实际上是一种由货币的买入和卖出两笔交易组成，一笔为即期外汇交易，另一笔为远期外汇交易，也可以两笔都是远期外汇交易；买卖方向相反，买卖数额相同，交割期不同。它该改变的不是交易者手中持有的外汇数额，而是货币期限，这就是“掉期”的含义所在。

举例

某出口企业收到国外进口商支付的出口货款 500 万美元，该企业需将货款结汇成人民币用于国内支出，但同时该企业需进口原材料并将于 3 个月后支付 500 万美元的货款。此时，该企业就可以与银行办理一笔即期对 3 个月远期的人民币与外币掉期业务：

即期卖出 500 万美元，取得相应的人民币——3 个月远期以人民币买入 500 万美元。

通过上述交易，该企业可以轧平其中的资金缺口，达到规避风险的目的。

（二）掉期交易特点

掉期交易的特点是买与卖是有意识地同时进行的；买与卖的货币种类相同，金额相等；买卖交割期限不相同。掉期交易与即期交易和远期交易有所不同。即期交易与远期交易是单一的，要么做即期交易，要么做远期交易，并不同时进行，因此，通常也把它叫作单一的外汇买卖，主要用于银行与客户的外汇交易之中。掉期交易的操作涉及即期交易与远期交易或买卖的同时进行，故称之为复合的外汇买卖，主要用于银行同业之间的外汇交易。一些大公司也经常利用掉期交易进行套利活动。

在国际金融市场一体化潮流的背景下，掉期交易作为一种灵活、有效的避险和资产负债综合管理的衍生工具，越来越受到国际金融界的重视，用途日益广泛，交易量急速增加。由于掉期合约内容复杂，多采取由交易双方一对一进行直接交易的形式，缺少活跃的二级市场和交易的公开性，具有较大的信用风险和市场风险。因此，从事掉期交易者多为实力雄厚、风险控制能力强的国际性金融机构，掉期交易市场基本上是银行同业市场。国际清算银行（BIS）和掉期交易商的国际性自律组织国际掉期交易商协会（ISDA），近年来先后制定了一系列指引和准则来规范掉期交易，其风险管理越来越受到交易者和监管者的重视。

政策透视

全国银行间外汇市场人民币外汇货币掉期交易规则

为规范银行间外汇市场人民币外汇掉期交易秩序，维护各交易主体的合法权益，中国外汇交易中心日前公布了《全国银行间外汇市场人民币外汇货币掉期交易规则》(以下简称《规则》)。

《规则》称，银行间人民币外汇掉期交易是指交易双方约定一前一后两个不同的交割日、方向相反的两次本外币交换，在前一次货币交换中，一方用外汇按照约定汇率从另一方换入人民币，在后一次货币交换中，该方再用人民币按照另一约定汇率从另一方换回币种相同的等额外汇；反之亦可。其中，交割日在前的交易称为交易近端，交割日在后的交易称为交易远端。

《规则》明确，进行交易的会员是指获得国家外汇管理局远期交易备案资格6个月以上，在中国外汇交易中心交易系统内从事掉期交易的金融机构或非金融企业。

《规则》要求，已获交易中心颁发资格证书的交易员，需经交易中心相关业务培训，方可通过交易中心系统进行掉期交易。同时，会员应建立、健全内部管理制度和风险防范机制，采取切实有效的措施对掉期风险进行监控和管理，签署《银行间外汇市场人民币外汇远期及掉期主协议》，并遵守国家法律、法规和银行间外汇市场其他有关规定。

《规则》指出，交易方为达到其不正当目的而恶意串通、故意违约的，或采用不正当手段扰乱外汇市场秩序的，由交易中心予以公告。情节严重的，由交易中心报国家外汇管理局，由国家外汇管理局给予暂停直至取消其会员资格的处罚。

资料来源：公开资料整理。

二、掉期交易种类

（一）按交易对象划分

（1）纯粹掉期（pure swap）。指交易者与同一交易对手同时进行两笔数额相同、方向相反、交易目的不同的外汇交易。成本较低，最常用的掉期方式。

（2）制造掉期（engineered swap）。又称分散掉期。由两笔分别单独进行的交易组成，每笔交易分别与不同的交易对手进行。

（二）按掉期的期限

（1）即期对远期的掉期交易。这是外汇市场上最常见的掉期交易形式，即在买入（或卖出）某种货币即期外汇的同时，卖出（或买入）同种等额的远期外汇，以覆盖外汇头寸，消除汇率风险。

（2）即期对即期（一天掉期）。主要用于银行调整短期头寸和即期交割日之前的资金缺口。此类掉期交易分为以下三种：

①今日对次日掉期（overnight，O/N）。即第一个交割日是交易日当天，第二个交割日是次日。

②明日对后日（tom-next，T/N）。即第一个交割日安排在明天，第二个交割日安排在后天。

③即期对明日（spot-next，S/N）。指从即期交割日开始到即期交割日次日为止的掉期交易。

（三）远期对远期

远期对远期的调换，即同时买卖不同期限的等额同种外汇。

三、掉期交易应用

外汇掉期交易作为一种灵活、有效的规避风险的手段，越来越受到国际金融界的重视。

（一）央行开展外汇掉期业务

例如：2005 年 11 月底，经过连续 12 次升息，美国联邦基金利率已从

1%上升到4%。同期，美元一年期Libor也达到4.70%左右，高出相应期限的人民币货币市场利率2%～3%。外汇资金运用能力较强的商业银行倾向于增持美元资产，提高盈利能力，缓解人民币流动性带来的短期投资压力；同时，为规避汇率风险，商业银行希望在未来仍然能以当前汇率水平换回人民币，并愿意从美元资产的投资收益中拿出一部分补偿交易对手。

在这种情况下，2005年11月25日，为适度回收流动性，保持货币市场利率的平稳运行，中国人民银行选择国家开发银行等10家银行开展外汇掉期交易，央行即期卖出美元，同时约定1年后以相同汇率买回美元，并相应收取美元与人民币的利差补偿。该次掉期交易量为60亿美元，央行收回基础货币484.83亿元人民币。

（二）商业银行进行掉期交易

例如：英国某银行在6个月后应向外支付500万美元，同时在1年后又将收到另一笔500万美元的收入。假设目前外汇市场行情为：即期汇率GBP/USD＝1.6770/80.

1个月的掉期率：20/10。

2个月的掉期率：30/20。

3个月的掉期率：40/30。

6个月的掉期率：40/30。

12个月的掉期率：30/20。

可见英镑兑美元是贴水，其原因在于英国的利率高于美国。但是若预测英美两国的利率在6个月后将发生变化，届时英国的利率可能反过来低于美国，因此英镑会对美元升水。

该银行为了获利，进行“6个月对12个月”的远期对远期掉期交易。

（1）按1英镑＝1.6730美元的远期汇率水平购买6个月远期美元500万，需要2988643.2英镑。

（2）按1英镑＝1.6760美元的远期汇率水平卖出12个月远期美元500万，可得到2983293.6英镑。整个交易使该银行损失2988643.2－2983293.6＝5349.6（英镑）。

当第6个月到期时，假定市场汇率果然因利率变化发生变动，此时外汇市场行情变为：即期汇率英镑/美元＝1.6700/10；6个月掉期率100/200。

（3）按1英镑＝1.6710美元的即期汇率将第一次交易时卖出的英镑在即期市场上买回，为此需要4994022.8美元。

（4）按 1 英镑 = 1.6800 美元的远期汇率水平将买回的英镑按 6 个月远期售出，可得到 5020920.5 美元（注意，在第一次交易时曾买入一笔为期 12 个月的远期英镑，此时正好相抵）。

这样一买一卖获利 5020920.5 − 4994922.8 = 25997.7（美元），按当时的即期汇率折合为 15567.485 英镑，如果除去第一次掉期交易时损失的 5349.6 英镑，可以获利 15567.485 − 5349.6 = 10217.885 英镑。

（三）投资公司进行掉期交易

例如，一家瑞士投资公司需用 1000 万美元投资美国 91 天的国库券。为避免 3 个月后美元汇率下跌的风险，公司做了一笔掉期交易，即在买进 1000 万美元现汇的同时，卖出 1000 万美元 3 个月期汇。假设成交时美元/瑞士法郎即期汇率为 1.2890，3 个月的远期汇率为 1.2860，若 3 个月后美元/瑞士法郎的即期汇率为 1.2750，比较该公司做掉期交易与不做掉期交易的风险情况（不考虑其他费用）。

解：（1）公司做掉期交易的风险情况。

买 1000 万美元现汇，需支付

1000 × 1.2890 = 1289（万瑞士法郎）

同时卖 1000 万美元，3 个月期汇，将收进：

1000 × 1.2860 = 1286（万瑞士法郎）

掉期成本：

1286 − 1289 = −3（万瑞士法郎）

所以该公司做掉期交易后可将 1000 万美元的外汇风险锁定在 3 万瑞士法郎的掉期损失上。

（2）不做掉期处理。

损失金额：1275 − 1289 = −14（万瑞士法郎）

公司将遭受 14 万瑞士法郎的损失。

（四）进出口商进行掉期保值

例如，英国出口商与美国进口商签订合同，规定 4 个月后以美元付款。它意味着英国出口商在 4 个月以后将收入一笔即期美元。在这期间，如果美元汇率下跌，该出口商要承担风险。为了使这笔贷款保值，该出口商可以在成交后马上卖出等量的 4 个月远期美元，以保证 4 个月后该出口商用本币计值的出口收入不因汇率变动而遭受损失。除进出口商外，跨国公司也经常利用套期保值，使公司资产负债表上外币资产和债券的国内价值保持不变。

在实质上，套期保值与掉期交易并没有差异。因为在套期保值中，两笔交易的交割期限不同，而这正是掉期交易的确切含义所在。凡利用掉期交易的同样可获得套期保值的利益。但在操作上，掉期交易与套期保值仍有所区别，即在套期保值中，两笔交易的时间和金额可以不同。

课堂实训

某银行在买进客户6个月期的100万远期美元后，为避免风险，轧平头寸，必须再卖出等量及交割日期相同的远期美元。但在银行同业市场上，直接出售单独的远期外汇比较困难。请问银行如何消除与客户单独进行远期交易承受的汇率风险？

第五节 套汇交易

【引导案例】

喝啤酒的国际之谜

很久以前，在墨西哥与美国间的某段边境处，存在着一种特殊的货币兑换情形：在墨西哥境内，1美元只值墨西哥货币90分；而在美国境内，1个墨西哥比索（100分）只值美国货币90分。

一天，一个牧童先在一家墨西哥酒吧喝了一杯啤酒，价格是10个墨西哥分。于是，他用余下的90个墨西哥分换了1美元，然后又走过边境进了一家美国酒吧，喝了一杯啤酒，价格是10美分。他用余下的90美分又换成1个墨西哥比索。如此这般，牧童每天愉快地喝着啤酒，而口袋里的1比索却始终没有减少。

这到底是为什么呢？原来，牧童一直在用两地套汇的收益来喝啤酒。这仅仅是一个虚构的故事，却可以形象地描绘出套汇的本质。

分析：

(1) 一天一个牧童先在一家墨西哥酒吧喝了一杯啤酒，价格是10个墨西哥分；

(2) 他用余下的90个墨西哥分换了1美元；

(3) 然后又走过边境进了一家美国酒吧，喝了一杯啤酒，价格是10美分，他用余下的90美分又换成1个墨西哥比索。

如此这般，牧童每天愉快地喝着啤酒，而口袋里的1比索却始终没有减少。原来牧童一直在用两地套汇的收益喝啤酒。

资料来源：公开资料整理。

一、套汇交易概念

（一）套汇交易定义

套汇是指在同一时间内，不同市场上的同一外汇，其汇价存在差异，在低价一方市场买进该货币，在高价一方市场卖出该货币，借以取得利额。例如，某一套汇者在伦敦花1980USD买1000GBP，同时在纽约卖1000GBP收2000USD。这简单的一买一卖使套汇者就赚得20USD。

套汇交易市场是全球最大的金融交易市场，日均交易量达到1.5万亿美元。如今的交易主体正迅速扩大，一些跨国公司，国际货币经理人，注册交易商，国际货币经纪人，期货和期权交易商和私人投机商也参与其中，大约日交易量的85%是这些主要货币，包括美元、日元、欧元、英镑、瑞士法郎，加拿大元和澳大利亚元。

（二）套汇交易特点

套汇交易市场是一个即时的24小时交易市场，交易每天从悉尼开始，并且随着地球的转动，全球各金融中心的营业日将依次开始，首先是东京，然后是伦敦和纽约。

事实上，交易双方只要通过一个电话或者一个电子交易网络就可以成交一笔交易。因此，套汇交易市场被称作是超柜台（OTC）或“银行间”交易市场。

套汇买卖的数额一般较大，套汇利润相应颇丰。套汇交易市场被称作是“银行间”交易市场，长期以来，该交易都是被银行所控制，包括中央银行，商业银行和投资银行，其中商业银行是最大的套汇投机者。

事实上，在全球金融电子化的今天，不同地区，不同时间的汇率差别是转瞬即逝的，汇差机会的出现与捕捉已经越来越难。

一般来说，要进行套汇必须具备以下三个条件。

（1）存在不同的外汇市场和汇率差价。

（2）套汇者必须拥有一定数量的资金，且在主要外汇市场拥有分支机构或代理行。

（3）套汇者必须具备一定的技术和经验，能够判断各外汇市场汇率变动及其趋势，并根据预测迅速采取行动。否则，要进行较为复杂的套汇将事倍功半。

政策透视

我国非法买卖外汇情节有多严重？

所谓非法买卖外汇，是指私自买卖外汇、变相买卖外汇、倒买倒卖外汇或者非法介绍买卖外汇数额较大的。主要是没有获得主管部门的批准从事外汇买卖业务，而进行场外交易。透过地下钱庄及一些场外的“黄牛”的行为，都属于典型。

非法买卖外汇的行为扰乱市场秩序必须是情节严重才构成该罪。例如，多次进行非法买卖外汇活动，经行政处罚让不悔改的；利用职权进行非法买卖外汇造成恶劣影响等。

真实案例：

2014年11月至2016年10月，广东籍梁某为实现逃税目的，将出口贸易货款2403万港元分82笔划转至地下钱庄境外账户，后由地下钱庄向梁某及其亲属境内账户分94笔划入1956万元人民币。

该行为违反了《个人外汇管理办法》第三十条的规定，构成非法买卖外汇行为。数额巨大，违规性质恶劣，严重干扰外汇市场秩序，根据《外汇管理条例》第四十五的规定，外管局对其作出罚款58.66万元人民币的处罚。

目前，我国法律已经明确存在非法买卖外汇的罪名。2020年最高人民法院（以下简称最高法）和最高人民检察院（以下简称最高检）日前联合发布了《解释关于关于办理非法支付结汇、非法买卖外汇刑事案件适用法律若干问题的意见》。

《外汇管理条例》中对套汇的具体解释是：

1. 违反国家规定，以人民币支付或者以实物偿付应当以外汇支付的进口货款或者其他类似支出的；

2. 以人民币为他人支付在境内的费用，由对方付给外汇的。

解释规定，买卖外汇或者变相买卖外汇等非法外汇交易扰乱金融市场秩序，情节严重的，以非法经营罪定罪处罚。同时，对非法从事基金支付结算业务或者非法买卖外汇情节严重的予以分类。

根据《中华人民共和国外汇管理条例》（国务院令第532号）第四十条：

有违反规定以外汇收付应当以人民币收付的款项，或者以虚假、无效的交易单证等向经营结汇、售汇业务的金融机构骗购外汇等非法套汇行为的，由外汇管理机关责令对非法套汇资金予以回兑，处非法套汇金额30%以下的罚款；情节严重的，处非法套汇金额30%以上等值以下的罚款；构成犯罪的，依法追究刑事责任。

在实践中，地下钱庄非法买卖外汇主要以境内直接交易的形式，以及目前境内外普遍存在的资金跨境（跨境）支付方式，都是以“敲门”的方式进行的。在实际操作中，地下钱庄非法买卖外汇的方式主要是境内直接交易和目前境内外普遍存在的跨境（跨境）支付资金方式。

其中，买卖外汇是指不法分子在境内外汇黑市低买高卖，赚取汇差。这类银行通常被称为“外汇黄牛”。变相买卖外汇是指以外汇偿还人民币或以人民币偿还外汇，在形式上以外汇与人民币互换代替人民币与人民币直接交易，实现币值换算的行为。

资料来源：财经观，2020－09－28。

二、套汇分类

（一）直接套汇

直接套汇又称两角套汇，是指当两个不同地点外汇市场上某种货币汇率出现差异时，外汇交易者同时在这两个市场买贱卖贵，从中赚取差价利润的交易行为。通俗来说即利用两个市场的汇率差异进行套汇。

举例

纽约市场：USD/JPY 106.16/106.36

东京市场：USD/JPY 106.76/106.96

试问：如果投入100万美元套汇，利润为多少？

分析：

首先，强调双向报价（买入卖出汇率）站在报价方的立场；

其次，判断是否存在套汇机会的依据，即一个市场的买入汇率高于另一市场的卖出汇率（在此例中即表现为 106.76 > 106.36）；

最后，在此基础上，通过转换所持货币、低买高卖赚取差价。

如果持有 100 万美元

（1）将其高价卖出，故选择东京市场，换入 10676 万日元；

（2）再到纽约市场将美元重新买回，可得到 100.376 万美元；

（3）美元增值：100.376 − 100 = 0.376（万美元）。

USD100 万 $\xrightarrow{\text{东京}}$ JPY10676 万 $\xrightarrow{\text{纽约}}$ USD100.376 万美元

投入 100 万美元套汇的利润是 376 美元。

（二）间接套汇（三角套汇）

将两个市场的套汇拓展至三个市场，即为间接套汇。间接套汇又叫三角套汇，是指套汇者利用三个不同地点的外汇市场，在同一时间内存在的货币汇率差异，利用汇率差异在这些市场上低买高卖，套取汇率差额收益的交易行为。通俗来说即利用三个市场的汇率差异进行套汇。

三角套汇的准则是：判断三角（点）汇率是否有差异，如有差异，则存在套汇的机会；如没有差异，则不存在套汇的机会。对于三点或多点套汇机会的判断，可依据下述原则：将三个或更多个市场的汇率（如果有买入价、卖出价两个汇率，先计算出各个市场的中间汇率）转换为同一标价法（间接标价法或直接标价法）表示，然后将得到的各个汇率值相乘。如果乘积为 1，说明没有套汇的机会，如果乘积不为 1，则存在套汇的机会。

举例

一投机者持有 1000 万港元，欲在国际外汇市场上进行套汇。他所掌握的外汇市场同一时刻的外汇牌价是：

香港：USD/HKD = 7.8123 ~ 7.8514；

纽约：GBP/USD = 1.3320 ~ 1.3387；

伦敦：GBP/HKD = 10.6146 ~ 10.7211。

解：

第一步：求中间汇率价格。

香港：USD/HKD = 7.83185（直接标记法）

纽约：GBP/USD = 1.33535（直接标记法）

伦敦：GBP/HKD = 10.66785（间接标记法）

第二步：统一标价方法。

在纽约和香港都是直接标价法，只有伦敦采取间接标价法，按照“少数服从多数”的原则，将标价方法统一为直接标价法。

伦敦：HKD/GBP＝1/10.66785＝0.0937396。

第三步：计算乘积。

7.83185×1.33535×0.0937396

＝0.980353≠1，所以存在套利空间。

三个市场间接标价法的汇率乘积如果大于1，则在三个市场上卖本币（高卖）买外币（贱买）；如果乘积小于1，则卖外币买本币。

如果三个市场的汇率都统一为直接标价法则与间接标价法的情况完全相反。就是三个市场直接标价法的汇率乘积如果小于1，则在三个市场上卖本币（高卖）买外币（贱买）；如果乘积大于1，则卖外币买本币。

在直接标价法下，0.980353＜1，因此要在三个外汇市场卖出本币，买入外币。

投机者持有1000万港元，

香港：USD/HKD＝7.8123～7.8514；

纽约：GBP/USD＝1.3320～1.3387；

伦敦：GBP/HKD＝10.6146～10.7211。

香港市场卖出港元，买入美元；在纽约市场卖出美元，买入英镑；在伦敦市场卖出英镑，买入港元。

因此，1000万港元套汇的利润率是：

1000万×1/7.8514×1/1.3387×10.6146－1000万＝9.8881（万港元）。

政策透视

香港离岸市场与内地在岸市场套汇行为

香港离岸市场与内地在岸市场之间是利用在岸与离岸市场现汇价差套汇。

在岸与离岸市场现汇价差套汇是基于香港离岸市场的人民币现汇价格（CNH）与内地在岸市场的人民币现汇价格（CNY）之间，存在显著差异。

例：香港人民币现汇价格＄/CNY￥＝6.2；

内地人民币现汇价格＄/CNY￥＝6.5。

内地出口商A将选择在内地出售出口所获100万美元，这样A能获得人民币650万￥；而内地进口商B将选择在香港购入进口所需100万美元，这样B只需用620万元人民币购入100万美元。

这种套汇行为的结果包括：第一，当香港的人民币现汇价格高于内地时，内地进出口商的套利行为将体现为内地与香港之间人民币跨境贸易结算的"跛足化"，即内地企业进口支付人民币显著高于出口收到人民币；反之，"跛足化"将得到明显改善。第二，当香港的人民币现汇价格高于内地时，香港的人民币存量上升；而当香港的人民币现汇价格低于内地时，香港的人民币存量下降。

资料来源：公开资料整理。

课堂实训

（1）在中国1美元要6元人民币，在日本1美元要7元人民币。显然日本的美元贵些，如果你就在中国买了美元在日本去卖。问：盈利多少？

（2）1美元可以买到0.7英镑，1英镑可以买到9.5法郎，而1法郎则可以买到0.16美元。一个实行套汇交易方式的人可以靠着1美元而得到1.064元美元，获利率是6.4%。问：如何实现？

第六节 套利交易

【引导案例】

低利率大环境下中国债市机会诱人，国际投资者目光投向企业债

增长强劲的中国债券市场近年来越来越受到国际投资者的关注。截至2019年7月末，中国债市总规模已逾93万亿元人民币（约13万亿美元），超过日本跃居世界第二位。

现在全球的政府债券的收益基本上都是负的，32%的固收资产现在都是负收益。日本、德国等国收益也在1%以下。中国债市未来的空间不仅建立在中国经济的发展上，在全球低利率环境下，中国债市的收益率无疑是诱人的。

数据显示，当前已有逾2100家境外投资者进入银行间债券市场，较年初增加900余家。2019年1~8月，累计达成交易量超过3万亿元，同比增长超30%。截至目前，境外投资者持债规模已超过2万亿元，占境内债券

市场托管总额的比例约为2.5%。

中国高收益的债券为收益的修正提供了机会，包括中国债券被纳入国际债券指数、监管的改变，还有高收益的机会都会支持更多的外资进入中国的市场。

资料来源：第一财经，2019－09－27（资料整理）。

一、套利交易概念

外汇套利交易指在两国短期利率出现差异的情况下，将资金从低利率的国家调往高利率的国家，以赚取利差收益的外汇交易活动。具体来讲，就是在外汇市场中买入高利率货币而卖出低利率货币，将买入的高利率货币存入该国银行，以赚取其中高于低利率货币国家的利息的一种市场投机行为。套利交易以把低利率货币兑换成高利率货币为开始，以把高利率货币存入该国银行金融机构为过程和手段，以把高利率货币重新兑换成低利率货币为结束。

举例

纽约市场3个月定期存款年利率为12%，伦敦市场3个月定期存款年利率为8%。纽约市场利率高，伦敦市场利率低。

英国投资者可以年率8%的利率介入资金，购买美元现汇，存入美国银行，做3个月的短期投资。这样，他就可以获得年率4%的利差收益。（假设汇率不变）。如果资金总额为10万英镑，该投资者就可以通过套利净获利润100000×4%×3/12＝1000英镑。

全球主要国家指标利率如表3－9所示。

表3－9　全球主要国家指标利率一览

国家	利率名称	当前值（%）	公布日期
新西兰	官方现金利率	0.25	2020－08－12
欧元区	再融资利率	0.5	2022－07－01
加拿大	隔夜目标利率	3.75	2022－10－26
日本	央行利率决议	－0.1	2022－10－01
澳大利亚	隔夜利率	2.85	2022－11－01

续表

国家	利率名称	当前值（%）	公布日期
美国	联邦基金目标利率	3.75～4.00	2022－11－01
瑞士	央行利率决议	0.5	2022－09－01
英国	央行利率决议	3	2022－11－01
韩国	基准利率	3	2022－10－12
印度	再回购利率	3.35	2022－09－30
中国	1年期存款利率	1.5	2015－10－23
南非	再回购利率	3.75	2021－12－24
俄罗斯	再融资利率	7.5	2022－10－28
巴西	基准利率	13.75	2022－10－27

资料来源：公开资料整理。

二、套利交易类型

（一）不抛补套利（uncovered interest rate arbitrage）

不抛补套利主要是利用两国市场的利息率差异，把短期资金从利率较低的市场调到利率较高的市场进行投资，以谋取利息差额收入。这种套利不同时进行反方向交易轧平头寸，要承受高利率货币贬值的风险，具有投机性。

例如，在没有外汇管制的情况下，如果一国的利率低于他国，该国的资金就会流往他国以谋求高息。假设在汇率不变的情况下纽约投资市场利率比伦敦高，两者分别为9.8%和7.2%，则英国的投资者为追求高息，就会用英镑现款购买美元现汇，然后将其投资于3个月期的美国国库券，待该国库券到期后将美元本利兑换成英镑汇回国内。这样，投资者可多获得2.6%的利息，但如果3个月后美元汇率下跌，投资者就得花更多的美元去兑换英镑，因此就有可能换不回投资的英镑数量而招致损失。

未抵补套利过程（见图3－9）：

（1）低利率货币→即期汇率→高利率货币。

（2）将高利率货币存入高利率国一定期限。

（3）期满后，将高利率货币→即期汇率→低利率货币。

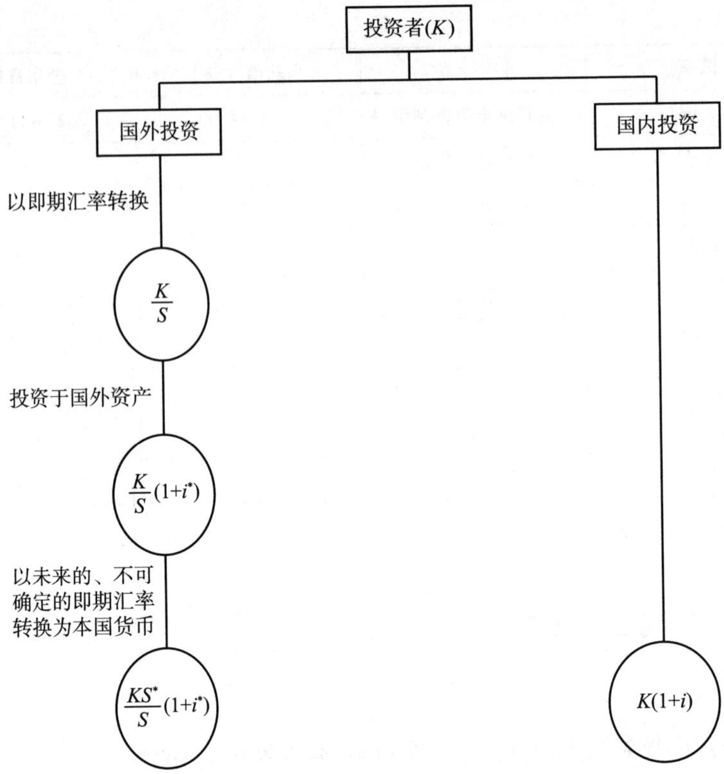

图 3-9　无递补套利的本国和外国投资收益（路径图）

注：i 低利率货币利率；i^* 高利率货币利率；S 为套利投资时即期汇率；S^* 为套利期满后不可确定的即期汇率。

举例

假设日本市场年利率为3%，美国市场年利率为6%，美元/日元的即期汇率为109.50/110.00，为谋取利差收益，一日本投资者欲将1.1亿元日元转到美国投资一年，如果一年后美元/日元的市场汇率为105.00/50，请比较该投资者进行套利和不套利的收益情况。

分析：

(1) 假设不套利，在日本投资一年本利和为：

1.1亿×(1+3%)=11330（万日元）

(2) 假设套利。

1.1亿日元折合美元：

11000万÷110=100（万美元）

1年后美元投资本利和：

100万×(1+6%)=106（万美元）

106万美元折合日元：

106 万 ×105.00 = 11130（万日元）

套利净收益：

11130 万 − 11330 万 = −200（万日元）

即套利比不套利少收入 200 万日元。

若一年后美元/日元的市场汇率为 100.00/20，则套利的结果为：

11000 ÷ 110 ×（1 + 6%）× 100 = 10600（万日元）

因此，我们可以得出非抛补套利的条件，那就是利率差大于预期汇率变动率与单位外汇交易的手续费之和。

举例

假设在中国，一年期国库券的年利率为 3%，而美国的一年期国库券的年利率为 5%。

当时即汇率为 1 美元 = 7.76 元。

企业想将 100 万美元进行 1 年期的投资，两种选择：

①将 100 万美元投资于美国，到期收回。

100 ×（1 + 5%）= 105（万美元）。

②将美元兑换成人民币，购买国内的国库券，到期收回。

100 × 7.76 ×（1 + 3%）= 779.28（万元）。

孰好孰差，取决于投资期满时外汇市场美元兑人民币的即期汇率。

情况 1：

如果汇率维持在 7.76 的水平，企业将从美国国库券市场上的所得可兑换成 105 × 7.76 = 814.8（万元）。

那么投资在美国市场多获利 814.8 − 779.28 = 35.52（万元）。

投资期满时的即期汇率往往与进行投资时的即期汇率不一样，可能上升，也可能下降。

情况 2：

如果投资结束时美元升值，汇率为 1 美元 = 7.86 元这样收回的美元投资可兑换成更多人民币。

105 × 7.86 = 825.3（万元）。

投资者除了获得利息收入，还可有一定外汇收益。

情况 3：

根据实际外汇市场，一般情况：

利率较高的国家的货币往往汇率会下跌。

利率较低的国家货币汇率往往会上升。

因此汇率下跌到7.42以下：105×7.42=779.1（元）。

那么投资者将在美国市场上的收益兑换成的人民币会小于其直接在国内进行投资的收益779.28元。

（二）抛补套利（covered interest arbitrage）

在两国利率存在差异的情况下，资金将从低利率国流向高利率国以谋取利润。套利者在比较金融资产的收益率时，不仅要考虑两种资产利率所提供的收益率，还要考虑两种资产由于汇率变动所产生的收益变动，即外汇风险。

抛补套利是指套利的同时进行保值，锁定了汇率，即称为无风险套利（亦指利用期指与现指之间的不合理关系进行套利的交易行为）。无风险套利是一种金融工具，是指把资本（一般是货币）投资于一组外汇中，规定远期汇率，取得外汇的存款收益后按既定的汇率将外汇换回本币，从而获得高于国内存款利率的收益。也就是套利的同时进行保值，锁定了汇率，这就称为无风险套利。

抛补套利过程（见图3－10）。

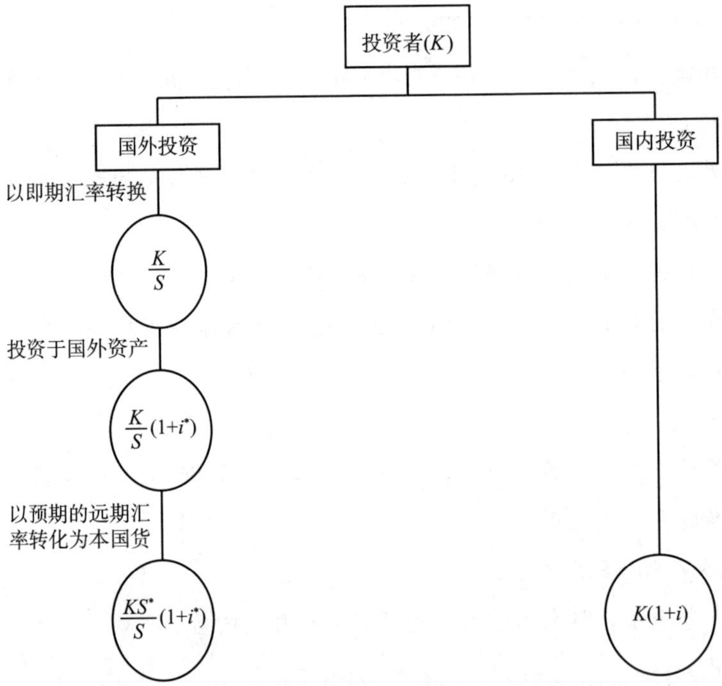

图3－10　递补套利的本国和外国投资收益（路径图）

注：i 低利率货币利率；i^* 高利率货币利率；S 为套利投资时即期汇率；S^* 为套利期满后预期的远期汇率。

（1）低利率货币→即期汇率→高利率货币，同时做远期外汇交易，卖出远期高利率货币

（2）将高利率货币存入高利率国一定期限

（3）期满后，将高利率货币→远期汇率→低利率货币

举例

如上例中，假设美元/日元一年期的远期汇率为 107.00/50，若日本投资者利用远期交易来抵补套利，请比较该投资者套利与不套利的收益情况。

分析：

（1）假设不套利，在日本投资 1 年后的本利和：

1.1 亿×（1+3%）=11330（万日元）

（2）假设抛补套利。

将 1.1 亿日元换成美元，折合：

1.1 亿÷110.00=100（万美元）

将 100 万美元在美国投资 1 年的本利和：

100 万×（1+6%）=106（万美元）

卖出 106 万美元期汇，预收：

106 万×107.00=11342（万日元）

抛补套利净收益：11342－11330=12（万日元）

抛补套利净收益：

11000÷110×（1+6%）×107－11000×（1+3%）=12（万日元）

一般说来，在浮动汇率体系下，汇率在几个月内不发生变化几乎是不可能的，因此，套利者在进行会利的同时，又进行抛补，才是既防范汇率风险，又可获得利息收入的安全之策。

香港离岸市场与内地在岸市场套利行为

在香港离岸市场与内地在岸市场之间，也至少存在两种套利行为。这两种套利行为，均基于离岸与在岸人民币市场上存在的持续显著利差。

由于香港实现联系汇率制，其基准存贷款利率与美元挂钩，导致企业与金融机构在香港发行人民币债券利率，显著低于其在内地发行人民币债券利率。这就吸引了大量内地企业与金融机构踊跃到香港发行人民币债券（即点心债券），以套取香港发债成本与内地发债成本之间的利差。

这种套利行为的结果是，企业与金融机构在国内发债规模下降，而在香港发债规模上升。

课堂实训

（1）在某一时期，美国3个月定期存款利率为年率12%，英国3个月存款利率为8%。若现汇汇率为GBP1 = USD2。

情况1：3个月后美元汇率下降，汇率为GBP1 = USD2.1。

情况2：3个月后美元汇率上升，汇率为GBP1 = USD1.95。

请问英国投资收益100万GBP如何？

情况3：若3个月的美元期汇贴水10点，远期汇率为GBP1 = USD2.0010，请问英国投资收益100万GBP如何？

（2）纽约一家银行有一笔54万美元的资金暂时闲置3个月。因国内投资收益率低，决定投向收益率较高的伦敦市场。这家银行该如何操作？

讨论及思考题

（1）某交易员上午10点整以1.6302的汇率用美元买入500万英镑；上午10时30分英镑汇率下跌，以1.6265的汇率继续用美元买入500买英镑；中午12点整，英镑上涨，以1.6300的汇率卖出500买英镑。请为该交易元核算当日的账面盈亏。

（2）某日即期外汇市场上，USD/HKD = 7.6720/68，某投机者预期3个月后美元将贬值，其手中有10000美元和80000港元，此人该如何进行投机操作？如果3个月后汇率为USD/HKD = 7.6560/23，请分析该投机者亏损或收益多少？

（3）某外汇交易员进行外汇交易，他预测英镑将相对美元升值，因此在GBP/USD的对手银行报价为1.5740/60时买入500万英镑。1小时后，银行报价变为1.5775/95时，该交易员即将500万英镑卖出。问：该交易员的利润是多少？

习题与挑战

一、单项选择题

1. 利用不同地点的外汇市场之间的汇率差异，同时在不同地点的外汇市场进行外汇买卖，以赚取价差的一种套汇交易是（　　）。

A. 地点套汇　　B. 国家套汇　　C. 抵补套汇　　D. 抵销套汇

2. 抛补套利是将套利交易和（　　）进行了结合。

A. 远期外汇交易　　B. 择期交易

C. 掉期交易　　D. 外汇期货交易

3. 有远期外汇收入的厂商与银行订立远期外汇合同，是为了（　　）。

A. 防止因外汇汇率上涨而造成的损失

B. 防止因外汇汇率下跌而造成的损失

C. 获得因外汇汇率上涨而带来的收益

D. 获得因外汇汇率下跌而带来的收益

4. 在香港外汇市场上，USD1 = HKD7.8420/601 个月掉期率：70/50，则美元或港元 1 个月远期汇率的变动趋势为（　　）。

A. 港元对美元升水　　B. 美元对港元升水

C. 港元对美元贴水　　D. 本币对外币贴水

5. 一般情况下，利率高的国家的货币，其远期汇率表现为（　　）。

A. 贴水　　B. 升水　　C. 平价　　D. 无法判断

二、判断题

1. 即期外汇交易也称现汇交易，是指外汇买卖双方按照业务惯例在外汇买卖成交的同时进行交割的交易。（　　）

2. 即期汇率和远期汇率是按照交割方式划分的。（　　）

3. 套利交易的收益仅与两地利率差异有关，与汇率差异无关。（　　）

4. 只要不同国家之间存在利率差异，套利投机者便会有利可图。（　　）

5. 抵补套利和投机是外汇市场常见的业务活动，其目的都是盈利。（　　）

实训活动

1. 请在中国银行网站查询最新七天期限的远期外汇牌价，选择一种货币，手机资料，判断该货币汇率走势，并据此设计投机方案。七天后根据现汇市场汇率核算该投机方案的损益。

2. 案例分析：

银行间即期外汇交易报价

Date：October11 Wednesday.

Bank A：“Hi，friends，spot dollar HK dollar please?”

Bank B：“55 – 60”

Bank A："At 55 I sell you 5 million dollars."

Bank B："OK, done. I buy 5 million dollars at 7.8455 for October 13 and sell you 39 227 500HKdollars. My dollars to City New York, № ××××××。please. For you?"

Bank A："My HK dollars to Bank of China Beijing Branch, № ××××××。Thank you for deal."

根据以上情节，分别模仿A银行和B银行以模拟电话方式进行银行间的即期外汇买卖，并分析以下几点：

（1）做市商怎样猜测询价者是买还是卖？

（2）做市商如何根据询价者的意图和自身的头寸情况进行报价？

（3）做市商报出的买入－卖出差价等扩大与缩小说明什么问题？

第四章 外汇衍生品交易

【知识目标】

1. 外汇期货的含义和外汇期货交易制度
2. 外汇期货套期保值
3. 外汇期货投机和套利的种类及其运用方法
4. 外汇期权的分类
5. 外汇期权的运用

【技能目标】

1. 能够计算外汇期货交易盈亏
2. 能够计算外汇期权保证金
3. 能够运用外汇期货套期保值
4. 能够分析看跌期权、看涨期权的收益与风险
5. 能够利用外汇期权交易套期保值

【素养目标】

1. 通过外汇从业人员外汇衍生品交易的学习，培养职业道德和风险意识

2. 通过外汇期权买卖双方权利和义务的学习，培养认真细致的工匠精神，坚持诚信经营、互利共赢的经营理念和良好的职业素养

3. 通过外汇期货和期权在投机和套期保值两大领域运用的学习，强调专业知识技能的重要性，培养追求卓越的工作态度

【案例导读】

梅拉梅德是金融世界最有影响力的人物之一，现代期货产业的祖师爷，全球金融期货之父。他是纳粹大屠杀的幸存者，1939 年随父母逃离故国波兰，历经千辛万苦穿过西伯利亚，途经日本，最终才到达美国。他不仅成为

新国度和文化的一分子，还从一个微不足道的猪腩交易商开端，凭着锐气、斗志和才华，于1969年当上芝加哥商业交易所（CME）理事长。

1971年12月20日，梅拉梅德正式向世界宣布了他们将建立外汇期货市场的计划，交易的合约有7种：英镑、加拿大元、德国马克、意大利里拉、日元、墨西哥比索和瑞士法郎。梅拉梅德被选为新成立的国际货币市场（IMM）的理事长。1972年5月16日，国际货币市场正式开始运行，改变了期货的历史，使期货由“农业时代”发展到“金融时代”。

随后，他带领芝加哥商业交易所开辟了现金交割的期货交易新途径，包括外汇、短期国库券、欧元等，并在1982年开始了股票指数期货业务，成功推出标普500股指期货交易（S&P500）。梅拉梅德先生在美国期货业具有举足轻重的地位，在他的帮助下，美国的期货市场已经成为金融风险管理中不可或缺的工具。

到1987年，芝加哥商业交易所又引进了全球首个场外电子期货交易系统。现在，金融期货的成交量占了芝加哥商业交易所总成交量的98%，使芝加哥商业交易所成为美国最大的金融期货市场，同时也带动了全球金融衍生品市场的发展。

美国联邦储备委员会主席艾伦·格林斯潘在纪念金融期货推出30周年时说：“金融衍生品市场大大地降低了成本，并前所未有地提高了规避风险的能力。与30年前相比，我们的金融体系变得更灵活、更有效，同时还增强了经济本身对抗冲击的能力。”1990年度诺贝尔经济学奖得主默顿·米勒则将金融期货的产生誉为“过去30年中金融领域中最重要的创新”。

梅拉梅德先生一直担任日用品期货贸易委员会顾问，并出任各国政府在期货市场研究方面的特别顾问。早在1982年，梅拉梅德就先于美国国会，领导美国期货业创立了国家期货协会（NFA），并使之成为期货行业第一个自行管理机构。1982～1989年间，梅拉梅德连任该协会会长，而后以永久特别顾问的身份继续为该协会工作。

梅拉梅德先生曾被授予多种荣誉或接受特别任命。1979年，芝加哥大学商业学院（GSB）设立了利奥·梅拉梅德奖，专门授予该学院具有突出贡献的学者及教授。1991年芝加哥商业学院又专门为期货市场研究设立了利奥·梅拉梅德名誉主席职位。1992年梅拉梅德接受乔治·布什总统的任命，进入美国Holocaust纪念馆理事会，成为其战略计划委员会的一名成员。1998年Weizmann Institute of Science学院在生物医学研究领域分别设立了以 Betty 和利奥·梅拉梅德命名的奖学金。1999 年 the University of Illinois 大学授予梅拉梅德先生荣誉文学博士学位。2000 年 John Marshall Law 法律学院特设利奥·梅拉梅德研究基金，专门用于国际商贸法的研究。

同时，利奥·梅拉梅德先生还是一名专业律师，一位精干的期货贸易商。此外，他还担任 Melamed & Associate 公司全球市场咨询机构的董事长兼首席执行官。

梅拉梅德还曾是全球期货公司樱花黛尔雪（Sakura Dellsher）的总裁和运行长、美国大屠杀纪念馆的理事会员、美国国家经济研究局理事。当前是芝加哥商品交易所的名誉理事长、国际财务工程师协会的资深院士。

资料来源：经济参考报，2010 - 03 - 05。

【章节概述】

从全球格局来看，外汇衍生品市场规模增长较快，外汇期货是最早诞生的金融期货产品，作为对现货产品的必要配套，相比外汇场外交易产品具有标准化与规范化的特点，因而具有较大的发展潜力。本章将介绍外汇期货合约及外汇期货交易应用、外汇期权交易及外汇期权的应用，帮助我们更加了解外汇市场。

第一节　外汇期货市场概述

【引导案例】

加快建设人民币外汇期货市场是时代所需

长期以来，中国人民币外汇衍生品市场主要表现为离岸市场的繁荣。当前人民币外汇市场影响最大的衍生产品要数新加坡和中国香港的人民币无本金交割远期外汇交易（NDF）市场。该市场出现于 1996 年，属于场外市场，主要反映国际市场对于人民币汇率变化的预期。

此外，芝商所（CME）、港交所、新交所等交易所也都有人民币外汇的期货/期权产品。其中，CME 早在 2006 年 8 月就推出了无交割人民币期货/期权产品，此后又推出了可交割离岸人民币（CNH）期货产品。CME 是场内市场，相较 NDF 市场而言，影响力更为突出。

境外人民币外汇市场的发展对境内形成倒逼格局。首先，一旦境内外汇差超出一定范围，投资机构的跨市场套利操作无疑会对国内汇率水平构成牵制，冲击我国外汇市场；其次，境外市场抢占先机的局面已经形成，一旦相关市场发展完备，境内市场被动地位将更加凸显。

2005年之后，我国已经陆续推出了外汇远期、掉期和期权等场外外汇衍生品。外汇期货是唯一没有推出的重要外汇衍生品种类。

随着中国经济发展，人民币跻身世界第五大货币，目前已经有60多个国家将人民币纳入外汇储备，我们亟须建设一个统一公开透明的外汇衍生品交易市场为企业提供多元化的外汇避险工具，以外汇期货为代表的场内外汇衍生品市场空白亟待填补。

从国内来看，人民币外汇期货的推出，不仅可以弥补目前远期结售汇市场存在的一些不足，如交易成本较高、交易机制不够灵活等，还可以帮助境内企业管理经常项目收支、引进外资、对外投资等资本项目中面临的汇率风险，从全球来看，人民币外汇期货将丰富国外投资者管理汇率风险的工具，集中交易的外汇期货市场与分散的场外市场相配合，能够为全球各地的投资者提供统一的服务。

资料来源：新华社，2018－12－21（资料整理）。

一、外汇期货市场的产生和发展

外汇期货是金融期货中历史最长的一种。20世纪70年代初，随着布雷顿森林体系的解体，以美元为中心的固定汇率制逐渐被浮动汇率制所取代，国际金融市场上汇率波动频繁，给进出口商、跨国公司和商业银行等外币债权或债务的持有者带来了巨大的汇率风险，国际经济交易中急需一种能有效转移和回避汇率风险的金融工具。于是，1972年5月16日芝加哥商业交易所成立了国际货币市场（IMM）分部，首先推出了包括英镑、日元、澳大利亚元、加拿大元、德国马克、瑞士法郎和法国法郎在内的7种外汇期货合约。随后，其他国家和地区也纷纷效仿，1982年9月伦敦国际金融期货交易所（LIFFE）成立并推出了自己的外汇期货交易；1984年新加坡国际货币交易所（SIMEX）也开办了外汇期货并与IMM联网，全球外汇期货交易量成直线上升。

二、外汇期货的概念

（一）外汇期货的概念

外汇期货是金融期货的一种，又称为货币期货或汇率期货，指在期货交易所进行的买卖外汇期货合同的交易。外汇期货即指在约定的日期，按照已经确定的汇率，用一种货币买卖一定数量的另一种货币。例如：在某年5月份，美元兑日元的汇价为135日元/美元。一个日本出口商预计在8月份有1亿美元流入。由于不知道8月份的汇率水平为多少，该出口商希望将价格波动的风险转移出去。为此，他到期货市场上与人签订一个期货合同。合同规定他有权在8月份按133日元/美元的价格出售一定数量的美元给对方，换取日元，这个合同就是外汇期货合同。

从世界范围看，外汇期货的主要市场在美国，其中又基本上集中在芝加哥商业交易所的国际货币市场（IMM）、中美洲商品交易所（MCE）（已于2003年关闭）和费城期货交易所（PBOT）。

（二）外汇期货与外汇远期的区别

外汇期货交易和外汇远期交易原理是一样的，是外汇交易者进行套期保值，回避风险和单纯投机的金融工具。外汇期货与外汇远期在以下两方面还存在着较大的差异。

（1）报价方式不同。在报价方式上，远期外汇交易采用双向价制，即银行同时报出买入价和卖出价。目前国际金融市场上外汇期货交易多采用某种单一货币报价的方式，例如IMM的所有外汇期货均以美元报价，并且买方只喊买价，卖方只喊卖价，即买方和卖方只报出一种价格。

（2）交易者和交易目的不同。远期外汇的交易者主要是银行等金融机构以及跨国公司等大企业，其目的主要是希望通过远期外汇交易锁定价格，从而达到保值的效果。外汇期货交易则以其灵活的方式为各种各样的交易者提供了规避风险的管理工具，其交易目的包括了套期保值和投机牟利，并且投机动机占了相当的比重。

（三）外汇期货与外汇远期的联系

（1）远期外汇交易是外汇期货交易的基础。从历史发展的进程来看，外汇期货的出现是 20 世纪 70 年代初的事，而与外汇期货相比，远期外汇交易早已有了近百年的历史。正是远期外汇交易的不断发展和完善，才逐渐实现了合约的标准化和保证金制度，并成立了专门的结算机构实行每日结算，最终演变成现代的期货交易。

（2）远期外汇合约和外汇期货合约都是约定在将来某一特定时间和地点交收一定金额的某种货币的协议，两者的交易原理与经济功能基本相同，在价格（汇率）上存在着相互影响、相互制约的关系。

此外，二者还在一定程度上可以相互替代，相互补充。例如，尽管远期外汇合约非标准化合约，流动性较差，但由于其不需交纳保证金，也没有交易数量上的限制，更加灵活，对一些交易者来说则更具吸引力。

三、外汇期货合约

外汇期货合约是一种交易所制定的标准化的法律契约，是以外汇作为交割内容的标准化期货合同。该合约规定交易双方各自支付一定的保证金和佣金，并按照交易币种、数量、交割月份与地点等买卖一定数量的外汇。它主要包括以下几个方面的内容：

（1）外汇期货合约的交易单位。每一份外汇期货合约都由交易所规定标准交易单位。例如，IMM 每份英镑合约的规模为 62500 英镑，瑞士法郎、欧元、加拿大元和日元的合约规模则分别为 125000 瑞士法郎、125000 欧元、100000 加元和 12500000 日元等。交易单位所用的计价货币与外汇期货的报价货币也有所不同。前者通常用标的货币自身来计价，而后者则使用某种单一货币或一、二种货币。如 IMM 此类外汇期货合约均采用美元报价，即以每单位标的交易货币折合若干美元来报价。

（2）交割月份。国际货币市场所有外汇期货合约的交割月份都是一样的，为每年的 3 月、6 月、9 月和 12 月。交割月的第三个星期三为该月的交割日。

（3）通用代号。在具体操作中，交易所和期货经纪商以及期货行情表都是用代号来表示外汇期货。这几种货币的外汇期货的通用代号分别是，英镑 GBP、加元 CAD、欧元 EUR、日元 JPY、墨西哥比索 MXN、瑞士法郎 CHF、澳大利亚元 AUD。

（4）最小变动幅度。国际货币市场对每一种外汇期货报价的最小变动幅度作了规定，在交易场内，经纪人所做的出价或叫价只能是最小变动幅度的倍数。例如，英镑期货合约的最小变动额为每英镑 0.0005 美元，如果上一个交易价格为 1.8700 美元，下一次交易报价上升最小到 1.8705 美元，下降最小到 1.8695 美元。瑞士法郎期货合约价格的最小变动额为每瑞士法郎 0.0001 美元，如果上一次期货价格为 0.8015 美元，在下次交易中，报价若提高，至少要到 0.8016 美元，报价若下降，下降最小幅度是 0.0001 美元，到 0.8014 美元。货币期货合约的最小变动价位见表 4-1。

表 4-1　　货币期货合约的最小变动价位

币种	英镑	加元	欧元	日元	墨西哥比索	瑞士法郎	澳大利亚元
最小价格波幅	0.0005 美元	0.0001 美元	0.0001 美元	0.000001 美元	0.0001 美元	0.0001 美元	0.0001 美元

（5）最大价格波动幅度。每日涨跌停板是一项期货合约价格在一天之内比前一个营业日的结算价格高出或低过的最大波动幅度。按照各期货交易所交易规则的规定，当交易所内买卖双方出价或叫价超过每日停板额时，则成交无效，因此，当价格升到或降到停板额时，交易所宣布停止交易。国际货币市场外汇期货合约价格波动最大幅度各有不同。例如，英镑期货合约价格的最大波动幅度为 1250 美元，加元的最大价格波动为 750 美元。货币期货合约的最大价格波动幅度见表 4-2。

表 4-2　　货币期货合约的最大价格波动幅度

币种	英镑	加元	欧元	日元	墨西哥比索	瑞士法郎	澳大利亚元
涨跌停板	5%	0.75%	1%	0.01%	1.5%	1.5%	1.25%

知识拓展

表 4-3 是香港 1993 年 7 月 19 日出版的《亚洲华尔街日报》上的一则外汇期货行市表，它报道了加元的期货行情。

表 4-3　　Currencies Futures Prices

Canadian dollar（CME）-100000dllrs；$Percan $						lifetime		open interest
Month	open	high	low	settle	change	high	low	
Sept	0.7788	0.7816	0.7770	0.7813	+0.0026	0.8335	0.7515	25288
Dec	0.7752	0.7793	0.7750	0.7790	+0.0026	0.8310	0.7470	1345

续表

Canadian dollar (CME) -100000dllrs; $Percan $						lifetime		open interest
Month	open	high	low	settle	change	high	low	
Mr94	0.7730	0.7770	0.7730	0.7766	+0.0026	0.7860	0.7550	1010
Est Vol 4505; Vol Thur2072; Open int 27634, +32								

行情表第一行中的 -100000dlrs 是指加元的合约交易单位，$Percan $ 表示下面表中的数额是每加元合多少美元，如：0.7788 表示每一加元合 0.7788 美元，左侧第一栏的 Sept（9 月）、Dec（12 月）、Mr94（1994 年 3 月）是指交割月份；

第二栏 open（开盘）下面的 0.7788，是指 CME（芝加哥商业交易所）1993 年 7 月 16 日开盘时九月份交割的加元和美元的价格。

第三栏的 High0.7816 是指 7 月 16 日交易的 9 月份交割的加元期货最高曾达 0.7816 美元。

第四栏中的 Low0.7770 表示该加元期货该日最低为 0.7770 美元。

第五栏的 Settle.7813 表示 7 月 16 日的结算价；

第六栏的 Change +0.0026 是指同前一交易日的结算价相比，该日的结算价增加了 0.0026。

第七、八栏中的 Life - time High0.8335，LOW0.7515 是指该加元期货合约曾经到达过的历史最高和最低价格。

最后一栏的 open interest 25288 是未平仓合约数为 25288 份。

四、外汇期货交易制度

（一）保证金制度

在期货市场上，为确保每一份合约生效后，当事人能对因期货价格发生不利变动而造成的损失及时支付，期货交易所要求买卖双方按期货合约价格的一定比率交纳少量资金作为履行期货合约的财力担保，便可参与期货合约的买卖，这种资金就是期货保证金。外汇期货交易在有效期内每天进行结算，同时调整保证金。各个交易所对保证金数额有不同的规定，一般是汇率变动大的货币，要求的保证金要高一些；汇率变动小的货币，要求的保证金要低一些。其中保证金可以区分为：

（1）初始保证金。是当你进入外汇期货市场，要建立期货头寸之前，在你开立的账户中依照规定存入的金额。

（2）维持保证金。当你在开立自己的账户并开仓后到平仓之前，每日账户中的余额不得低于某个水准，这个规定的水准就是维持保证金，一般设定为初始保证金的75%。

（3）差别保证金。当账户余额跌到维持保证金的水准以下时，投资人就会收到交易所的追缴保证金通知，必须将款项补足。所需补存的差额称为差别保证金。

（二）每日清算制度

当每个营业日结束时，清算所对每笔交易进行清算，即清算所根据清算价对每笔交易结清，客户账户上每日都有现金流的发生，盈利的一方可提取利润，亏损一方则需补足头寸。由于实行每日清算，客户的账面余额每天都会发生变化，每个交易者都十分清楚自己在市场中所处的地位。如果想退出市场，则可做相反方向的交易来对冲。

每日清算制度实施过程见表4-4。

表4-4 现金流与保证金情况变化表

日期	结算价	变动	客户A（买入）现金流$	客户A（买入）余额$	客户B（卖出）现金流$	客户B（卖出）余额$
7月5日	0.6132			2000初始		2000初始
	0.6140	+0.0008	+100	2100	-100	1900
7月6日	0.6152	+0.0012	+150	2250	-150	1750
7月7日	0.6078	-0.0074	-925	-1352	+925	2675
7月8日	0.6099	+0.0021	+262.5	2262.5	-262.5	2412.5
7月9日	0.6075	-0.0024	-300	1962.5	+300	2712.5
合计		-0.0057	-712.5	-712.5	+712.5	+712.5

课堂实训

某客户某日在IMM按1GBP=1.5319USD买入3张英镑的期货合约，每张合约标的62500英镑，每张合约的原始保证金是2700，三份期货合约维持保证金为4000美元。该客户应该缴纳多少保证金？如果第二天，英镑贴水300个点，则该客户的损益情况如何？是否需要补交保证金？补交多少？

提示：

该客户应该缴纳的保证金就是初始保证金乘以合约的张数即 2700×3 = 8100 美元。如果第二天，英镑贴水 300 个点（这里每个点实际上是 0.0001）也就是说每英镑兑美元的汇率下跌了 0.03 美元，由于这客户是买入的也可以理解成做多英镑，英镑的贴水说明该客户是亏损的，故此该客户的损益情况是每张合约亏损 62500×0.03 = 1875 美元，三张合约亏损 5625 美元。由于三张合约的初始保证金 8100 减去 5625 美元的亏损后实际上保证金余额只有 2475 美元，保证金余额低于维持保证金 4000 美元的要求，故此必须补交保证金，补交金额就是把现在的保证金余额补足至初始保证金金额，故此补交 5625 美元的保证金。

第二节　外汇期货交易的应用

【引导案例】

巴林银行倒闭事件

一家拥有 200 多年历史的英国老牌贵族银行，顷刻间覆灭在一个自负的交易员身上，这就是发生在 1995 年的巴林银行事件。巴林银行亏损 10 多亿美元的风波震惊了全世界金融界和舆论界。

尼克·利森是巴林银行派驻新加坡的首席交易员，他曾经为巴林银行创建过辉煌的业绩，1993 年和 1994 年，新加坡期货部从日经指数和日本政府债券的期货合约交易中赚取了丰厚的收入，巴林银行的交易额翻了 8 倍，占银行 1993 年总利润的 20%。他曾被视为新加坡金融中心最大的交易机构，日经 225 期货合同市场上人人皆知。骄人的成绩使利森飞扬跋扈，孤注一掷。

利森搞垮巴林银行的过程并不复杂。他是利用新加坡岛与大阪之间的差别买进或卖出而赚钱的。在 1994 年初，利森用“巴林期货”的名字建立了一个秘密账号 88888，他用这个账号购买日经 225 种股价指数的期货合约及其他品种，赌日本股市上升。但是，天不遂人愿，1995 年 1 月 16 日神户大地震，不仅夷平了日本的城市，也让日本的证券市场来了个兜底翻，股票市场持续衰落。到 2 月 23 日，股指已经下跌了 1000 多点，利森所特有的期货合约巨幅贬值。

当尼克·利森1995年2月24日潜逃时，他已经违规在日本利率期货交易中建立了大量的短期头寸，使巴林银行购进了200亿美元或者更多的日本政府债券，在日经指数期货交易和期权交易中建立了巨额的长期头寸，日经225期货就达70亿美元，新加坡的日经期货指数每日成交合约在6万张，以利森一个人的持有量计算，就占市场的1/3～2/3。股指交易合同的价值由构成指数的基础股票的市场表现来决定，若股价上升，期货合约就升值；若股价下降，期货合约就贬值。由于尼克．里森和整个市场大势对着干，方向完全相反，这样按照巴林银行所持有的头寸，股指每下跌1%，就导致巴林银行亏损7000万美元。

1995年3月4日，巴林银行在新加坡国际货币交易所的所有仓位被对冲，巴林银行在日本股票和利率上的交易亏损约为13亿美元。最后，荷兰国际集团收购了巴林银行。

资料来源：搜狐网，2020－06－21（资料整理）。

外汇期货交易使得交易对手或得到收益，或蒙受损失，而且损益的绝对量相等，是一种“零和交易”。外汇期货市场参加者可大致分为套期保值者（hedger）、投机者（speculator）和套期图利者（arbitrageurs）三类。套期保值者是那些希望减少某项资产价格变动的风险而加入市场交易参加者。投机者指的是甘冒价格波动风险，通过从事低价买进、高价卖出买空卖空活动来赚取收益的交易者。套期图利者指的是那些利用期货之间价格差的变化来获得收益的交易者。与之对应，套期保值、投机和套期图利，是期货交易中经常运用的三个主要原理。

一、外汇期货的套期保值

在汇率波动的情况下，将来有外汇收入和支出企业或机构，都希望能够固定风险，锁定利润。所以，外汇期货的套期保值已成为很多企业和机构进行外汇风险管理的主要工具。外汇期货套期保值交易主要有两种形式：卖出套期保值和买进套期保值。

（一）卖出套期保值

又称空头外汇期货套期保值。交易者的某种外汇将来在现货市场处于多头地位，或预测其外汇汇率将下跌，于是在期货市场上卖出，进行空头套期保值。一般是在外汇市场有外汇资金流入者，或是拥有外汇债券的人，为了防止外汇贬值而进行卖出套期保值交易。

例如，某年3月，美国某一厂商在瑞士有分厂，该分厂急需资金以支付即期费用，6个月后财力情况会因购买旺季来到而好转。美国厂正好有多余的资金可供瑞士厂使用，于是便汇去了50万瑞士法郎。为了避免将来汇率变动带来损失，一方面在现货市场买进瑞士法郎；另一方面又在期货市场卖出同等数量的瑞士法郎。这种做法就是空头套期保值（见表4－5）。

表4－5　　美国某厂商空头套期保值示例

项目	现汇市场	期货市场
3月1日	买入：500000瑞士法郎 汇率：美元/瑞士法郎＝0.9290 价值：538213美元	出：4份1111瑞士法郎期货，每份合同125000共500000瑞士法郎 汇率：美元/瑞士法郎＝0.930 价值：537634美元
9月1日	卖出：500000瑞士法郎 汇率：美元/瑞士法郎0.800 价值：625000美元	买入：4份11月瑞士法郎 期货：每份合同125000瑞士法 汇率：美元/瑞士法郎0.7990 价值：625782美元
盈亏状况	获利：86787	损失：88148
总头寸盈亏	88148－86787＝1361（万美元）	

可见，美国厂商如果不进行套期保值，便不用亏损88148美元，但这存在较大风险。套期保值的目的就是放弃一个市场的可能盈利而得到价格保障。

空头套期保值多用于国际贸易中的应收款。给外国附属机构贷款，如果用外汇支付，也可利用空头套期保值方法来避免或减少汇率变动带来的损失。

例如，美国某公司在3月买进英国分公司设备100万英镑（GBP），双方商定三个月付款。美国公司担心3个月内英镑升值，公司会更多地支付美元贷款。为此，美方决定通过期货市场防范风险。

若3月即期汇率为GBP1＝USD1.8，此时期货价格（6月到期）为GBP1＝USD1.95。如果不考虑佣金保、证金及利息，计算该出口商的盈亏。若6月即期汇率为GBP1＝USD1.98，6月到期的期货价格为GBP1＝USD2.15。套期保值交易如表4－6所示。

表 4-6 美国某公司空头套期保值示例

项目	现汇市场	期货市场
3 月份	汇率：1 英镑 = 1.8 美元 100 万 GBP = 1.8USD × 100 = 180 万 USD	汇率：1 英镑 = 1.95 美元 买进 16 份于 6 月到期的 GBP 期货合约，16 × 62500 × 1.95 = 195 万 USD
6 月份	汇率：GBP1 = USD1.98 100 万 GBP = 1.98USD × 100 = 198 万 USD	汇率：GBP1 = USD2.15 卖出 16 份于 6 月到期的 GBP 期货合约，16 × 62500 × 2.15 = 215 万 USD
盈亏状况	亏：198 - 180 = 18 万 USD	盈：215 - 195 = 20 万 USD
总头寸盈亏	20 万 - 18 万 = 2 万 USD	

（二）买进套期保值

又称多头外汇期货套期保值。交易者的某种外汇将来在现货市场处于空头地位，或预测外汇汇率上升，于是偶在期货市场上买进，进行多头套期保值。

一般是在将来有外汇支出者，或拥有外汇债务的人，为了防止外币升值大于自己的资金成本，而进行多头套期保值的购买。

例如，某年 7 月，美国某一厂商在瑞士有分厂，该分厂有多余的 50 万瑞士法郎，可暂时（如 6 个月）给美国的厂使用，而美国厂这时也正需要一笔短期资金。最好的办法是把瑞士的这笔资金转汇到美国，让美国厂使用 6 个月，然后归还。要做这样一笔交易，厂商为了避免将来重新由美元变成瑞士法郎时发生汇率风险，他们就可以把 50 万瑞士法郎以现汇出售换成美元，买入远期交投的瑞士法郎，这样就不会发生汇率波动的风险，这种做法就是多头套期保值。套期保值交易如表 4-7 所示。

表 4-7 美国某厂商多头套期保值示例

	现汇市场	期货市场
7 月 25 日	卖出：500000 瑞士法郎 汇率：美元/瑞士法郎 = 0.9900 价值：505050 美元	4 份次年 3 月期瑞士法郎期货，每份合同 125000 瑞士法郎 汇率：美元/瑞士法郎 = 0.9920 价值：504032 美元
次年 1 月 25 日	买入：500000 瑞士法郎 汇率：美元/瑞士法郎 = 0.9482 价值：527315 美元	卖出：四份瑞士法郎合同，每份合同 125000 法郎 汇率：美元/瑞士法郎 = 0.9480 价值：527426 美元
盈亏状况	亏：527315 - 505050 = 22265 美元	盈：527426 - 504032 = 23394 美元
总头寸盈亏	23394 - 22265 = 1129（美元）	

从表4-6中可以看出，套期保值者在现汇市场上损失22265美元，而在期汇市场上赚到23394美元，足以抵补其损失且多余1129美元。

美国厂商先在现货市场卖出，期货市场买进，然后在现货市场买进，期货市场卖出，这就是等量相对的原则。只有这样，一个市场上所受的损失才能由另一个市场的盈利来弥补。其奥妙就在于，无论现货法郎还是期货法郎，其价格变动受同样因素支配，要涨都涨，要跌都跌。

多头套期保值方法适用于国际贸易中的进口商和短期负债者，目的是防止负债或应付货款的外汇汇率上升所带来的损失。

例如，3月6日，美国一出口商向加拿大出口一批货物，价值500000加元，以加元结算，3个月后收回贷款，美国出口商用外汇期货交易来防范汇率风险（一份加元期货合约的标准价值为C$100000），6月6日有关的价格为：即期汇率为USD1 = CAD1.1779，6月份期货价格为$0.8490/C$。假设6月6日的即期汇率为USD1 = CAD1.1755/65，6月期货价格为$0.8498/C$。如果不考虑佣金，保证金及利息套期保值交易如表4-8所示。

表4-8　　美国某出口商空头套期保值示例

项目	现汇市场	期货市场
3月6日	500000加元价值500000÷1.1779 = 424484.25（美元）	卖出5份6月期期货，价值为5×100000×0.8490 = 424500（美元）
6月6日	500000加元价值500000÷1.1765 = 424989.38（美元）	买入5份6月期期货对冲原有期货价值为：5×100000×0.8498 = 424900（美元）
盈亏状况	盈利：424989.38 - 424484.25 = 505.13（美元）	亏损：424500 - 424900 = -400（美元）
总头寸盈亏	505.13 - 400 = 105.13（美元）	

二、外汇期货的投机交易

外汇投机交易在实际操作中就是买空卖空。当预测某种外币的汇率上涨，就买入期货合约；当预测汇率下跌，就卖出合约。如果市场走势和投机者预测的方向相同，就获得利润；反之，就产生亏损。外汇期货投机交易可分为空头投机交易和多头投机交易两种类型。

（一）多头投机交易

多头投机交易是指投机者预测外汇（期货）价格将要上升，在期货市场上“先买后卖”，希望低价买入，高价卖出对冲的交易行为。

例如，6月1日，某国外投机者预测人民币期货将进入牛市，于是在芝加哥期货市场以1CNY = 0.1570USD 的价位买入2份（每份100万元人民币）6月期人民币期货合约。6月20日，人民币期货价格果然上升。该投机者在1CNY = 0.1581USD 的价位卖出2手6月期人民币期货合约平仓。

其盈亏如下：

$(0.1581-0.1570)\times1000000\times2=2200$（美元）

在不计算手续费的情况下，该国外投机者在人民币期货的多头投机交易中获利2200美元。

练一练

如果某交易者在9月预测瑞士法郎的汇率将走高，以0.6042USD/CHF 的价格进行12月瑞士法郎期货的交易（是买入还是卖?）

如果在12月交割时瑞士法郎的即期汇率升高，变为0.6145USD/CHF，履行期货合约，测每份瑞士法郎可获利?

答案：

获利 $(0.6145-0.6042)\times125000=1287.5$（美元）

预期某种货币的价格将上涨，就应该买入该种货币的期货。

（二）空头投机交易

空头投机交易是指投机者预测外汇（期货）价格将要下跌，在期货市场上“先卖后买”，希望高价卖出，低价买入对冲的交易行为。

例如，9月10日，某投机者预测英镑期货将进入熊市，于是在1英镑 = 1.5652美元的价位卖出4手9月期英镑期货合约。9月15日，英镑期货价格果然下跌。该投机者在1英镑 = 1.5582美元的价位买入2手9月期英镑期货合约平仓。此后，英镑期货价格上涨，该投资者只得在1英镑 = 1.5654美元的价位买入另外2手9月期英镑期货合约平仓。其盈亏如下：

$(1.5652-1.5582)\times62500\times2=875$（美元）

$(1.5652-1.5664)\times62500\times2=-150$（美元）

在不计算手续费的情况下，该投机者从英镑期货的空头投机交易中获利725美元（875 − 150）。

练一练

如果某交易者在9月预测英镑的汇率将走低，以1.4220美元/英镑的价格进行12月英镑期货的交易（应该买入还是卖出?）

如果在12月交割时英镑的即期汇率下降，变为1.4105美元/英镑，履行期货合约，测每份英镑可获利?

答案:

获利（1.4220－1.4105）×625000＝718.75（美元）

预期某种货币的价格将下跌，就应该卖出该种货币的期货。

三、外汇期货的套期图利

套期图利，简称套利。指同时买进和卖出两张不同种类的期货合约。交易者买进自认为是“便宜的”合约，同时卖出那些“高价的”合约，从两张合约价格间的变动关系中获利。在进行套利时，交易者注意的是合约之间的相互价格关系，而不是绝对价格水平。

在外汇交易市场，任何一种货币利率的变动，都将造成两种货币的远期升、贴水的扩大或缩小。如果套期图利者预测正确，就可以通过这种升、贴水增减的相对价格变动，采用“远期对远期”的套期方法，从中获利。

例如，某套期图利者在某日预测6个月以后美国的短期市场利率会继续上升，或者欧元的利率会继续下降，由于二者利差扩大，美元对欧元的远期差价也将扩大，亦即美元贴水和欧元的升水会增加。

假定此时以欧元表示的美元汇率是:

即期汇率1.7170～1.7180

3个月远期差价360～350

6个月远期差价695～680

套期图利者卖出6个月的远期美元，买进欧元，每一美元贴水695（即0.0695欧元)，同时又以每美元贴水350点（即0.0350欧元）的价格买进3个月的远期美元，卖出欧元。这两笔交易的结果，净贴水345点（0.0659－0.0350)。3个月后，美元远期贴水果然增加，其价格为:

即期汇率1.6950～1.69760

3个月远期差价512～504

6个月远期差价982～972

这时，套期图利者就以每一美元贴水504点再买进3个月的远期美元。

这样，套期图利者在3个月前卖出6个月的远期美元，每一美元贴水695点，而买进两个3个月（合计6个月）的远期美元，每一美元贴水为854点（350+504），最终，他是比较高的价格卖出了美元（贴水少），而以较低的价格买进了美元（贴水多），二者相抵，每一美元的利润就是159点（854-695=159，即0.0159欧元）。如果套期图利者以100万美元进行套期图利，他可以获得15900欧元的利润（0.0159×100万美元=15900欧元）。

从此例可以看出，套期图利者是通过两种货币的掉期交易先以现行较低的贴水（价格较高）卖出较长期限的远期美元，然后再分次补进累计贴水较高（价格较低）的远期美元，利用不同期限的远期外汇的价格变动，低买贵卖从中获利。

知识拓展

汇率波动下外贸企业成本攀升！上海“五箭齐发”支持市场主体寻避险工具全球已有八地上市人民币外汇期货

美元兑人民币汇率突破“7”关口之后，对我国外贸行业产生了较大影响，作为我国外贸行业“窗口”的长三角地区，各类企业感受则是冷暖自知。专做纺织服饰以及家电等轻工产品的相关公司受益于人民币贬值增加了出口，而对于从事能源等大宗商品以及高端奢侈品等外贸企业来说，人民币贬值则大大增加了进口成本。如何平衡各类企业的汇率风险，成为外贸市场关注的焦点。

“新冠疫情以来，全球集装箱海运价格大幅波动，让集装箱海运收益和运输成本不确定性进一步提升，海运行业和外贸企业都面临风险，迫切需要有效的金融工具来对冲这种风险。现阶段的航运衍生品多定位于干散货及邮轮市场，且采用指数结算，与现货价格相关性不高，无法满足产业精准套保需求。”上海一位外贸行业资深人士告诉记者。

上海外经贸大学国际经济与贸易教授张鸿则对记者表示，目前国内还缺乏一个统一公开透明的外汇衍生品交易市场为企业提供多元化的外汇避险工具，有必要发展境内外汇风险对冲工具，比如期货、期权等场内衍生工具。

“首先，期货及期权合约分布在未来多个月份，可以为企业提供不同时间的风险对冲工具；其次，双向交易机制也非常有利于企业灵活规避汇率波动风险；最后，期货、期权的保证金交易机制可以让企业节约大量的资金成本。”张鸿指出。

张鸿进一步指出，上述衍生品结算主要参考离岸人民币价格，离岸价格与在岸价格之间还是有一定的差异。因此对于境内企业来说，利用境外汇率期货避险，一方面资金进出会有障碍；另一方面还面临着离岸与在岸的价差风险。而人民币外汇期货在境内上市，外贸企业不仅能更方便地利用这些工具管理汇率风险，避免因人民币汇率大幅波动而造成重大损失，企业也不必再想方设法去境外市场寻找合适的套保工具，可以进一步降低经营成本。这对企业稳健经营具有非常重要的意义。

资料来源：华夏时报，2022 - 10 - 24。

课堂实训

美国某公司 A 有部分闲置资金，打算借给英国某企业 B，于是 3 月 16 日向 B 汇去了 625 万英镑，当日的现汇汇率为 GBP/USD = 1. 5790/1. 5806。为了避免将来收回贷款时（设 3 个月后偿还）因汇率波动（英镑汇率下跌）带来的风险，A 打算通过外汇期货交易来套期保值，假设每份英镑期货合同的金额为 62500 英镑。3 月 16 日的期货市场利率为 GBP1 = USD1. 5796，3 个月后现货市场汇率为 GBP/USD = 1. 5732/63，期货市场汇率为 GBP1 = USD1. 5722，请分析 A 公司套期保值的效果。

第三节　外汇期权交易

【引导案例】

当您看中一套当前标价 100 万元的房子，想买但担心房价会下跌，再等等吧，又怕房价继续涨。如果房产商同意您以付 2 万元为条件，无论未来房价如何上涨，在 3 个月后您有权按 100 万元购买这套房，这就是期权。

如果 3 个月后的房价为 120 万元，您可以 100 万元的价格买入，120 万元的市价卖出，扣除 2 万元的支出，净赚 18 万元；如果 3 个月后房价跌到 95 万元，您可以按 95 万元的市价买入，加上 2 万元的费用，总支出 97 万元，比当初花 100 万元买更合算。

在金融市场中，以外汇汇率为标的资产的期权合约成为外汇期权合约。

与上述例子相似，价值 100 万元的房产，类似外汇期权中的标的汇率；

约定房产购买价格为 100 万元，在外汇期权中称为执行价格；

为获取购买的权利所付的 2 万元，在外汇期权中称为期权费；

支付 2 万元后拥有的按约定价格购买房产的权利，在外汇期权中称为看涨期权；

购买的权利能在 3 个月后行使，在外汇期权中称为到期日。

在上例中，您拥有的是“购买”房产的权利，这就是看涨期权。如果您在支付了 2 万元后，允许您在 3 个月后以 100 万元“卖出”房产，这样的权利则是看跌期权。

资料来源：公开资料整理。

一、外汇期权的产生

期权（option）又称选择权，它最早是从股票期权交易开始的，直到 20 世纪 80 年代才有外汇期权产生，第一批外汇期权是英镑期权和德国马克期权，由美国费城股票交易所于 1982 年承办，它是已建立的股票期权交易的变形。

外汇期权的产生归因于两个重要因素：国际金融市场日益剧烈的汇率波动和国际贸易的发展。随着 20 世纪 70 年代初期布雷顿森林货币体系危机的出现到最终崩溃，汇率波动越来越剧烈。例如，1959 ~ 1971 年，当时联邦德国马克对美元的日均波动幅度 1 马克为 0. 44 美分，而 1971 ~ 1980 年增长了近 13 倍，1 马克达到 5. 66 美分。同时，国际间的商品与劳务贸易也迅速增长，越来越多的交易商面对汇率变动甚剧的市场，寻求避免外汇风险更为有效的途径。

在远期外汇和货币期货这两种保值交易的基础上，期权的产生不仅具有能避免汇率风险、固定成本的同样作用，而且克服了远期与期货交易的局限，因而颇得国际金融市场的青睐。对于那些应急交易，诸如竞标国外工程或海外公司分红等不确定收入或投资保值来说，期权交易尤其具有优越性。

二、外汇期权的概念

外汇市场是全球流动性最好的场外交易市场，外汇期权也因其优良的流动性而成为广大投资者参与外汇市场的主要工具之一。

（一）外汇期权交易的概念

外汇期权也称货币期权或外币期权，是一种选择契约。购买人以期权费（保险费）为代价，享有在合同期日或到期日之前以规定的价格购买或出卖一定数额外汇的权利。当行情对他有利时，他有权买进或卖出该种外汇，如果行情不利，他也可以放弃行使期权。而期权卖方则有义务在买方要求交割时履约。

外汇期权买卖实际上是一种权利的买卖。权利的买方在支付一定数额的期权费后，有权在未来的一定时间内按约定的汇率向权利的卖方买进或卖出约定数额的外币，权利的买方也有权不执行上述买卖合约。期权的买方拥有的只是权利而没有义务。期权的买方拥有了这个权利，就可以选择履行权利或选择不履行权利。一旦外汇的走势没有向投资人预期的方向进行，那么投资人就可以不履行权利，损失也就只是期权费。

例如，某投资者以 1000 美元的期权费买入了一张英镑期权合约，合约规定期限为 3 个月，执行价格为£1 = \$1. 1500。3 个月后投资者可以以执行价格买进英镑；投资者也可放弃合约，以市场价格买进英镑或不买英镑。

（二）外汇期权与其他金融工具的主要区别

外汇期货等金融工具兼有权利和义务，而外汇期权将权利和义务分开。期权买方，付出一定的保险费，不论买入的是看涨期权还是看跌期权，只有权利而没有义务；而期权卖方，则只有义务而放弃和卖掉了权利。灵活性强期权的购买者无论汇率如何变化，最大的损失就是所支付的保险费，无须每日清算，到期之前没有现金流动，而且期权卖方有执行和不执行的选择权，在市场价格对自己有利时，期权卖方可以执行其权利，对自己不利时放弃行使该权利。

三、外汇期权合约的主要要素

（1）期权买方与期权卖方。期权买方也称为期权持有人，是买进期权合约的一方。期权卖方即卖出期权合约的一方称期权卖方。

（2）期权费。期权费又称权利金、期权金，是期权的价格。是期权的买方为获取合约所赋予的权利而必须支付给卖方的费用。该费用在期权合约成交时一次付清，不论期权购买者在有效期内是否执行该权利，都不能追回。保险费是期权权利的成本，是买方对卖方承担风险损失的补偿。保险费的大小是和汇率的波动性以及期权合约的时间长短有关的。

（3）执行价格。执行价格是指期权的买方行使权利时事先规定的买卖价格。

（4）合约到期日。合约到期日是指期权合约必须履行的最后日期。

四、外汇期权的基本特征

（1）期权业务下的保险费或期权费不能收回。无论是履行合约还是放弃履行合约，期权业务的买方所交付的保险费均不能收回。

（2）外汇期权具有执行合约与不执行合约的选择权，灵活性强。因此，相比较而言，采用期权业务来规避风险要比远期、期货交易彻底得多。比如，买入一笔远期外汇能避免该外汇汇率升值的风险，但当汇率贬值时，它不仅不能回避风险，反而产生了风险，而期权能同时规避汇市升值的风险和享受贬值所带来的好处。

（3）金融机构是期权交易的主要参与者。各主要商业银行、投资银行等金融机构通过场外期权交易向公司、企业出售外汇期权，同时再从交易所购入相似期权以对冲或规避风险，从而充当了客户之间的桥梁，从中赚取期权费差价利润，同时也使交易所场外期权和场内期权得以同步发展。

五、外汇期权的分类

（一）按执行时间划分，可以分为美式期权和欧式期权

美式期权是可以从签约日到到期日随时行使的期权。欧式期权是只有在到期日才可行使的期权。当到期日相同时，由于美式期权比欧式期权具有更大的灵活性，所以一般情况下，美式期权的保险费比欧式期权高。

例如以下欧式期权案例：某家合资企业手中持有美元，并需要在一个月后用日元支付进口货款，为防止汇率风险，该公司向中国银行购买一个“美元兑日元、期限为一个月”的欧式期权。假设，约定的汇率为 1 美元 = 110 日元，那么该公司则有权在将来期权到期时，以 1 美元 = 110 日元向中国银行购买约定数额的日元。如果在期权到期时，市场即期汇率为 1 美元 = 112 日元，那么该公司可以不执行期权，因为此时按市场上即期汇率购买日

元更为有利。相反，如果在期权到期时，1 美元 = 108 日元，那么该公司则可决定行使期权，要求中国银行以 1 美元 = 110 日元的汇率将日元卖给他们。

（二）按交易地点划分，可以分为交易所期权和场外交易期权

交易所期权（exchange traded option）是标准化的，期权的各项内容，如到期日、协定价格、保证金制度、交割地点、合约各方头寸限制、交易时间等都是由交易所制定的，交易者只需考虑合约的价格和数量，其他遵守交易所规定即可。而且有资格进入交易所的都是交易所的会员，非交易所会员要通过交易所会员进行交易。目前世界上比较著名的交易所有美国费城（PHLX）、芝加哥商业（Cam）、芝加哥期货（CBOE）和伦敦期货外汇（UWE）等，东京、中国香港、悉尼等地的交易所交易也很活跃。

场外交易期权（over the counter，OTC）也可称为柜台交易期权，是和交易所期权相对应的。它是通过电子通信网络进行的交易，交易比较灵活，不必像交易所那样标准化，可以协商，可以根据客户的需要对期权进行特制。以伦敦和纽约为中心的银行同业外汇期权市场为代表。目前场外交易市场的期权交易也有标准化发展的趋势，其目的是提高效率，节约时间。

（三）按交易方式划分，可以分为看涨期权和看跌期权

（1）看涨期权（call option），也称买方期权或多头期权。看涨期权给期权持有人购买货币的权利，在这种情况下，如果期权持有人决定执行期权，期权承销人必须遵守协议卖出货币给期权持有人。

在这里假定货币持有人把美元作为基础货币（base currency），而把澳元作为标的货币（underlying currency）（根据合约买卖的货币）。当期权买方预期某种标的物价格将会上升时，就会购买看涨期权。若标的物的市场价格在期权合约到期日低于协议价格，买方不会行使期权，其损失是已支付的期权费。若市场价格高于协议价格，但低于协议价格加上期权费（盈亏平衡点），买方将行使期权，不过这样做只是为了减少损失。期权卖方的损益状况则正好相反，可能获得的最大盈利是期权费，而理论上的亏损额则没有下限（假定卖方出售的是无担保的看涨期权），期权买卖双方的盈亏分布曲线是对称的。如图 4 - 1 所示。

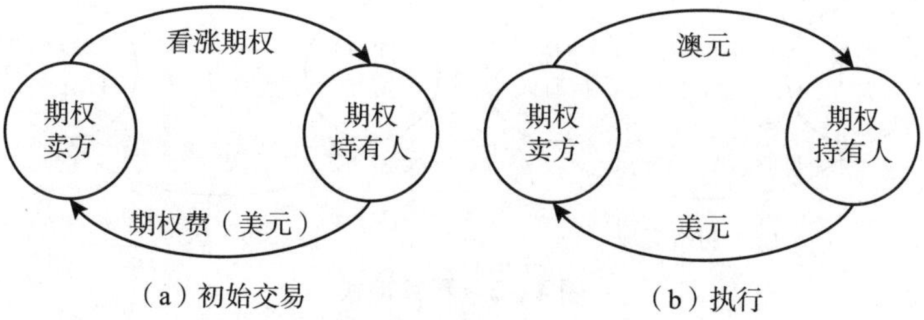

图 4-1 看涨期权

例如，某企业需要在一个月后用美元支付进口货款。为规避美元升值风险，该客户向工行购买一个人民币兑美元、期限为一个月、本金为100万美元的美元看涨期权。

假设约定的汇率为6.6元人民币兑换1美元，那么该公司则有权在将来期权到期时，以6.6元人民币兑换1美元向工行购买约定数额的美元。

如果在期权到期时，市场即期汇率为6.5元人民币兑换1美元，该公司可不执行期权，因为此时按市场上即期汇率购买美元更为有利。

相反，如果在期权到期时，即期汇率为6.7元人民币兑换1美元，该公司则可决定行使期权，要求工行以6.6元人民币兑换1美元的汇率将美元卖给他们，这样，客户每1美元可少支出0.1元人民币，降低了购汇成本。

（2）看跌期权（put option），也称卖出期权或空头期权。看跌期权给期权持有人卖出货币的权利。如果期权持有人决定执行期权，那么期权承销商必须遵守协议买入期权持有人卖出的货币。

在这里假定货币持有人把美元作为基础货币（base currency），而把澳元作为标的货币（underlying currency）（根据合约买卖的货币）。当期权买方预期某种标的物市场价格会下降时，将购买看跌期权，盈亏平衡点是协议价格减去期权费。若合约到期日标的物市场价格降至盈亏平衡点以下，期权买方即可获得利润，市价降幅越大，买方获得的利润就越多。当市价降到为零时，买方可能获得的盈利达到最大限度。若标的物市场价格在到期日高于协议价格，期权买方就不会行使期权，其亏损额为期权费，如若标的物价格低于协议价格但高于盈亏平衡点，买方仍然会行使期权，以减少亏损。期权的盈亏分布与期权买方相反。如图4-2所示。

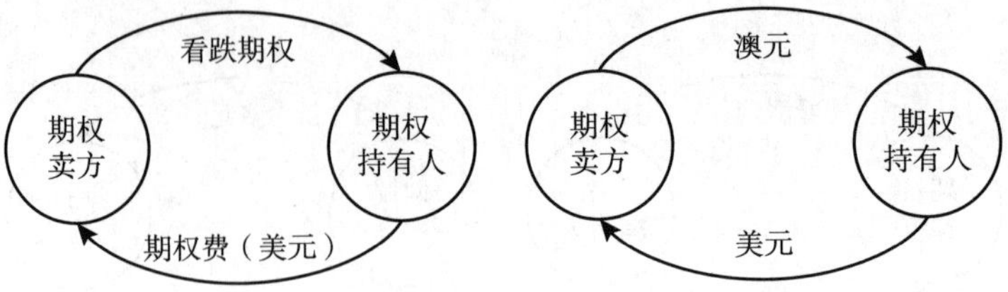

（a）初始交易　　（b）执行

图4-2　看跌期权

例如，某企业将在一个月后收到一笔美元出口货款。为规避美元贬值风险，该客户向工行购买一个人名币对美元、期限为一个月，本金为100万美元的美元看跌期权。

假设约定的汇率为6.6元人民币兑换1美元，那么该公司则有权在将来期权到期时，以6.6元人民币兑换1美元向工行出售约定数额的美元。

如果在期权到期时，市场即期汇率为6.75人民币兑换1美元，该公司可不执行期权，因为此时按市场上即期汇率出售美元更为有利。

相反，如果在期权到期时，即期汇率为6.5元人民币兑换1美元，那么该公司则可决定行使期权，要求工行以6.6元人民币兑换1美元的汇率买入100万美元，这样，客户每1美元可多获得0.1元人民币，获得更高收益。

课堂实训

目前英镑兑美元的价位是GBP/USD = 1.8650。某外汇投资人预计3个月后英镑会下跌，投资人买进100份看跌英镑（看涨美元）的外汇期权，每份合约为100英镑，每份期权费用1美元，行权价格是GBP/USD = 1.8650，投资人总共花费期权费100美元。3个月后到期日的汇率为GBP/USD = 1.8950。

请分析该投资者的选择以及收益。

第四节　外汇期权的应用

【引导案例】

某日本企业参加对美国某项目的投标结果要到6个月以后才公布。如果中标的话需要日方筹集1000万美元资金。为了避免一旦中标可能遭受的汇率风险，该企业决定利用期权方式保值购进了一个6个月期、协定价格为

115 日元/美元的日元看跌期权，支付期权金 1500 万日元。6 个月后，企业如果中标，日元汇率也果然下跌为 JP￥120 = $1，该企业决定履行期权合约，于是节省开支

(120 - 115) × 100 - 1500 = 3500（万日元）

如汇率不跌反升由 JP￥115 = $1 升至 JP￥110 = $1 则该企业放弃行使期权改从市场直接购买美元仅少盈利期权金 1500 万日元。假如企业 6 个月没有中标，在企业对美元的需求已不复存在的情况下，就可以放弃行使期权，只损失 1500 万日元的期权金。

由此可见，企业仅以 1500 万日元的代价防范了 5000 万日元（1500 + 3500）的风险损失，显然是值得的。如果汇率变化剧烈，企业防范风险的作用就更明显了。

资料来源：外汇交易与预测，2019 - 01 - 08。

一般来说，进出口商、金融机构从事期权交易有四种基本方法：买入买方期权、卖出买方期权、买入卖方期权和卖出卖方期权。

下面具体分析各种不同期权交易方法随汇率变化的收益和风险状况。

一、买入买方期权

买入买方期权使买入者或期权持有者获得了到期日以前按协定价格购买合同规定的某种外汇的权力（不是责任）。为了获得这种权力，购买者必须付给出售者一定的期权费。购买买方期权合同者通常预测外汇汇率将要上升，当市场汇率朝着预测方向变动时，购买者的收益不封顶；但当市场汇率朝着预测相反方向变动即市场汇率趋跌时，购买者的损失是有限的，最大的损失就是支付的期权费，见图 4 - 3。

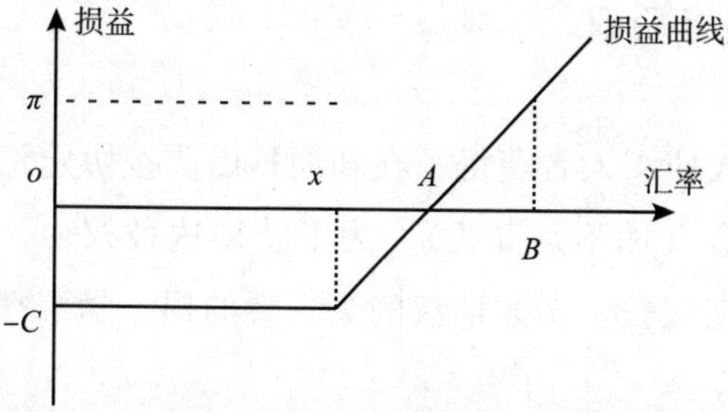

图 4 - 3　买入买方期权损益图

从图 4 - 3 中看出，期权买入方的最大损失不会超过期权费的 OC 水平，随着汇率上升，其收益也递增。如果市场汇率升至 OB，买方期权的购买者就可获得 $O\pi$ 的收益，这里的 $O\pi$ 是市场汇率 OB 高出协定汇率 OX 的部分给期权的购买者带来的收益减去已付出的期权费 OC 后的净收益。如果汇率升至 OA，期权的购买者履行权利的收益正好等于支出的期权费（C），此时称为盈亏平衡点。

二、卖出买方期权

卖出买方期权指如果买入方执行合同，出售者就有责任在到期日之前按协定汇价出售合同规定的某种外汇，作为回报，期权的出售者可收取一定的期权费。期权卖方的损益与汇率之间的关系可用图 4 - 4 来表达。

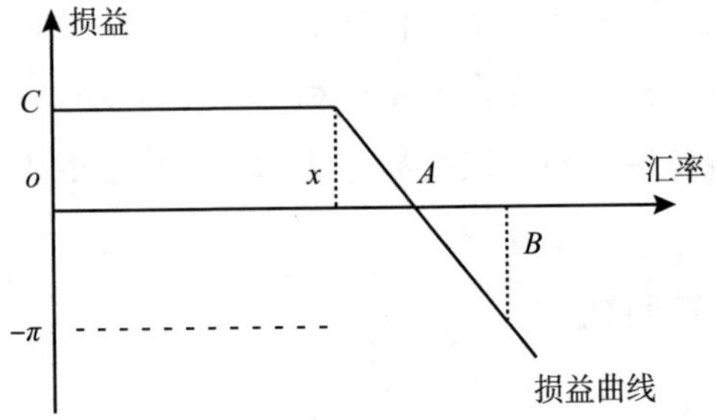

图 4 - 4　卖出买方期权损益图

当市场汇率朝着出售者预测方向变动即下跌时，出售者获得的收益就越大；不过其最大收益就是收取的期权费（C）；但当市场汇率看涨时，出售期权者的收益将递减，在汇率超过 OA 水平时，出售期权者就从收益转为亏损，而且随着汇率的继续上升，亏损将越来越大，而且不封顶。

三、买入卖方期权

买入卖方期权使买入者获得了在到期日以前按协定汇价出售合同规定的某种外汇的权利（而不是责任）。为了获得这种权力，买入者必须支付给出售者一定的期权费。卖方期权的买入者的损益随汇率而变化的情况见图 4 - 5。

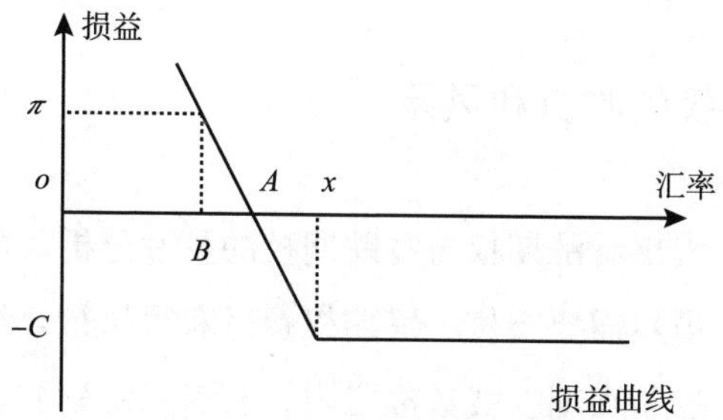

图4－5　买入卖方期权损益图

从图4－5中看出，当汇率朝着购买者预测方向变化即下跌时，他的收益越来越大且不封顶；当市场汇率没有按购买期权者预测方向变化而是上升时，他的损失是有限的，最大的损失就是先前曾支付的期权费（C）。

四、卖出卖方期权

卖方期权的售出者售出一份期权合同后可以获得一笔期权费，同时承担了一种责任，即当买入卖方期权者选择履行权利，他就有责任在到期日之前按协定汇价买入合同规定的某种外汇。卖方期权的售出者的损益状况可用图4－6来表示。

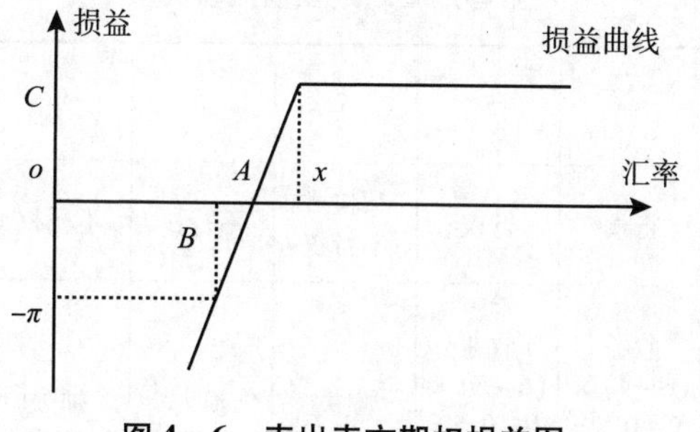

图4－6　卖出卖方期权损益图

从图4－6中可看出：当汇价下跌时，期权的出售者有无限的风险；当市场汇价上升时，期权的出售者则可获得收益，但其所得的收益是有上限的，最大收益就是先前收取的期权费（C）。

从上述四种期权交易的损益曲线可看出：期权购买者和出售者的收益和亏损是不对称的，即不管是买方期权还是卖方期权，购买者的收益可能很大，而亏损却是有限的；出售者正好相反，亏损可能很大，而收益却是有限的。

五、外汇期权的收益和风险

通过对买入、卖出看涨期权与看跌期权的盈亏分析，可以总结得到：对于期权买方而言，虽然需要支付一笔期权费以获得执行合约的选择权，但是买方可预先将损失控制在期权费数额之内，若未来汇率波动如买方预期，则汇率波动越大，买方获利越多，可知买方的收益可远超过期权费成本；相反，虽然期权卖方预先获得了该笔期权费，但是对于卖方而言，一旦买方选择执行合约，那卖方承担的损失会随着汇率波动的增大而增大，因此卖方的收益仅限于期权费但损失却有可能远超过期权费收入。

（一）看跌期权的收益与风险分析

例如：某客户向银行购买了 1 个月期 10 万美元的看跌期权，协定汇率为 USD1 = CNY6，期权费为 0.5 万元。为了分析市场汇率变化后该客户的收益与风险变动的情况，现在假设市场上汇率变为 USD1 = CNY4、USD1 = CNY5、USD1 = CNY7、USD1 = CNY8 等（理论上是可能出现的），用表 4 – 9 列出各种市场汇率下该客户的收益与损失状况。

表 4 – 9　　某客户看跌期权损益状况

市场汇率 USD/CNY	可能无限接近于零	4	5	6	7	8	9	可能无限大
是否行权	行权	行权	行权	行权或不行权	不行权	不行权	不行权	不行权
获利/损失	收益无限接近 (6 – 0) × 10 – 0.5 = 59.5（万元）	收益 (6 – 4) × 10 – 0.5 = 19.5（万元）	收益 (6 – 5) × 10 – 0.5 = 9.5（万元）	损失 0.5 万元	损失 0.5 万元	损失 0.5 万元	损失 0.5 万元	损失 0.5 万元

可见，对期权的购买者来说，当市场汇率大于等于协定汇率（USD1 = CNY6）时，选择不行权，承受的损失仅仅是期权费，不可能有更大的损失；当市场汇率小于协定汇率时，随着二者差距的增大，期权购买者选择行权后的收益也越来越大，因为期权购买者可以按照协定价格购买美元，再按协定将美元卖给期权出售者从而获利。理论上说，美元的市场汇率可能无限下

跌，升值接近于零，客户购买期权的数额也可能无限大，所以购买者的收益可能无限大。总之，看跌期权购买者的收益从理论上说可能无限大，损失是有限的，最大就是期权费。

期权购买者的收益（损失）就是期权出售者的损失（收益），所以。看跌期权出售者的收益是有限的，最多就是期权费，而损失理论上是无限的。

（二）看涨期权的收益与风险分析

例如：某客户向银行购买一个月期10万美元的看涨期权，协定汇率为USD1 = CNY6，期权费为0.5万元。为了分析市场汇率变化后该客户的收益与风险变动情况，现在假设市场汇率变为USD1 = CNY4、USD1 = CNY5、USD1 = CNY7、USD1 = CNY8等（理论上是可能出现的），用表4－10列出各种市场汇率下该客户的收益与损失情况。

表4－10　　某客户看涨期权损益状况

市场汇率USD/CNY	可能无限接近于零（汇率接近于0）	4	5	6	7	8	9	可能无限大（汇率无限上涨）
是否行权	不行权	不行权	不行权	行权或不行权	行权	行权	行权	行权
获利/损失	损失0.5万元	损失0.5万元	损失0.5万元	损失0.5万元	收益（7－6）10－0.5＝9.5（万元）	收益（8－6）×10－0.5＝19.5（万元）	收益无限接近（9－6）×10－0.5＝29.5（万元）	收益可能无限大

对期权的购买者来说，当市场汇率小于等于协定汇率（USD1 = CNY6）时，选择不行权，承受的损失仅仅是期权费，不可能有更大的损失；当市场汇率大于协定汇率时，随着二者差距的增大，期权购买者选择行权后的收益也越来越大。因为期权购买者可以按照协定价格向期权出售者购买美元，再到现汇市场按市场汇率出售获利，市场汇率越高，获利越大。从理论上说，美元的市场汇率可能无限上涨，客户购买期权的数额也可能无限大，所以购买者的收益可能无限大。总之，看涨期权购买者的收益从理论上说可能无限大，损失则是有限的，最多就是期权费。

期权购买者的收益（损失）就是期权出售的损失（收益）。所以，看涨期权出售者的收益是有限的，最多就是期权费，而损失理论上是无限的。

六、用外汇期权进行套期保值

对于外汇投资来说，风险的控制是必须。对于市场行情不稳定的时候，尤为重要。当投资人对行情把握不当，刚买进又怕下跌，不买又担心会涨。在这时可以考虑在买进某种货币的时候同时卖出等量货币的看跌期权。以此来锁定自己的风险。

例如，中国香港某进口商于6月底与美国某公司签订一货值为50万美元的进口合同，9月底支付进口货款。香港进口商为防止9月份美元汇价上涨，决定利用外汇期权来规避汇率风险，锁定进口成本。假定，签订买进期权合约时，美元对港元的即期汇率为1美元=7.7800港元，该进口商购买10份美元期权合约，每份合约为5万美元，协定汇率为1美元=7.7600港元，期权保险费为5000美元。

到9月底，该公司是执行期权还是放弃期权？以当时市场汇率同协议汇率相比较，香港进口商可能面对三种情况。

（1）当时市场即期汇率为1美元=7.8900港元，与签订期权合约时相比，美元升值。该进口商决定履行买进期权合约，按规定的协定汇率买进美元，不考虑保险成本为7.7600×50万=388（万港元）。如果该进口商不签订买进美元期权合约，为完成进口货款的支付，要花7.8900×50万=394.5（万港元）。由于签订了买进美元期权合约，则可节省进口成本394.5万港元-388万港元=6.5（万港元）。

（2）如果当时市场即期汇率为1美元=7.7600港元，该进口商除为锁定进口成本所花的保险费外，既未亏损也未盈利。

（3）如果当时市场即期汇率为1美元=7.6500港元，该进口商可在外汇市场直接购买美元，所花的成本为7.6500×50万=382.5（万港元）。如果不计保险费的支出，该进口商比履行合同可减少成本（7.7600-7.6500）×50万=5.5（万港元）。

对于投资人来说，运用期权来防范风险，套期保值是很重要的。这样可以避免汇率变动带来的风险，保障本金的价值不至于贬值。

七、用外汇期权进行投机

用外汇期权进行投机交易，是投机者进行外汇期权交易时，不是对将来的外汇收入或支出进行反方向的保值套作，而是完全建立在预测汇率变动方向的基础上，承担外汇变动的风险，进行单向投机。如果预测正确，就获得盈利，如果预测失败，就损失期权费。一般情况下，投机者如果预测外汇汇率将上涨时，就买入看涨期权做“多头”投机交易；相反，如果预测汇率下跌时，则买入看跌期权做“空头”投机交易。

例如，某投机者预期1个月后欧元兑美元汇率将上升，于是按协议价格1EUR = \$0.8900购买10份美式欧元看涨期权，合同金额是62.5万欧元。期权价格为每欧元0.009美元。

该投机者支付的保险费是62.5×0.009=5625（美元）。

1个月后，如果该投机者的预期正确，欧元汇率上升到1EUR = \$0.9190，他即执行欧元期权，买入62.5万合同欧元，其上限价格1EUR = \$0.8900 + \$0.009 = \$0.8990

投机者再按外汇市场欧元汇率1EUR = \$0.9190卖出欧元，每欧元净赚200点。

如果忽略其他成本不计，获毛利62.5×0.0200=1.25（万美元）。

如果1个月后，欧元汇率没有变化或反而下跌，该投机者将放弃执行合同，损失期权费5625美元。

在国际金融市场中，期权是一种独特的交易工具，它有随意舍弃的特点。期权将权利和义务分开，不同于其他金融交易。期权在避免对交易者不利结果的同时，保留了获得对自身有利的结果的权利，允许买入者在市场上获益而不承担损失。

附录：

个人外汇期权投资协议

甲方：__________

乙方：__________

甲乙双方根据《__________银行__________分行个人期权业务投资章程》的规定，为明确双方权利、义务，协议如下：

第一条　乙方为实现外币存款的保值、增值，自愿选择中国银行的期权投资产品，本着自负盈亏的原则，在同意遵守《__________________银行__________分行个人期权业务投资章程》中各项规定的基础上，真实、完整、有效地填写《__________银行__________分行期权交易申请表》（以下简称《申请表》）并签署本协议。

第二条　乙方在叙做“__________”交易签约时须自行选择一种标的汇率，并指明相应的看涨货币和看跌货币；乙方在叙做“__________”交易签约时须根据自己的判断确定挂钩货币，即乙方如存入的是美元，则可指定欧元、英镑、日元或澳元其中之一作为挂钩货币；如存入的是欧元、英镑、日元或澳元，则只可确定美元为挂钩货币。

第三条　期权的执行价格以甲乙双方签约时甲方__________报价系统中挂盘标出的汇价为准，此汇价作为期权买方在期权到期时执行期权所采用的汇率，即协定汇率。

第四条　参考汇率以期权到期日下午14时东京外汇市场收盘价为参照依据，参考汇率的确认以甲方出具的书面证实为准。

第五条　期权到期日和期权交割日以甲乙双方在签约时所确定的日期为准。期权交割日作为甲乙双方进行资金交割结算的日期。

第六条　甲方__________报价系统中的期权费率报价为参考报价，实际成交价以甲乙双方叙做交易签约确定的价格为准。

第七条　“__________”交易中期权到期如乙方执行期权情况下的资金交割方式以甲乙双方签约时确定的交割方式为准，两种交割方式下均为乙方委托甲方代为办理资金交割手续。

第八条　“__________”交易中乙方如选择期权到期时委托甲方进行实物交割，则需事先在甲方指定网点开立活期一本通，存款金额应与期权面值相同，存款币种应为期权卖出的货币，同时乙方将存折质押在甲方，授权甲方冻结客户存款并有权在期权交割日解冻执行期权交易。

第九条　“__________”交易中在乙方委托甲方进行轧差交割的方式下，判断期权是否执行的依据是将参考汇率同协定汇率相比，具体计算方法以《__________银行__________分行个人期权投资章程》中的规定为准。

第十条　在“__________”交易中判断甲方是否执行期权的依据是将参考汇率同协定汇率相比，具体计算方法以《__________银行__________分行个人期权投资章程》中的规定为准。

第十一条　乙方叙做“__________”交易前须按所选择的期权期限在甲方营业网点开立1个月或3个月外币定期存单，存款金额至少为等值5万美元（以签约时中行外汇宝中即时汇率的中间价折算），存款币种为期权卖出的币种，乙方须在签约日将存单质押在甲方，授权甲方冻结、保管其定期存单并在交割日支取存款本金。

第十二条　乙方在同甲方叙做期权交易签约前须在甲方的营业网点开立活期一本通作为期权结算账户。

第十三条　期权买方需支付的期权费根据期权面值和标的汇率按照甲方的期权费率即时报价计算而得，期权费的币种为期权标的汇率中的基准货币币种。

第十四条　乙方叙做“__________”交易确认交易内容后，需通过现金或转账方式向甲方交纳期权费。

第十五条　甲乙双方叙做交易后盖章签字确认的《申请表》作为确定甲乙双方期权交易内容的凭证。

第十六条　期权交割日下午5点之前甲方需办理完资金交割手续。

第十七条　乙方叙做“__________”交易在委托甲方进行单边交割方式下，乙方不得提前解冻、挂失、支取存款。

第十八条　乙方叙做“__________”交易后，在期权交割日之前，乙方的定期存单由甲方负责保管，乙方不得提前支取存款本金、利息及投资收益，不得挂失存单，不得再用此存单办理存单质押贷款业务。

第十九条　乙方在叙做期权交易后不可撤销该交易。

第二十条　在叙做“____________________”交易后，乙方可于期权到期日之前在甲方提供的平仓时间内选择将手中的期权平仓卖出，在叙做“__________”平盘交易前乙方需出具原《申请表》，并填写新的《申请表》，平仓交易仍采取单笔询价成交方式，平仓后的期权费由甲方负责入账至乙方在《申请表》中指定的结算账户。

第二十一条　甲乙双方叙做“__________”交易后的第二个银行工作日，甲方负责将乙方应得的期权费入账至乙方在《申请表》中指定的结算账户。期权到期时，甲方如执行期权，则甲方将乙方存款本金转换成挂钩货币并连同原定期存款的税后利息一并存入乙方在《申请表》中指定的结算账户；期权到期时，甲方如不执行期权，则甲方负责将乙方定期存款解冻。

第二十二条　因设备故障、通信线路故障及断电、停电或交易中偶发因素产生的不可预测、不可控制因素及不可抗拒的自然灾害造成的乙方的损失，甲方将不承担任何经济或法律责任。

第二十三条　如乙方在甲方的存款被司法、税务等机关冻结、划拨，则甲方有权终止本协议，乙方在“________________”交易中已支付的期权费不返还。

第二十四条　乙方已充分认识到投资的风险，根据自己独立的判断叙做期权交易，并承担由此产生的一切风险及损失。

第二十五条 本协议的附件《__________银行__________分行期权交易申请表》视为本协议的一部分。

第二十六条 本协议自双方签订之日起生效，有效期至期权交割日为止。

第二十七条 甲乙双方如产生纠纷，将首先采取协商解决的办法，如协商不成，则可提请本协议履行地人民法院仲裁。

第二十八条 本协议一式两份，甲、乙双方各执一份，由乙方签字，甲方盖章后生效。

甲方（盖章）：__________　　乙方（签字）：__________

代表（签字）：__________

____年____月____日　　____年____月____日

签订地点：__________　　签订地点：__________

课堂实训

（1）自2011年4月国家外汇管理局推出人民币外汇期权业务以来，伴随着人民币汇率市场化改革的不断推进以及市场参与者避险及交易需求的增加，人民币汇率期权的应用变得越来越广泛，你知道我国外贸企业是怎么运用外汇期权来规避风险的吗？

（2）一个美国进口商要在90天后向英国出口商支付货款100万英镑，市场上的即期汇率GBP1 = USD1.5200，为了避免英镑汇率上涨的风险，该进口商可以利用远期或期货保值，但英镑贬值时，他却无法从中得益。因此该进口商选择利用买入英镑的看涨期权。假设购买英镑的期权费为每英镑0.0200美元，协定汇率GBP1 = USD1.5200。请画出进口商的期权盈亏图。（注明盈亏区）

讨论及思考

（1）期权的购买者收益可能无限而风险却有限；期权的出售者收益有限（期权费）而风险却无限。你如何看待这一现象？

（2）小温去中国银行办理业务，看到一部分从事外汇交易的个人投资者（俗称汇民）聚在一起讨论一些业务。

A汇民：外汇期货是交易时间一到，只能认赔或者赚钱。刺激太大。

B汇民：外汇期货是一种杠杆投资，风险和收益都会被放大许多倍，10万元可以炒100万元。打一个比方，如果用1000美元买卖一手期货，方向做反了，是有去无回；如果做对了，收益至少乘10。收益和风险都比股市大得多。

C汇民：听说外汇期权理想客户是一些资金实力雄厚又对汇市有高度理解力的业内专业人士。

小温听说过期货、期权，但外汇期货、外汇期权交易小温还不清楚其交易原理是怎样的，这两种交易有什么区别，是否也能实现套期保值？

（3）①客户B有1万美元，由于担心美元/日元汇率下跌，在120.00买入1万美元看跌期权，期权费为1%，分析该客户最大风险、最大利润、他的盈亏平衡点，用图表示说明。

②期权买方的盈利等于期权卖方的亏损；期权买方的亏损等于期权卖方的盈利。以上例中客户B为例，在120.00处卖出1万美元看跌期权，期权费为1%的损益情况分析，用图说明。

（4）假设现在是8月20日，美国哈佛大学的戴维斯先生正在为该校教授明年6月份的伦敦讲学计划做资金上的安排。预计前往的教授共42人，每位教授的费用是1500英镑，这笔费用需在明年的3月15日支付给英国有关方面。当前市场上英镑期货的报价如下所示：

9月份期货	1.6152$/£
12月份期货	1.6074$/£
明年3月份期货	1.6002$/£
明年6月份期货	1.5936$/£

每份英镑期货合约的规模为62500英镑。为了避免英镑汇率上升的风险，请问戴维斯先生该如何利用期货市场进行套期保值？

假设3月15日这天，市场上美元对英镑的即期汇率为1英镑=1.65美元，6月份英镑期货合约的价格为1.6451$/£。请计算戴维斯先生套期保值的总盈亏？

习题与挑战

一、单项选择题

1. 假如目前欧元兑美元即期汇价在1.1400水平，如果客户预期一周后，欧元兑美元汇价将升至1.1600，此时客户选择中行的期权宝，运用手中10万元欧元，按照行使价1.1400，期权费率为0.7%，即可买入10万欧元的权利，此时客户只需付出10万×0.7%=700欧元的期权费。一周后，

（1）若汇价低于买入时的1.1400，客户可以（　　），即损失多少；

（2）如果欧元汇价至1.1600，客户可以（　　），客户将可获利多少。

A. 放弃期权　　　　B. 执行期权

2. 外汇期货交易的特点包括（　　）。

A. 保证金制度　　　　B. 逐日清算制度

C. 现金交割制度　　　　D. 保险费制度

3. 按外汇期权行使期权的时限可分为（　　）。

A. 欧式期权　　　　B. 买入看跌期权

C. 买入看涨期权　　　　D. 美式期权

4. 按照外汇市场参与者不同，可分为（　　）。

A. 银行间市场　　　　B. 客户市场

C. 外汇期货市场　　　　D. 外汇期权市场

5. 赋予期权买者在有效期内，无论市场价格升至多高，都有权以商定价格购买合同数额外汇的是（　　）。

A. 看涨期权　　　　B. 看跌期权

C. 场内交易期权　　　　D. 场外交易期权

二、判断题

1. 外汇期货交易属于远期外汇交易的一种。（　　）

2. 外汇期货的初始保证金通常低于维持保证金。（　　）

3. 如果到期时市场汇率大于合同汇率，则看涨期权的买方应执行期权。（　　）

4. 当企业未来有外币应收账款时，应该买入看涨期权规避风险。（　　）

5. 对于期货期权的买方来说，他买入期权可能遭受的最大损失是权利金；对于卖方来说，他可能遭受的最大损失是其缴纳的保证金。（　　）

实训活动

1. 我国商业银行面向国内开展期权业务，以中国银行为例，请查阅资料了解详情，解决以下疑问：

（1）中国银行的外汇期权业务是美式期权还是欧式期权？

（2）中国银行的外汇期权业务是买权还是卖权？

（3）除了以外汇作为期权标的，还有什么？

2. 请查阅相关资料并解释下面期权合约的内容

Illustrative Example 1 – FX options

<u>Indicative terms and conditions</u>	
Trade Date:	**30 Mar, 2012**
Customer's needs:	**Sell EUR Buy USD**
Option strategy (customer):	**Buy 3-month EUR Put USD Call**
Option class:	**European Style**
Notional Amount:	**EUR 1,000,000**
Spot Reference:	**1.3120**
Strike Price:	**1.3200**
Option Premium:	**EUR30,500(EUR 3.05%)**
Premium Settlement Date	**2 Apr, 2012**
Fixing Date & Time:	**29 Jun 2012**
Maturity Date:	**2 Jul, 2012**
Scenario Outcome:	**On fixing date:** **1) If EUR/USD Spot (1.3150) < Strike Price （1.3200)** **→ Exchange @ Strike 1.3200** **2) If EUR/USD Spot (1.3150) > Strike Price （1.3200)** **→ No Exchange**

3. 案例分析

典型经济体的外汇期货市场发展经验

世界证券交易所联合会发布的2016年外汇期货交易产品排序是：美元/俄罗斯卢布－美元/印度卢比－美元期货－日元期货。同年全球外汇期货市场交易量的排序（发布机构同上）是：俄罗斯－印度－美国－巴西－韩国－土耳其－南非，其他还有阿联酋、新加坡、波兰、匈牙利、泰国、中国香港和中国台湾。

（1）美国。

布雷顿森林体系解体后，美元与黄金不再挂钩，浮动汇率的波动性催生了外汇风险对冲的需求，因此外汇期货市场的建立是一个必然的结果。米尔顿·弗里德曼（1971）认为，发展在岸外汇期货市场可以促进对外贸易、投资和金融行业的发展。1972年，芝加哥国际货币市场正式推出美元兑七大主流货币期货，标志着芝加哥外汇期货市场的成功建立。

通过对美国外汇期货市场的研究发现，美国的外汇期货市场的活跃基于以下三个关键因素：美元的全球货币地位、美国金融业的开放度和发展水平以及美国的经济规模。美元作为全球主要的贸易计价、结算以及金融资产计价货币，其外汇期货市场的发展具有天然的优势。除此之外，美国庞大的经济规模及其与全球的关联性，也为外汇期货交易提供了扎实的基础。

（2）澳大利亚。

澳大利亚是世界上第二个推出外汇期货的国家。彼时的澳大利亚在外汇期货方面走在世界前列。布雷顿森林体系解体后，澳大利亚开始实行钉住货币篮子的管理浮动汇率制度（与目前我国的汇率制度比较类似），每日报出汇率中间价。

悉尼期货交易所于1980年推出了外汇期货，但令人惋惜的是，其上市之后因交易不活跃而很快被关停。2001年，悉尼外汇期货再度挂牌上市，后于2008年再度停牌。背后的主要原因是澳大利亚严格的外汇管制以及流动性的缺乏，再加上其他交易所的竞争，使得澳大利亚的外汇期货一直未能成功有效运行。

值得注意的是，澳大利亚直至1983年才取消实需原则，而在1980年澳大利亚的外汇期货就已经成功面世。这可以证明，在执行实需原则的情况下也可以推出外汇期货，实需原则并非阻碍外汇期货产生的必然条件；但是实需原则是否完全不会抑制后续外汇期货市场的发展，仍然无法得出结论。

（3）日本。

日本在1989年推出了日元兑美元的外汇期货。日本金融自由化和金融开放进程加快以及日元在全球地位的逐渐上升，是日本推出外汇期货的重要历史背景。但日本外汇期货在合约设计上有着严重缺陷，导致不得不进行频繁调整，最终结果是市场需求下降。从1996年开始，日本外汇期货市场交易量一路下滑，并在2005年被场内外汇保证金交易完全取代。日本外汇期货市场的发展经验告诉我们，科学合理地设计合约对外汇市场的健康发展有着重要的现实意义。

（4）印度。

1975~1991年，印度一直采取的是钉住英镑或美元的固定汇率制。1993年，印度开始探索实行钉住货币篮子的管理浮动汇率制度；次年，印度中央银行宣布实现经常项目可兑换。此外，印度央行也逐步放开实需原则的限制。印度在对离岸市场外汇期货产品进行深度研究之后，在2008年成功上市卢比兑主要国家货币期货合约并快速发展，近年来交易量非常大。美国期货业协会（FIA）发布的2020年全球各大交易所衍生品市场的交易状况数据显示，印度国家证券交易所蝉联全球所有交易所榜首，全年成交88.5亿手，同比增长48.1%。

回顾印度发展外汇期货市场的经历可以发现有以下几个推动原因：

①有效的汇率市场化改革；②实需原则的外汇管制逐步放松；③健全的海外市场；④央行和证监会的紧密合作并制定对应的联合监管制度。

（5）巴西。

1999 年巴西开始实施自由浮动的汇率制度，此后巴西外汇衍生品市场交易规模迅速增长。FIA 发布的统计数据显示，2020 年巴西圣保罗证券交易所成交量呈持续快速增长态势，至 63.1 亿手，同比增长 62.5%，仅次于印度国家证券交易所，排名第二。

巴西外汇期货交易所监管严格，市场交易高度透明。根据巴西央行和证券交易委员会的规定，自 1994 年开始，每一笔衍生品交易都必须在巴西托管结算所或巴西证券期货交易所 BM&F BOVESPA 进行登记，并且由这两家机构清算。在严格的监管框架下，90% 以上的衍生产品都在场内完成交易。这和其他国家场外市场占主导地位的情况有所不同。

巴西外汇期货市场的发展经验有两点值得借鉴：一是巴西期货市场的外汇产品创新与实体经济的发展紧密配合，不但可以满足各类主体的避险需求，还可以促进市场的有效性；二是丰富的场内避险工具使得巴西期货市场具有良好的流动性，有助于市场参与者管理外汇风险。

从国际经验看，建立有效的监管体系、完善汇率形成机制、适当放宽外汇管制、持续深化金融市场改革、产品与实际需求相匹配等因素，是发展外汇期货需要重视的问题。（资料来源：公开资料整理）

请根据外汇期货发展的国际经验与启示，思考：我国建立外汇期货市场需要重视的问题。

第五章
外汇风险

【学习目标】

1. 外汇风险的定义、种类和成因
2. 外汇风险的概念、构成要素及主要类型
3. 各种具体防范措施的适用性以及效果
4. 提前/拖延收付法的应用

【技能目标】

1. 能够识别不同经济主体面临的外汇风险
2. 能够根据企业财务信息预测外汇风险
3. 能够帮助外贸公司处理外汇风险
4. 能够针对外贸公司的详细状况，设计出相应的避险方式

【素养目标】

1. 通过认识汇率波动带来的风险，强化职业道德观念与道德意识

2. 通过外汇风险管理的原则和方法的学习，培养风险管理意识和严谨务实的工作作风

3. 通过结合汇率波动和不同外汇业务进行报价技巧的学习，树立坚持诚信经营、互利共赢才能长期赢得客户信赖的经营理念

【案例导读】

汇率的"美丽与哀愁"

(1) 杨萌在浙江经营一家外贸出口小微企业，主要是将空心胶囊出口到欧美、东南亚等地区。

近期人民币兑美元价格在6.9附近徘徊，尤其是8月15日以来，人民

币汇率出现年内第二波急贬。截至8月30日收盘，离岸美元兑人民币汇率达到6.9235，12个交易日内累计贬值超过1800点。

人民币的贬值利好出口贸易，杨萌经营的公司就是其中一家。

杨萌和海外买家的交易基本是货款两清，主要用美元结算，也就是在她发货时候，对方同时将钱打到她的账户上。因此，她也没有账期的限制，只要在合适的时机把美元兑换成人民币就可以了。

她算了一笔账，上半年的出口金额在千万人民币左右，年初美元兑人民币在6.3元左右，现在她对客户的产品报价没有太大变化，若将美元换算成人民币，收入涨幅已有将近10%。

(2) 几家欢喜几家愁，人民币兑美元走贬下，进口贸易受到了影响。杨凌当歌贸易有限公司（以下简称当歌贸易）主要业务包括进口意大利当地食品、日化用品等货物，近期其国内的经销商及代理商对于"涨价"幅度多有抱怨。

资料来源：经济观察报，2022-9-3（资料整理）。

【章节概述】

外汇汇率受众多因素的影响，变幻莫测。某些突发事件发生时，汇率可能短时间内快速波动，这就需要我们利用外汇风险管理手段处理外汇风险。本章将引入外汇风险的概念、构成要素及外汇风险的种类，并通过介绍多种外汇风险管理方法帮助企业合理避险。

第一节　外汇风险

【引导案例】

赫斯塔特银行（Bankhaus Herstatt）危机事件

1972年，美元与黄金脱钩，之后西方主要货币陆续与美元脱钩，国际货币体系全面进入浮率汇率时代。那些过度自信的投机者认为，赚大钱的机会终于来了！达特尔（Dattel）是众多投资者当中的幸运者。二战结束后，他从奥斯威辛集中营里捡回一条命，经历过人生大浪。国际货币体系动荡的大时代来临，他在1973年为赫斯塔特银行赚得盆满钵满，也由此获得了老赫斯塔特的极大信任，并在行业内外声名鹊起，成为电视银屏上对汇率问题侃侃而谈的热门人物。

但是，由于其后的多次严重判断失误，达特尔主管的外汇业务给银行带来了巨额亏损，并导致银行资不抵债。1973年圣诞前夕，刚刚过完60岁生日的老赫斯塔特正处于人生巅峰。他未曾想到，仅仅半年之后，他便将深陷于梦魇。而更多的投资者、包括德国监管当局也未曾想到，赫斯塔特银行的破产清算，甚至还会导致更多始料未及的风险。

老赫斯塔特和他的朋友——赫斯塔特银行的大股东、同时也是格林保险集团的老板格林先生（Herr Gerling），两者竭尽全力也回天乏术。1974年6月26日当天下午3点，监管当局下令关闭赫斯塔特银行，并令其对外汇交易进行清盘。这时候美国是纽约时间上午10点，而在德国，这已经是当周最后一个工作日（周五）的下午，法兰克福的外汇市场临近收盘。

在赫斯塔特银行清盘的过程中，其他交易对手向赫斯塔银行支付了德国马克，而赫斯塔银行却无法及时向交易对手支付美元，导致其交易对手发生了巨额本金损失。此次违约事故损失高达4.7亿德国马克。

资料来源：澎湃新闻，2016－07－26。

一、外汇风险的概念

外汇风险（foreign exchange exposure）又称汇率风险（exchange rate risk），是指一个组织、经济实体或个人，因其在国际经济、贸易、金融等活动中，以外币计价的资产或负债因外汇汇率的波动而可能遭受本币价值损失或收益的可能性。外汇风险可以从三个方面来理解：

（1）外汇风险是由于经济主体持有外汇头寸、发生不同货币间进行兑换或折算而产生的。如果持有的是本币头寸就不涉及因汇率变动而带来的风险。

（2）外汇风险起因于汇率变动的不确定性，汇率变动是引发外汇风险的最直接因素。这种不确定性意味着风险是否发生是不确定的，风险程度是不确定的，发生的时间是不确定的，发生后所带来的影响也是不确定的。

（3）外汇风险是因汇率变动而给经济主体带来经济损失的可能性。这种经济损失只是一种可能性，并非必然。它具有两重性，既有损失的可能性也有收益的可能性。如果只有损失或收益是确定的，不能称为风险。

外汇风险实质上是因汇率变动引起的外汇收益或者成本的一种不确定性。这种不确定性要求我们在处理外汇风险时，如果过分强调汇率变动带来的损失，而忽视可能带来的额外收益，可能导致当事人丧失获利的良机，反而会增加不必要的成本。反之，如果过分看重汇率变动的投机收益而忽视损失的可能性，则有可能使当事人遭受更重大的损失。

例如：

一日本公民赴美旅游，预计费用 \$5000，当时汇率 \$1 = ¥120，则费用为 ¥600000，其实际去报名交费时，

情况一：汇率为 \$1 = ¥130，则费用 ¥650000，损失 ¥5 万

情况二：汇率为 \$1 = ¥110，则费用 ¥550000，收益 ¥5 万

情况三：汇率为 \$1 = ¥120，则费用 ¥600000，风险为 0

二、外汇风险的构成因素

（一）外汇风险的构成因素

根据会计原则，企业在编制财务报表时必须使用本国货币计价，以便结清债权债务并考核其经营成果。本币是衡量一个企业经济效益的共同指标。一个国际企业在经营活动中，会发生外币应收账款、应付账款、资本借入、资本贷出等项目。在通常情况下，从交易达成后到应收账款的最后收进、应付账款的最后付出、借贷本息的最后偿付均有一个期限，这个期限就是时间因素。在确定的时间内，外币与本币的折合比率可能发生变化，从而产生外汇风险。可见，外汇风险一般包括三个要素：本币、外币与时间。

（二）外汇风险构成要素之间的相互关系

1. 时间

一笔应收账款或应付账款的时间结构对外汇风险的大小具有直接影响。时间越长，则在此期间汇率波动的可能性越大，外汇风险越大；时间越短，在此期间汇率波动的可能性越小，外汇风险越小。

2. 本外币兑换

在确定的时间内，外币与本币的折算比率可能发生较大的变化，从而产生外汇风险。时间越长，汇率波动的可能性就越大。改变时间结构，如缩短一笔外币债权债务的收取或偿付时间，可以减缓时间风险，但不能消除价值风险，因本币与外币折算所存在的汇率波动风险仍然存在。

例如：

一个企业，90 天后有一笔外汇收入。这里，既存在着时间风险，又存在着价值风险。

（1）消除时间风险：该企业借入一笔外汇贷款，其余额与未来的外汇收入相等，并将这笔外汇贷款的偿还时间也规定在 90 天后，即以 90 天后的外汇收入来偿还这笔外汇贷款。这样，把将来的时间风险转移到现在，从而消除了时间风险。

（2）消除价值风险：将外币借款兑换成本币，然后以本币进行投资借以获得一定的投资利润。

（三）外汇风险的构成要素符号与图示

一个国际企业如果有一笔未结算的敞口外汇头寸，就会面临各种外汇风险，会同时包括本币、外币、时间三个要素。这三个要素之间关系复杂，不同关系形成不同的外汇风险结构，相应地要采取不同的消除外汇风险的方法。为便于分析各要素之间的相互关系，简化烦琐的文字解释，下面将借助直观的符号与图示来说明外币资金的流出入情况与消除外汇风险的方法。

□方块表示公司；←—单线箭头表示外币流动，单线箭头指向方块，表示外币流入，单线箭头从方块移开，表示外币流出；┈┈→虚线箭头表示另一种外币流动；⇉双线箭头表示本币流动。

单线箭头指向方块，则外币流入，其流入来自售货、股息、银行借款或其他。单线箭头从方块移开，则外币流出。这是由于向供应商支付货款、偿还银行贷款或向国外投资所引起的支付。一种外币在 1 个月内流入，另一种外币在 2 个月内流出，如图 5－1 所示。

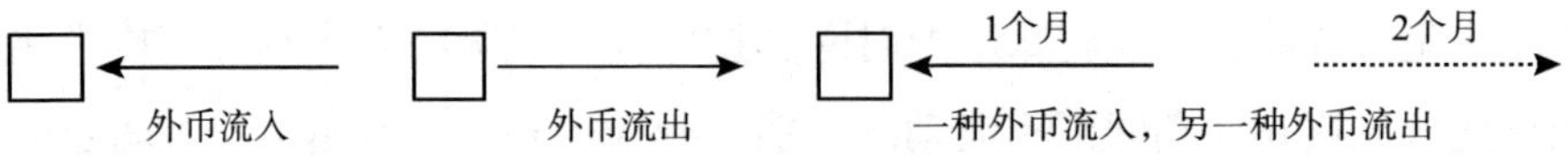

图 5－1　外汇风险的构成要素符号与图示

1. 多头地位与空头地位

一个企业在其国际经济活动中，如果一定时期以后将有一笔外汇资金流入，则该企业处于多头地位（long position）；如有一笔外汇流出则处于空头地位（short position），由于外汇汇率的上下波动，企业可能蒙受损失，也可能获得额外收益，即要面临外汇风险。企业要根据不同的地位，采取不同的消除外汇风险的方法。多头地位要先借外币，结算时用所得外币来偿付所借外币；空头地位要先借本币，到期时用所借本币兑换成外币来进行结算，这样就可以消除风险。这是运用外汇风险管理技术的基础。

2. 以本币收付，无外汇风险

某公司向海外销售货物，进口商以该公司所在国家的货币（本币）计价。因为本币与将流入的货币是相同的，不存在外币与本币的折算问题，所收货款不受汇率波动的影响，因而没有外汇风险，如图 5－2 所示。

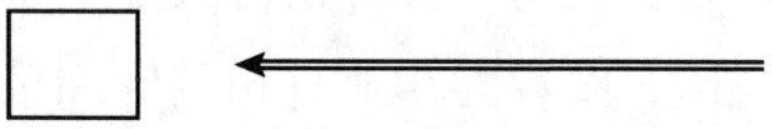

图 5－2　出口货物以本币计价

某公司从国外进口货物或劳务，1 个月后需支付一定数量本币。由于不存在本币与外币的折算问题，因而不存在任何风险，如图 5－3 所示。

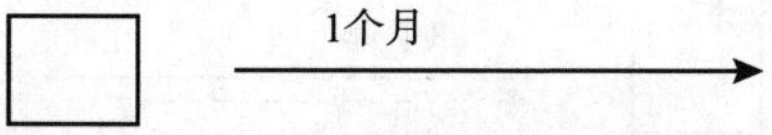

图 5－3　进口劳务或货物以本币计价

3. 流入的外币与流出的外币金额相同、时间相同，无外汇风险

流入的外币与流出的外币金额相同，不存在受险头寸，则消除了货币兑换的价值风险；时间相同，则不存在时间风险。既然时间风险和价值风险都消除了，企业就不会面临外汇风险。例如，德国某电气制造商从美国购买原材料，以美元计价，6 个月后支付，其产品以美元计价返销美国，在合同到期日收取货款。假如两笔交易金额相同，该公司正好以销售所得货款偿付购买原材料的价款，因而无外汇风险，如图 5－4 所示。

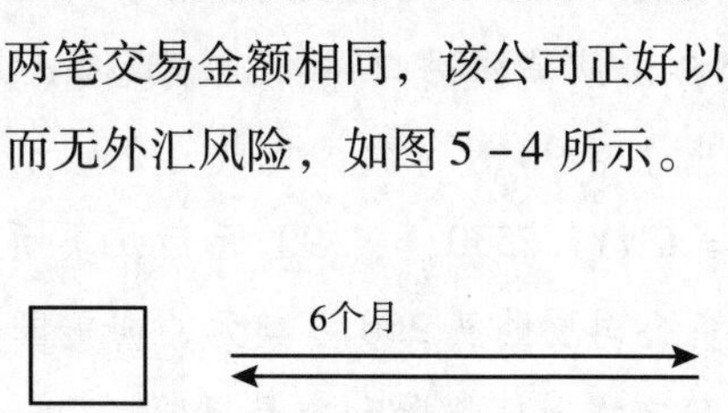

图 5－4　流入流出外汇金额相同，时间不同

4. 不同时间的相同外币、相同金额的流出流入，只有时间风险，既不处于多头地位，也不处于空头地位

流入的外币与流出的外币金额相同，表明既不处于多头地位，也不处于

空头地位，则不存在价值风险；收付时间不同，则不能消除时间风险。例如，中国某外贸公司有一笔1个月后的美元支付，同时有笔3个月后的美元收入，两笔美元金额相同，这里仅存在时间风险，如图5－5所示。

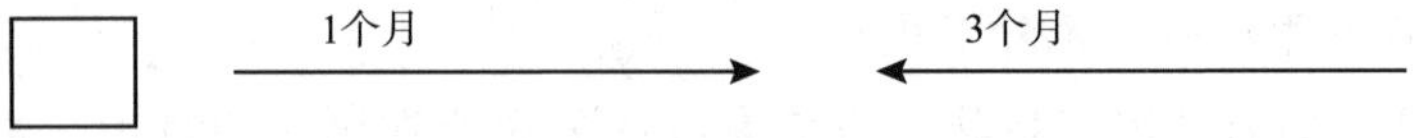

图5－5　流入流出外汇金额相同、时间相同

5. 一种外币流出，另一种外币流入，具有双重风险

一种外币流出处于空头，另一种外币流入处于多头，则既存在空头外币的时间风险和价值风险，又存在多头外币的时间风险和价值风险，因此具有双重风险。例如，中国某外贸公司向德国出口塑料制品，3个月后将取得一笔欧元货款；而生产所需原料聚氯塑胶需从美国进口，3个月后向美国支付一笔美元。随着欧元与美元间汇率的波动，该公司就面临双重风险，如图5－6所示。

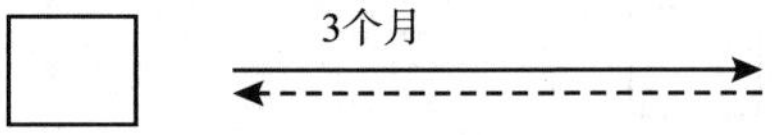

图5－6　双重风险

课堂实训

（1）某家中国企业于某年12月20日与美国一家公司签订一份金额为100万美元的出口合同，同时与另一美国公司签订了一份90万美元的进口合同，合同期限均为3个月，即办理收汇和付汇的时间都在次年3月20日。

请问该企业外汇收支相抵后，全部交易受险头寸是多少万美元？

（2）我国某外贸公司从美国进口一批机械设备，双方约定以信用证方式结算，付款日期为出票后90天付款，货款为250万美元。当时美元与人民币汇率为：USDl = CNY7.2530，但90天后，美元汇率上浮，USDl = CNY7.2630，此时外贸公司要购买250万美元，向美国出口商付款。在这个案例中，外汇风险明显存在时间风险和交易风险。

请分析这个案例的时间风险和交易风险。

第二节　外汇风险的分类

【引导案例】

2022 年全球局势动荡，疫情不断蔓延和物价持续上涨造成的影响已经越来越明显。国际纷争一直不同程度地存在，尤其是俄乌局势紧张导致的全球能源危机已严重影响了人们的日常生活。

我国外贸企业特别是出口企业，对汇率波动极其敏感。在美联储加息与缩表即将启动的大背景下，我国货币政策、财政政策坚持“以我为主”，中美 1 年期国债收益率利差已由前期 280bp 收窄至 40bp 附近。随着 Libor 美元利率上行，境内美元/人民币掉期隐含利率也明显上行。这种情况下，人民币兑美元将面临贬值经济风险。

中美关系受俄乌危机干扰，仍有较多不确定性。近期，美国豁免了中国 352 项商品关税。不过在俄乌问题的巨大分歧下，中美关系未来仍充满不确定性，也将成为加大人民币汇率波动的重要因素。

作为处于我国最东端和最北端的边境省份，黑龙江省与俄罗斯贸易权重较大，企业选择怎样的汇率对冲方式，才能有效地规避汇率风险至关重要。

资料来源：赵晓轩，王庆鹏. 企业汇率风险敞口分布特征及分类指导分析研究［J］. 黑龙江金融，2022（8）.

根据外汇风险的作用对象和表现形式，目前学术界一般把外汇风险分为三类：外汇交易风险、会计风险（又称折算风险）和经济风险。

一、外汇交易风险

外汇交易风险是指在以外币计价的交易中，由于外币和本币之间汇率的波动使交易者蒙受损失的可能性。外汇交易风险是未了结的债权债务在汇率变动后，进行外汇交割清算时出现的风险。这些债权债务在汇率变动前已发生，但在汇率变动后才清算。汇率制度体系是外汇交易风险产生的直接原因。固定汇率体制将风险给屏蔽了，而浮动汇率体制增加了未来货币走势的不确定性，扩大了风险敞口。交易风险又可分为外汇买卖风险和交易结算风险。

（1）外汇买卖风险。又称金融性风险，产生于本币和外币之间的反复兑换。这种风险产生的前提条件是交易者一度买进或卖出外汇，后来又反过来卖出或买进外汇。外汇银行所承担的外汇风险主要就是这种外汇买卖风险。

例如，中国银行在某一时间买进了 100 万元港币，同时又卖出了 80 万元港币，出现了 20 万元港币的多头。当中国银行日后卖出这 20 万元港币时，如果港币贬值，中国银行就会出现亏损，这种亏损的可能性就是外汇买卖风险。同理，当中国银行在外汇交易中出现卖出的港币多，买进的港币少，而在日后补进港币时，如果港币升值，中国银行同样也会面临由于外汇买卖风险而造成的损失。

（2）交易结算风险。又称商业性风险，当进出口商以外币计价进行贸易或非贸易的进出口业务时，即面临交易结算风险。进出口商从签订进出口合同到债权债务的最终清偿，通常要经历一段时间，而这段时间内汇率可能会发生变化，于是，以外币表示的未结算的金额就成为承担风险的受险部分。因此，交易结算风险是由进出口商承担的，基于进出口合同而在未来通过外汇交易将本币与外币或外币与本币进行兑换，由于未来进行外汇交易时汇率的不确定性所带来的风险。

例如，中国某公司签订了价值 10 万美元的出口合同，3 个月后交货、收汇。假设该公司的出口成本、费用为 75 万元人民币，目标利润为 8 万元人民币，则 3 个月后当该公司收到 10 万美元的货款时，由于美元兑人民币的汇率不确定，该公司将面临交易结算风险。3 个月后，

情况 1：若美元与人民币的汇率高于 8.3，则该公司不仅可收回成本，获得 8 万元人民币的利润，还可获得超额利润；

情况 2：若汇率等于 8.3，则该公司收回成本后，刚好获得 8 万元人民币的利润；

情况 3：若汇率高于 7.5、低于 8.3，则该公司收回成本后所得的利润少于 8 万元人民币；

情况 4：若汇率等于 7.5，则该公司刚好只能收回成本，没有任何利润；

情况 5：若汇率低于 7.5，则该公司不仅没有获得利润．而且还会亏本。

同样，进口商从签订合同到结清货款之间也有一段时间，也要承担交易结算风险，原理与出口商相同，只是汇率变动的方向与出口商刚好相反。

汇率变动的交易风险如表 5－1 所示。

表5－1　　汇率变动的交易风险

项目	对外贸易	对外借贷	对外投资	银行买卖
汇率上涨	对入口商不利	对借钱人不利	对投资人有益	对空头不利
汇率下降	对出口商不利	对贷款人不利	对投资人不利	对多头不利

二、会计风险

会计风险，又称折算风险或转换风险，是指由于外汇汇率的变动而引起的企业资产负债表中某些外汇资金项目金额变动的可能性。当公司将其以外币计量的资产负债、收入费用等折成以本币表示的有关项目时，汇率的变动很可能给公司造成账面损失，这种风险就是由货币转换带来的。即会计风险是对过去的、已发生了的以外币计价交易因汇率变动而造成的资产或负债的变化。

会计风险与交易风险不同的是，会计风险仅是增加或减少财务报告上资产或负债的账面数量，并不造成现实资产价值的增减，因此对母公司或子公司而言并未产生实质性的影响。但由于公司的财务会计报告是公司的一个形象，账面资产与负债的多少，关系到公司的声誉，因此，各跨国公司也不能不关注会计风险。

例如，中国某彩电企业在南非投资分厂，该企业2011年12月31日使用的资产负债表是按南非货币兰特编制的，如表5－2所示。

表5－2　　2011年12月31日南非分厂的资产负债表

兰特表示　单位：千元

资产	金额	负债和所有者权益	金额
货币现金	40000	短期负债	60000
应收账款	60000	长期负债	40000
存货	40000	权益	160000
固定资产	120000		
合计	260000	合计	260000

表5－3是按当天CNY1＝ZAR1.4汇率编制了人民币资产负债表。

表 5－3　　2011 年 12 月 31 日南非分厂的资产负债表

人民币表示　单位：千元

资产	金额	负债和所有者权益	金额
货币现金	28571	短期负债	42857
应收账款	42857	长期负债	28571
存货	28571	权益	114285
固定资产	85714		
合计	185714	合计	185714

2012 年 1 月 1 日汇率波动成 CNY1 = ZAR1.7，按此汇率编制了人民币资产负债表如表 5－4 所示。

表 5－4　　2012 年 1 月 1 日南非分厂的资产负债表

人民币表示　单位：千元

资产	金额	负债和所有者权益	金额
货币现金	23529	短期负债	35294
应收账款	35294	长期负债	23529
存货	23529	权益	94117
固定资产	70588		
合计	152941	合计	152941

由此同样数额的兰特资产经过不同汇率的折算，2011 年 12 月 31 日账面价值减少了 74286 兰特（260000－185714＝74286），这就是会计风险。由上述案例可以看出由于汇率变动给公司财务报表的款项数值带来了影响。虽然会计风险只是资产负债表和损益表账面价值的波动，并不影响现金流量。但企业在资本市场上的形象可能因指标的变化而发生改变。此案例中，会计风险产生的损益波动会影响会属于不同利益相关者的价值。

三、经济风险

经济风险是指由于未预料的汇率变化导致企业未来的纯收益发生变化的外汇风险，影响一个企业在汇率变化时的竞争地位。例如当一国货币贬值时，对出口商来说，一方面，因为出口商品外币价格下降，有可能刺激出口，使其出口额增加而获益；另一方面，如果出口商进行生产所使用的原材料为进口品，因本币贬值，会提高以本币表示的进口原料的价格，企业的生产成本会增加。材料进口与产品出口对于汇率波动来讲处于相反的方向运动，但大量的进口原材料和大量的产品出口更加深了企业现金流量对于汇率波动的复杂性和不确定性。这种风险即属于经济风险。

与交易风险、会计风险不同的是，经济风险是一种潜在的、更深层次的外汇风险。潜在经济风险直接关系到企业在海外的经营效果或一家银行在国外的投资收益。

意料之内的汇率变动不包括在经济风险的界定中，因此，经济风险很大程度上取决于企业的预测能力。经济风险管理是企业从整体上进行预测、规划和进行经济分析的一个具体过程。经济风险对企业的影响是错综复杂的，企业未来的纯收入将如何变化，并非用简单的本币贬值就能反映出来。经济风险的分析很大程度上取决于公司的预测能力，预测的准确程度将直接影响该公司在融资、销售与生产方面的战略决策。

汇率波动的直接经济风险如表5－5所示。

表5－5　　汇率波动的直接经济风险

影响公司本币流入的交易	本币升值	本币贬值
国内销售（相对于国内市场上的外国竞争）	减少	增加
以本币计价结算的出口	减少	增加
以外币计价结算的出口	减少	增加
对外投资的利息收入	减少	增加
影响公司本币流出的交易	本币升值	本币贬值
以本币计价结算的进口	无影响	无影响
以外币计价结算的进口	减少	增加
对国外借入资金的利息支付	减少	增加

四、三种外汇风险的区别与联系

一个国际企业组织的全部活动中，即在它的经营活动过程、结果、预期经营收益中，都存在由于外汇汇率变化而引起的外汇风险。在经营活动中的风险为交易风险，在经营活动结果中的风险为会计风险，预期经营收益的风险为经济风险。

三种外汇风险的区别：会计风险是账面的，不影响实际现金流；交易风险会影响实际现金流；经济风险是影响长期的可持续现金流，需要企业进行战略调整。

三种外汇风险的联系：都会引起汇率的变动。外汇风险是指一个企业的成本、利润、现金流或市场价值因外汇汇率波动而引起的潜在的上涨或下落的风险。三种外汇汇率波动都可能给企业带来损失，也都可能给企业带来机会。

例如，三类风险随着外贸企业经营活动的开展而相互转化，对小微外贸企业的影响尤为明显。

以小微出口企业为例，当与交易对方签订外贸合同并约定以外币结算时，企业即可计算出口业务带来的外币收入，直至相关外汇资金到账前，汇率波动均会对企业出口收入产生影响，此时的汇率风险就是交易风险。当外币收入到账后，外币资金的风险敞口即已确认，直至外币资金结汇前，入账日与资产负债表日之间的汇率波动将直接影响企业汇兑损益，最终影响企业的营业利润，此时的汇率风险就是折算风险。不同的小微企业，折算风险的存在与否有所差异，如计划在一段时期内留存外币收入，则将受折算风险的影响，如外币收入到账立即结汇用于生产，则不受其影响。意料之外的汇率波动对企业经济价值产生的影响即为经济风险。一般而言，企业价值是预期现金流量的现值，汇率波动通过影响外贸产品价格、市场需求进而影响预期现金流量，纯出口型小微外贸企业受其影响较大。

课堂实训

汇率风险可分为交易风险、折算风险和经济风险。三类风险随着外贸企业经营活动的开展而相互转化，对小微外贸企业的影响尤为明显。请以小微出口企业为例，分析其外汇风险。

第三节　外汇风险管理

【引导案例】

锡林郭勒盟口岸（中国对蒙古、俄罗斯口岸，下文简称口岸）以外币结算的企业国际贸易结算量占涉外收支总量的77.33%，在开展汇率风险管理工作中进口企业和出口企业遇到一些问题。

进口企业：（1）多根据卖方要求以预付货款的形式即期付汇。口岸涉外企业多数同蒙俄两国开展跨境贸易，而对蒙对俄进口业务竞争相对激烈，存在多个企业为中间商的情况，主要为卖方市场，且多以预付货款的形式进行结算。企业订单不固定且买卖合同对付款的时效性要求很高，企业大多会根据卖方要求进行付汇，一般是选择即期汇率进行结算。如农行一家铁矿石进口企业客户，2020 年 8 月 3 日签订的进口铁矿石合同。合同中要求企业在签订合同的3 日内全额向对方银行付汇，否则存在合同失效及违约问题，所以该企业于8 月6 日全额结算该笔合同款项。（2）为了付汇便利，进口大宗商品多以美元计价即期付汇。涉及外币付汇主要是进口大宗商品的企业，例如原油、铁矿石等，而大宗商品国际价格往往是以美元计价，所以企业为了付汇便利、及时调整商品价格以及为避免汇率波动损失等因素，在签订合同时也会约定以美元作为结算币种。（3）从珠恩嘎达布其口岸（中蒙边境口岸）进口多使用跨境人民币结算。珠恩嘎达布其口岸以进口能源为主，多家境外投资企业和外贸企业从事煤炭进口。据口岸办统计，2021 年年末有17 家外汇名录企业从蒙古国进口煤炭，进口货物336.59 万美元，发生涉外支出金额1624.91 万美元，支出全部使用跨境人民币结算。

出口企业：（1）基本上使用人民币结算。辖内出口类企业在对外贸易中掌握主动权，能够决定结算币种，所以企业为了自身涉外收支便利，也为了规避汇率风险，往往会约定以人民币作为结算币种。（2）个别以美元结算企业受汇率波动影响较大。如某出口羊绒企业客户，在对外贸易中卖方话语权不强，因此多年来该公司日常结算以美元为主，进而兑美元汇率波动对其影响较大。通常该公司美元到账后，会由专人关注汇率走势，待汇率达到预期水平后进行网上结汇，进行汇率避险。

资料来源：李登科，刘红梅. 对蒙口岸外汇市场主体汇率风险管理问题的研究［J］. 北方金融，2022（6）.

一、外汇风险管理概述

（一）含义

外汇风险管理是指外汇资产持有者通过风险识别、风险衡量、风险控制等方法，预防、规避、转移或消除外汇业务经营中的风险，从而减少或避免可能的经济损失，实现在风险一定条件下的收益最大化或收益一定条件下的风险最小化。

（二）外汇风险管理的步骤

1. 识别风险

在对外交易中，企业要了解究竟存在哪些外汇风险，是交易风险、会计风险，还是经济风险。或者了解面临的外汇风险哪一种是主要的，哪一种是次要的；哪一种货币风险较大，哪一种货币风险较小，同时，要了解外汇风险持续的时间。

2. 衡量风险

综合分析所获得的数据和汇率情况，并将风险暴露头寸和风险损益值进行计算，把握这些汇率风险将达到多大程度，会造成多少损失。汇率风险度量方法可以用直接风险度量方法和间接风险度量方法，根据风险的特点，从各个不同的角度去度量汇率风险，这样才能为规避风险提供更准确的依据。

3. 控制风险

在识别和衡量的基础上采取措施控制外汇风险，避免产生较大损失。汇率风险控制方案的确定需要在企业国际贸易汇率风险规避战略的指导下选择具体的规避方法。经营业务的规模、范围和发展阶段等企业的经营特色，采取全面控制战略、消极控制战略或是积极控制战略。各种管理战略只有适用条件不同，并没有优劣之分。

企业在确定其规避战略的基础上，进一步选择其避险方法。可供企业选择的避险方法归纳起来有两大类：一类是贸易谈判结合经营策略来管理汇率风险；另一类是利用金融衍生工具来管理交易风险，主要有：期汇、期货、期权及其他金融衍生工具。不同的方法对应着不同的操作，但目的都是为了使“不确定性”得到确定，从而管理风险。

二、外汇风险管理的贸易策略法

贸易策略法是指企业在进出口贸易中，通过和贸易对手的协商与合作所采取的防范外汇风险的方法。此方法具体分为以下几种：

（一）币种选择法

币种选择法是指企业通过选择进出口贸易中的计价结算货币的种类来防范外汇风险的方法。

1. 选择本国货币计价结算

选择本币计价结算，实际上是将外汇风险构成因素中的外币因素去掉了，不管汇率如何变动，出口商将来以本币收进的货款以及进口商将来以本币支付的货款，都是确切的，不存在任何不确定因素。

因此，采用此方法，无论是对本国的出口商还是对本国的进口商都可以完全防范外汇风险。此方法的优点是简便易行，效果明显，但它受本国货币的国际地位和贸易双方的交易习惯的制约，而且本国的贸易商还必须在商品的价格与信用期限方面做出某些让步。因为采用此方法实际上是将外汇风险完全转嫁给了贸易对手，本国的贸易商为此需要付出一笔费用，这笔费用相当于本国的贸易商为转嫁外汇风险所支付的保险费。

2. 出口时选用硬币计价结算，进口时选用软币计价结算

所谓硬币是指汇率稳定且具有升值趋势的货币；软币是指汇率不稳定且具有贬值趋势的货币。出口商在以硬币作为计价结算货币时，由于硬币不断升值，将来当出口商收到贷款时，就可以将这笔货款兑换回更多数额的本国货币。同样，进口商在以软币作为计价结算的货币时，由于软币不断贬值，将来当进口商支付货款时，就可以用更少的本国货币兑换到这笔货款。

此方法的实质在于希望将汇率变动所带来的好处留给自己，而将汇率变动所带来的损失推给对方。采用此方法时，一方面要受到贸易双方交易习惯的制约，另一方面由于各种货币的“硬”或“软”并不是绝对的，其硬软局面往往会出现逆转。因此，此方法并不能够保证进出口商能完全避免外汇风险。

3. 选用“一篮子”货币计价结算

所谓“一篮子”货币是指由多种货币分别按一定的比重所构成的一组货币。由于“一篮子”货币中既有硬币也有软币，硬币升值所带来的收益或损失，与软币贬值所带来的损失或收益大致相抵，因此“一篮子”货币的币值比较稳定。对于贸易双方来说，采用此方法都不失为一种防范外汇风险的有效方法，但此方法在“一篮子”货币的组成以及货款的结算方面，较为复杂。

举例

利用一篮子货币如特别提款权（SDR）等价值较稳定的特点对结算货币进行保值。

日本某公司从美国进口100万美元货币，为避免美元汇率上升而加大进口成本，公司以SDR保值，假设签约时1美元=130日元，1SDR=1.3284美元，100万美元折合SDR为100/1.3284=75.28（万SDR），若结算日汇

率为 1 美元 =135 日元，1SDR = 1.2385 美元，则为支付 100（万 SDR）。

美元需支付 75.28 × 1.2385 × 135 = 12586.63（万日元），若不保值则需支付 100 × 135 = 13500（万日元）。

（二）货币保值法

货币保值法是指企业在进出口贸易合同中通过订立适当的保值条款，以防范外汇风险的方法。

（1）黄金保值条款。即在贸易合同中，规定黄金为保值货币，签订合同时，按当时计价结算货币的含金量，将货款折算成一定数量的黄金，到货款结算时，再按此时的含金量，将黄金折回成计价结算货币进行结算。

举例

某笔货款为 100 万美元，签订合同时 1 美元的含金量为 1 克纯金，则 100 万美元折算成黄金为 100 万克纯金，到货款结算时 1 美元的含金量为 0.95 克纯金，则 100 万克纯金折算成美元为 105.26 万美元，故进口商应支付货款 105.26 万美元，即由于美元贬值，进口商在结算时所支付的 105.26 万美元，只相当于签订合同时的 100 万美元。

黄金保值条款通行于固定汇率时期，现今由于黄金非货币化，以及黄金价格的不稳定，此方法已不再采用。

（2）硬币保值条款。即在贸易合同中，规定某种软币为计价结算货币，某种硬币为保值货币，签订合同时，按当时软币与硬币的汇率，将货款折算成一定数量的硬币，到货款结算时，再按此时的汇率，将硬币折回成软币来结算。

举例

我国某公司对香港的一笔出口贸易中规定以港元收汇，为避免港元汇率下跌，在合同中加列了以美元为保值货币的保值条款，合同金额以美元计价为 100 万美元，当时汇率为 1 美元 =7.5 港元，允许港元下跌幅度为 2%。

如果结算日汇率为 1 美元 =7.6 港元，港元下跌幅度为（7.6 − 7.5）/7.5 = 1.37%，不超过 2%，则合同金额不变，仍按 1 美元 =7.5 港元收取港元；

若结算日汇率为 1 美元 =7.7 港元，港元下跌幅度为（7.7 − 7.5）/7.5 =

2.7%，超过规定幅度，则合同金额调整为 100×7.7=770（万港元）。

（3）“一篮子”货币保值条款。即在贸易合同中，规定某种货币为计价结算货币，并以“一篮子”货币为保值货币。具体做法是：签订合同时，按当时的汇率将货款分别折算成各保值货币，货款支付日，再按此时的汇率将各保值货币折回成计价结算货币来结算。

举例

某笔贷款为500万美元，贸易合同中规定用美元、日元、英镑和欧元组成“一篮子”货币来对货款进行保值，其中，美元占30%，日元占30%，英镑占20%，欧元占20%。

假设签订合同时的汇率：

$1 = ¥120，$1 = £0.6667，$1 = €1.0224

则500万美元折算成保值货币为：

美元：500万×30%×1=150（万）；日元：500万×30%×120=18000（万）；英镑：500万×20%×0.6667=66.67（万）；欧元：500万×20%×1.0224=102.24（万）。

设货款支付日的汇率为 $1 = ¥130，$1 =£0.7，$1 =1.0，

则各保值货币分别折回成美元为：

美元：150万/1 = 150万美元；日元：18000万/130 = 138.46（万美元）；英镑：66.67万/0.7 = 95.24（万美元）；欧元：102.24万/1.0 = 102.24（万美元）；

合计：150万+138.46万+95.24万+102.24万=485.94（万美元）。

即货款支付日进口商应向出口商支付货款485.94万美元。

在实际操作中，通常选用“特别提款权”“欧洲货币单位”等“一篮子”货币作为保值货币。在期限长、金额大的进出口贸易中，以“一篮子”货保值的方式来避免外汇风险是一种有效的方法。

（三）价格调整法

价格调整法是指当出口用软币计价结算。进口用硬币计价结算时，企业通过调整商品的价格来防范外汇风险的方法。由于在进出口贸易中，“出口用硬币计价结算，进口用软币计价结算”的原则往往受交易意图、市场需

求、商品质量、价格条件等因素的制约而不能如愿以偿，有时出口不得不用软币成交，进口不得不用硬币成交，这就加大了外汇风险，这时可采用调整价格的方法来抵销一部分风险。

（1）加价保值。为出口商所用，实际上是出口商将用软币计价结算所带来的汇价损失摊入出口商品的价格之中，以防范外汇风险。加价的幅度相当于软币的预期贬值幅度。

$$加价后的单价 = 原单价 \times (1 + 货币的预期贬值率)$$

（2）压价保值。为进口商所用，实际上是进口商将用硬币计价结算所带来的汇价损失从出口商品的价格之中剔除，以防范外汇风险。压价的幅度相当于硬币的预期升值幅度。

$$压价后的单价 = 原单价 \times (1 - 货币的预期升值率)$$

（四）收付时间调整法

收付时间调整法是指进出口商根据对计价结算货币汇率走势的预测，将贸易合同中所规定的货款收付日期提前或延期，以防范外汇风险成获取汇率变动的收益的方法。

按照“出口用硬币计价结算，进口用软币计价结算”的原则，当预测计价结算货币将升值时，出口商应争取对方的同意，延期收进外汇，以获得所收进的外汇能够兑换更多的本币的好处；而进口商则应争取对方的统一，提前支付外汇，以避免日后需要用更多的本币才能够兑换到同样数量的外汇。

当预测计价结算货币将贬值时，出口商应争取对方的同意，提前收进外汇，以避免今后所收到的外汇兑换到的本币数额减少；而进口商则应争取对方的同意，延期支付外汇，以便于今后能够用更少的本币就可以兑换到同样数量的外汇。

举例

假定将来美元将会上升，人民币疲软，出口商以及将来有外币收入的人会尽可能推迟收汇日期，以得到更多的人民币。为此，他们尽可能推迟履行出口合同，或延长出口汇票期限，推迟结算日期。相反，进口商以及将来发生支付外币的人在预测到人民币汇疲软时，就会尽可能提早支付，加速履行进口合同，并缩短出口商提供的短期信用期限，以加快结汇，付清外汇。

假定将来美元将会下跌，人民币将会升值，上述活动则完全相反，即成了出口商加速履行合同，提前收汇；进口商则想推迟履行合同，延期付汇。

表5－6显示了汇率预测与企业行为的关系。

表5－6　　汇率预测与企业行为的关系

企业行为	预测外汇汇率上升本币贬值	预测外汇汇率下跌本币升值
出口商或债权人（收进外币）	推迟收汇	提前收汇
进口商或债务人	提前付汇	推迟付汇

三、外汇风险管理的金融工具法

（一）远期合同法

远期合同法是借助于远期合同，创造与外币流入相对应的外币流出以消除外汇风险的方法。如进出口商通过与外汇银行之间签订远期外汇交易合同的方式来防范外汇风险的做法。

出口商在签订贸易合同后，按当时的远期汇率把与远期收入的相同金额的外币卖给银行，交割期限与收到货款的期限一致，届时可把从进口商处得到的货款与银行办理远期外汇交易的交割。

进口商则预先买进所需的远期外汇，到支付货款时，进口商可以先按原定汇率进行外汇交易的交割，再用买入的外汇来支付货款。

举例

一家英国公司向美国出口一笔价款为1000万美元的商品，3个月后收款。为了防止美元贬值，该公司同银行做了一笔远期外汇交易，卖出远期美元。银行报出的英镑兑美元的汇率如下：

美元：即期汇率1.5234/41

3个月远期价差120/124

由于三个月远期价差是前小后大，故采取加法，即三个月远期汇率为1.5354/65。

这笔交易对银行来说，就是用英镑买入美元，银行本着低价买进高价卖出的原则，所以使用的3个月远期汇率应是1英镑买进1.5365美元，而不是1英镑买进1.5354美元。

三个月后出口商用收回的1000万美元可换回：1000万/1.5365＝

6508298（英镑），有效防止了美元可能出现的贬值而导致的英镑收入的下降。

（二）借款法－投资法

1. 借款法

借款法是指有远期外汇收入的企业，通过向其银行借进一笔与其远期外汇收入相同金额、相同期限、相同货币的贷款，将其换成本币，到收取外汇时，再偿还银行贷款。

举例

美国A公司将于半年后将从德国收回一笔100000欧元的出口外汇收入。该公司为防止半年后欧元汇率下跌的风险，利用借款法向其银行：

（1）举借相同数额（100000）、相同期限（半年）的欧元借款，并将这笔欧元作为现汇卖出，以补充其美元的流动资金。

（2）半年后再利用其从德国获得的欧元收入。

（3）偿还其从银行取得的贷款。半年后，即使欧元严重贬值，对A公司也无任何经济影响，从而避免了汇率风险。该公司的净利息支出，即为防止外汇风险所花费的成本。

2. 投资法

若企业有未来的应付外汇账款或支付货币投资，这时企业可将一笔资金（一般为闲置资金）投放于某一市场，一定时期后连同利息（或利润）收回这笔资金，从而使这笔资金增值，并用于支付。

资金投放的典型市场为短期货币市场，投资的对象为规定到期日的银行定期存款、存单、银行承兑票据以及国库券和商业票据等。

3. BSI法

BSI法，即借款－即期合同－投资法（Borrow－Spot－Invest），指在存在外汇应收账款或应付账款的情况下，借入与应收（应付）外汇相同数额的外币，再将这笔外币卖给银行换回本币，进行投资，从而既消除了外汇的时间风险，又消除了价值风险的一种方法。

（1）BSI法在应收外汇账款中的应用。

对于有应收账款的企业，为防止应收外币的汇价波动，可分下列四个步骤进行：

①借入与应收外汇相同数额的外币，借款期限与应收账款期限相同。由

远期收汇转变到办汇日，这样就使时间风险得以消除。但货币兑换的价值风险仍然存在，此风险可通过即期合同法消除。

②立即与银行签订即期外汇合同，将借入的外币，卖予银行，换回本币。价值风险消除。借款虽要支出一定的利息，但可通过投资法获得收入抵冲。

③将换回的本币存入银行或进行其他投资，以其所得的投资收入抵冲一部分用于防范风险而产生的费用支出。

④等应收账款收回时，就用收到的外币清偿借款。

举例

澳大利亚某出口商6个月后有一笔价值500万美元的出口应收账款，签订合同时即期汇率为 USD1 = AUD115.00，该笔货款折合澳大利亚元为 AUD57500 万元。为了避免6个月后澳大利亚元升值的外汇风险，该出口商决定采用 BSI 法，对出口应收账款进行风险防范。

具体操作程序如下：

（1）该出口商从某外汇银行借入金额为500万美元的外币贷款，期限为6个月，年息为5%。这样，500万美元应收账款的时间风险就从6个月后转移到了现在。为此该出口商要支付利息费用6.25万美元。

（2）该出口商将借入的500万美元贷款通过即期外汇市场卖给银行换成本币，从而消除了500万美元的汇兑风险。按照此时的汇率 USD1 = AUD115.00 折算，出口商可兑换成57500万澳大利亚元。

（3）该出口商及时地将换来的57500万澳大利亚元存入银行（或者购买短期债券）进行投资，期限为6个月，年息为6%。

（4）6个月后美元对澳大利亚元的汇率变为 USD1 = AUD110.00，该出口商获得澳大利亚元本息60950万澳大利亚元；应收账款和贷款到期，该出口商将收到的应收账款500万美元归还银行贷款，并拿出687.5万澳大利亚元兑换6.25万美元，作为支付给银行的利息。

（5）该出口商实际收到的澳大利亚元为 60950 − 687.5 = 60262.5（万澳大利亚元），大于57500（万澳大利亚元）。

综上所述，该澳大利亚出口商不但完全消除了出口应收账款的外汇风险，而且通过 BSI 法还获得了 60262.5 − 57500 = 2762.5（万澳大利亚元）的额外收益。

（2）BSI 法在应付外汇账款中的应用。

对于有应付外币账款的企业而言，也可采用 BSI 法消除外汇风险。可分下列五个步骤进行：

①按即期汇率向银行借入与应付账款等值的本币，借款期限与付款期限相同。

②立即与银行签订购买外币的即期外汇合同，卖出本币，买入外币。

③将购入的外币投入到短期资金市场（存款或购买短期债券等），投资期限与付款期限相同。

④到期付款时，收回投资，支付应付货款。

⑤向银行清偿借贷本息，用投资所得抵冲一部分用于防范风险而产生的费用支出。

举例

中国某一进口商 6 个月后有一笔价值 100 万美元的应付账款，计价货币为美元。签约时即期汇率为 USD1 = CNY6. 8227，需要 682. 27 万元人民币才能兑换为 100 万美元。为避免 6 个月后的美元兑人民币升值所带来的外汇风险，该进口商可采用 BSI 法。

其操作要点如下：

（1）该中国进口商根据汇率 USD1 = CNY6. 8227 借入 682. 27 万元人民币，期限为 6 个月，年息为 5%。

（2）立即将所借的人民币通过即期交易兑换为 100 万美元，并将其进行为期 6 个月的短期投资，投资年利率为 6%。

（3）6 个月后，收回外币投资的本利和为 102 万美元。

（4）支付给出口商 100 万美元；按 6 个月后 USD1 = CNY6. 8850 的汇率，将 2 万美元兑换为 13. 77 万元人民币。

（5）偿还银行贷款本息 693. 64 万元人民币，实际支付 693. 64 − 13. 77 = 679. 87（万元人民币），小于 682. 27 万元人民币。

综上所述，该进口商不但完全消除了进口外汇应付账款的汇率风险，而且还少支付了 682. 27 − 679. 87 = 2. 4（万元人民币）。

4. LSI 法

LSI 法，就是提早收付—即期合同—投资法（Lead - Spot - Invest，LSI 法），是指具有应收（应付）外汇账款的公司，征得债务方的同意，请其提前支付货款，并给其一定折扣。

（1）在应收外汇账款中的应用。

可分下列四个步骤进行：

①提前收取货款，消除时间风险。

②立即通过即期合同，将外币换成本币，消除价值风险。

③将挽回的本币进行投资。

④到期收回投资本息。

LSI 法的基本原理同 BSI 法基本相同，只是将第一步从银行贷款改为请债务人提前支付而已。

举例

美国某出口商有一笔价值 100 万英镑的应收账款，付款期限为 6 个月。签约时即期汇率为 GBP1 = USD1.3000。按照此汇率，100 万英镑应折合成 130 万美元。为了避免 6 个月后英镑贬值造成美元货款减少的风险，该出口商决定采用 LSI 法进行风险防范。

具体操作如下：

（1）该美国出口商征得了债务人的同意，请其提前 6 个月支付 100 万英镑的出口应收账款，并同意给予债务人 2% 的折扣，即 2 万英镑，按照当时的即期汇率为 GBP1 = USD1.3000 计算，折扣金额折合为 2.6 万美元，从而将外币收款的时间风险转移到办汇日。

（2）该出口商将收到的 98 万英镑货款通过即期外汇交易，按 USD1.3000 卖给银行换得 127.4 万美元。

（3）该出口商将兑换到的 127.4 万美元用于短期债券的投资活动，期限为 6 个月，若由于通货膨胀年利率为 18%，则到期时出口商共收回本金和利息为 133.133 万美元。大于 130 万美元。

综上所述，该出口商不但完全消除了出口外汇应收账款的汇率风险，而且还由于处理得当获得了 133.133 - 130 = 3.133 万美元的收益。

（2）在应付外汇账款中的应用。

对于有应付外汇账款的进口商而言，可采用 LSI 法。可分下列三个步骤进行：

①先借进一笔本币。

②立即通过即期合同买入外币。

③以买得的外币提前支付货款。

这个过程实际上是先借款（Borrow），然后与银行签订即期外汇合同（Spot），然后再提前支付（Lead），即 BSL 法，但国际传统习惯叫 LSI 法。

举例

中国某一进口商6个月后有一笔价值100万美元的应付账款，计价货币为美元。签约时即期汇率为 USD1 = CNY6.8227，需要682.27万元人民币才能兑换为100万美元。为避免6个月后的美元兑人民币升值所带来的外汇风险，该进口商可采用 LSI 法。

其操作要点如下：

（1）该进口商征得出口商同意提前付款，获得3%的优惠折扣。

（2）该进口商根据汇率 USDl = CNY6.8227 借入661.80万元人民币，期限为6个月，年息为4%。

（3）立即将所借的人民币通过即期交易兑换为97万美元，并支付给出口商。

（4）6个月后偿还银行贷款本息和共675.036万元人民币，小于682.27万元人民币。

综上所述，进口商不但完全消除了进口外汇应付账款的汇率风险，而且还少支付了682.27 − 675.036 = 7.234（万元人民币）。

四、综合案例分析

美国 XM 公司签订了一个金额为100万日元、付款期限为180天的购买计算机集成块的合同。当天的即期汇率是1美元 = 200日元。这样，如果当天付款，合同款额为5000美元。如果180天后，美元贬值为1美元兑换167日元，那么，180天后，合同的款额将变为6000美元。由此我们可以看到，同一个合同，在不同的时间付出的美元是不同的。这就是外汇汇率风险问题，这些风险是公司尽力要避免的。

分析：

（1）如果选用本币进行商务活动当然可以避免汇率风险，但是这种可能性通常是不存在的。因为如果这样的话，外国客户就有可能选择另外愿意以外币进行交换的顾客。所以，在德国经商的美国企业通常不得不采用的货币是欧元，而非美元。同样，如果一个美国的供应商在巴西不肯按一定的比例接收当地的货币（雷亚尔），那么，巴西的买主就会转向愿意接收雷亚尔的德国人或者日本人，这样，这种选用本币避免风险的策略就不起作用了。

（2）另外一种避免汇率风险的策略是采用远期合同。外汇远期合同是，根据合同规定在约定的到期日，按约定的汇率，办理收付交割的外汇交易合同。大多数跨国银行都为客户提供主要货币（例如，美元、欧元、瑞士法郎、英镑和加拿大元）远期合同服务。在前面所讲的例子中，XM 公司可以向银行申请远期合同，购买 180 天后的 100 万日元。这项合同将确保 XM 公司拥有 100 万日元在 180 天后支付这批计算机集成块的货款，并且其价格是确定的，即远期汇率。如果远期汇率是 1 美元兑换 182 日元，那么，XM 公司就会知道，180 天后，他们的货款将是 5495 美元。因此，我们可以说，通过银行的远期合同使 XM 公司避免了汇率风险，因为计算机集成块需要支付的货款从一开始就是已知的。

（3）第三种避免汇率风险的方法是，力图使公司所使用的每一种货币的应收账款和应付账款平衡。例如，如果公司已经有一笔某种外汇的应付账款，那么，公司可以进行以同一种货币计价的销售活动进行冲抵。这样，公司在进行支付的同时也收到了同种货币的外汇收入，从而大致抵消外汇风险。在上述案例中，XM 公司从法国的一家公司购买了化肥，为了消除由支付法郎而引起的外汇风险，XM 公司就要寻找一家准备从美国进口产品的法国公司，来平衡要支付给化肥供应商的法郎。

（4）另外还有几种避免外汇风险的方法。例如，公司有一笔应付账款，它可以通过寻找其他具有与所要支付账款同期、同质、同量的资产来进行补偿，譬如通过银行存款或者其他的投资来避免汇率风险。或者如果公司有一笔外汇应收账款，公司可以贷一笔同期、同量同样的外汇。不管哪种情况，其目的都是对某种无法避免的债权或债务用同种、同期和同量的债务和债权来冲抵，以避免外汇风险。

课堂实训

（1）我国出口企业有价值为 60 万美元的合同，以欧元、英镑、日元三种货币保值，它们所占的权数分别为 0.4、0.35、0.25，和美元的汇率定为 USD1 = EUR0.82、USD1 = GBP0.6、USD1 = JPY110。若到期结算时这三种货币与美元之间的汇率变分别为 0.8、0.61、116，付款时我国出口企业可收回（　　）万美元的货款。

（2）企业汇率避险的整体形势发生变化，小微企业的表现不佳，是由多方面原因导致的。

首先，小微企业缺乏充足资源管理汇率风险。小微企业在制度、资金、人才方面缺乏充足资源，难以设置专门的汇率风险管理岗位，财务人员囿于专业知识、工作内容，对国际金融市场动向、外汇衍生产品了解较少，制约了小微外贸企业的汇率风险管理。

其次，缺乏有效正向的激励机制。小微外贸企业对汇率风险管理“奖少罚多”，基于“汇率风险中性”理念的避险操作，既可能出现通常意义上的盈利，也可能出现亏损。财务人员操作得当获益较少，却需要承担决策“失误”带来的惩罚，直接影响主动管理汇率风险的积极性。

最后，缺乏主动运用汇率避险工具的能力。由于小微外贸企业主要从事以初加工为主、技术含量较低、附加值较低的产品生产，或企业进口规模不大，在国际贸易中难以获取优势地位，议价能力较弱、币种可选性不高、预收预付比例无法自主决定，实际避险空间不大。金融性汇率避险方面，银行对外汇衍生产品交易存在准入门槛，部分小微外贸企业无法达到业务办理要求；达到准入要求的，部分小微外贸企业无法接受衍生产品的手续费或保证金率；采取了金融性避险方式的，对订单回款管理能力较弱，导致衍生产品无法正常交割。在现有银行服务框架内，小微企业可能面临违约风险，亦不利于后续衍生产品签约。

请思考：从企业、银行、外汇局三个方面探讨小微外贸企业汇率风险管理策略。

讨论及思考题

（1）20 世纪 80 年代河南省一家玩具生产厂家通过轻工部借用日本民间贷款 1.5 亿日元，按当时 1 美元兑换 220 日元的汇率折合 68 万美元。还款时 1 美元兑换 141 日元，该企业以美元表示的债务负担是否加重？为什么？

（2）一个企业，90 天后有一笔外汇收入。这里，既存在着时间风险，又存在着交易风险。该企业如何消除时间风险和交易风险？

（3）某英国出口商出口以软货币美元计价，如果按签订合同时 GBP1 = USD1.85 的即期汇率来计算，其价值 100 万英镑的美元报价应为 185 万美元。考虑到 6 个月后美元兑英镑要贬值，英国出口商要做一笔卖出美元的远期外汇交易予以防范。当时 6 个月的远期汇率为 GBP1 = USD1.8560，美元对英镑贴水 60 点。到期收汇时，按远期汇率交割，185 万美元仅能兑换到（　　）万英镑，亏损（　　）万英镑。有鉴于此，英国出口商应将美元贴水率计入美元报价，则美元报价应为（　　）万美元。

（4）浙江某进口企业主要以出口服装为主，主要市场是美国和澳大利亚，2013 年第一季度出口美国一批货物，贸易额达到了 100 万美元，当时美元预计兑人民币将继续维持贬值趋势，该公司了解到美国公司和澳大利亚公司也有业务来往，可以用澳元。当时澳元的汇率比较坚挺。请思考：在这样的情况下，该浙江进出口企业如何收款更有利？

（5）BSI 法和 LSI 法在消除应收账款和应付账款的外汇风险时的作用机制是相同的。只不过 BSI 法是依照合同约定的日期收付款，并用投资获得的收益弥补借款利息；LSI 法是提早收付，并用对方给予的折扣弥补借款利息。请你简要叙述 BSI 法和 LSI 法运作的一般程序。

习题与挑战

一、单项选择题

1. 银行在外汇买卖中存在的外汇风险属于（　　）。

A. 交易风险　B. 折算风险　C. 经济风险　D. 信用风险

2. 外汇风险的构成要素是（　　）。

A. 时间　B. 本币　C. 外币　D. 软币

3. 按照货币选择的原则，签订进出口合同时，应尽量采取（　　）计算。

A. 本币　B. 外币　C. 一篮子货币　D. 美元

4. LSI 法中的 S 是指（　　）计算。

A. 提前收付　B. 借款　C. 即期合同　D. 投资

5. 使用 BSI 法，在有应付外汇账款的情况下，企业应先从银行借入与应付外汇账款相同数额的（　　）计算。

A. 本币　B. 外币　C. 黄金　D. 特别提款权

二、判断题

1. 一般情况下，外币账款的时间因素和外汇风险之间存在负相关关系。（　　）

2. 以本币收付不存在时间风险和价值风险。（　　）

3. 某贸易公司在 90 天内有一笔英镑收入，预期英镑汇率趋于下跌，该公司通过提前收款可避免外汇风险损失。（　　）

4. 企业在进出口贸易中选择硬币或具有上浮趋势的货币计价，可减少

汇率波动可能带来的外汇风险损失。（　）

5. 由于汇率变化而引起资产负债表中某些外汇项目金额变动的风险称为交易风险。（　）

实训活动

1. 国家外汇管理局指出，要以中小微企业为重点，降低企业汇率避险成本，支持金融机构优化汇率风险管理服务；同时指导不同类型企业用好汇率避险工具，更好应对汇率风险。请查找一个你感兴趣的企业，了解其在外汇风险管理上的具体做法。

2. 方案设计。

美国的一家跨国公司设在某国的分支机构急需250万英镑支付当期费用，美国的这家跨国公司于是在3月12日向其分支机构汇去了250万英镑，三个月后归还。当时的市场行情为：GBP1 = USD1. 5790/1. 58063MTHS20/15，期货价格为GBP1 = USD1. 5800，每份合约面值为25000英镑，期权协定价格为GBP1 = USD1. 5795，期权费GBP1 = USD0. 0012。如果6月12日的汇率为GBP1 = USD1. 5746，期货价格为GBP1 = USD1. 5733，这家跨国公司不采取任何保值措施和分别采取远期外汇交易，期货交易和期权交易措施来避险，相对而言，哪一种措施更可行，为什么？

全班同学分为5个小组，第一组不采取任何避险措施，第二组采用远期外汇交易避险，第三组采用外汇掉期交易避险，第四组采用外汇期货交易避险，第五组采用外汇期权交易避险。请各组同学按照各自分配的角色做实验，并填写实验心得。

模块三

国际金融管理

第六章 汇率制度与外汇管制

【知识目标】

1. 汇率制度的含义，区别固定汇率制和浮动汇率制
2. 中国香港联系汇率制度
3. 外汇管制的含义、目的、类型和方式
4. 货币自由兑换的含义和条件

【技能目标】

1. 能够比较分析不同的汇率制度
2. 能够结合汇率制度分析一国的经济政策稳定性和独立性
3. 能够分析人民币不能自由兑换的理论和现实原因
4. 能够分析当今世界不同汇率制度格局和关系的形成背景

【素养目标】

1. 通过汇率制度变迁的学习，认识我国倡导建立人类命运共同体的深刻意义

2. 通过固定汇率制与浮动汇率制的比较学习，培养创新实践，投身实践的专业精神。

3. 通过人民币汇率形成机制改革和香港联系汇率制度的学习，培养爱国情怀，坚定四个自信。

【案例导读】

苍蝇不叮无缝的蛋——索罗斯狙击英镑

1990 年，英国决定加入欧洲货币体系。在此之前，英镑与德国马克的汇率已经稳定在 1 英镑兑换 2.95 德国马克的汇率水平。以如此高的汇率加

入欧洲货币体系，对当时应该来说代价是极其昂贵的。当时英国经济长期不景气，压迫刺激投资及消费，必须要降低利率。而德国政府由于承担两德统一的巨大开支面临的通胀压力不得不维持高利率抑制通货膨胀。但如果德国的利率不下调，英国单方面下调利率，会导致英镑贬值，难以维持与德国马克的固定汇率。虽然英国政府多次公开表示能够维持英镑汇率稳定的信息，但索罗斯认为英镑的高利率维持不下去，英镑贬值是必然的。

1992年9月，以索罗斯为首的对冲基金开始对英镑发起了冲击。索罗斯以“量子基金”资产作抵押，从银行借了50亿英镑，按1∶2.79的汇率兑换成139.5亿德国马克。果然英镑开始下跌，英格兰银行为了救市，已买进30亿英镑，但只撑到1∶2.7782的汇率水平。由于德国坚决反对降低自己的利率，英格兰银行不得不从外汇储备中抽出269亿美元买入英镑。但与英格兰银行抗衡的不仅是索罗斯一人，还有伦敦外汇市场上大量跟风炒作的投机者。英格兰银行的资金与外汇市场投机资金相比犹如杯水车薪。9月16日，英格兰银行的资将利率从10%提高到15%，仍止不住英镑下跌的势头，英国政府不得不宣布退出欧洲货币汇率体系。9月17日，英镑收盘价比前一天下跌了16%。索罗斯是狙击英镑行动中最大的赢家，从中获利近10亿美元。

资料来源：中国金融信息中心，2021-08-30（资料整理）。

【章节概述】

从国际外汇交易市场上来看，为了平衡国际收支以及维护本国货币汇率的稳定，各国都对本国的外汇进行直接或间接的管制。本章首先介绍汇率制度的含义及内容，再以香港联系汇率制度为例介绍了其产生背景与制度特点，接着对外汇管制制度以及其带给经济的有利或不利的影响，以中国为例分析人民币可自由兑换的前景及阻碍。

第一节　汇率制度

【引导案例】

人民币汇率波动幅度扩大至2%

央行发布2014年第5号公告，规定自2014年3月17日起，银行间即期外汇市场人民币兑美元交易浮动由1%扩大至2%，即每日银行间即期外汇市场人民币兑美元的交易价可在外汇交易中心对外公布的当日人民币兑美元中间价上下2%的幅度内浮动。外汇指定银行为客户提供当日美元最高现汇卖出价与最低现汇买入价之差不得超过当日汇率中间价的浮动由2%扩大至3%。

这是自2005年7月人民币汇率制度改革以来，人民币兑美元汇率波幅的第三次扩大。2005年人民币汇率浮动是0.3%，2007年扩大至0.5%，2012年扩大至1%。

资料来源：北京晚报，2014－03－16。

一、汇率制度的含义

汇率制度（exchange rate system）又称汇率安排（exchange rate arrangement），是指一国货币当局对本国汇率变动的基本方式所作的一系列安排或规定。包括货币比价变动的界限、调整手段以及维持货币比价所采取的措施等，是国际货币制度的重要内容之一。

二、汇率制度的类别

传统上，按照汇率变动的幅度，汇率制度可分为固定汇率制和浮动汇率制。自19世纪后期至1973年，在国际金本位制度和布雷顿森林体系阶段，世界各国的汇率制度大多是固定汇率制。1973年布雷顿森林体系崩溃后，世界主要品工业国家实行浮动汇率制度。

（一）固定汇率制

固定汇率制（fixed exchange rate）是指将两国货币兑换比价基本固定，并把汇率波动幅度控制在一定范围之内的汇率制度。固定汇率制下，政府有干预汇率稳定的义务。下面分别介绍国际金本位制下的固定汇率制度和布雷顿森林体系之下的固定汇率制度。

1. 国际金本位制度下的固定汇率

在国际金本位制度下，铸币平价是决定汇率的基础，汇率的波动范围自发地稳定在黄金输送点之间。因此，国际金本位制下的汇率制度是自发形成的固定汇率，没有政府的人为干预。两国货币兑换比价固定在铸币平价，汇率波动幅度以黄金输送点为界。

2. 布雷顿森林体系下的固定汇率制度

在布雷顿森林体系下，国际货币基金组织要求其会员国规定本国货币的法定含金比量，并通过确定与美元的黄金平价来确定各国货币与美元的汇率。同时IMF又规定，两国货币汇率的波动界限为其黄金平价的正负1%。在这种固定汇率制下，两国货币兑换比价固定在黄金平价，汇率波动范围不超过正负1%。如果在外汇市场上两国汇率的波动幅度超过规定的幅度，有关国家的货币当局有义务出来干涉、维持。

布雷顿森林体系下的固定汇率制度与金本位制下的固定汇率制度区别在于：国际金本位制下的固定汇率制是自发形成的，没有政府干预；而布雷顿森林体系下的固定汇率制是通过国际间的协议（《布雷顿森林协定》）人为建立起来的，各国当局通过规定虚设的金平价来定中心汇率，而且现实汇率的波动也是通过外汇干预、外汇管制或国内经济政策等措施被维持在人为规定的狭小范围内。

（二）浮动汇率制

浮动汇率（floating exchange rate system）是指一国不规定本币与外币兑换平价和汇率波动的界限，汇率受外汇市场供求的变化而自由上下浮动的一种汇率制度，货币当局也不再承担维持汇率波动界限的义务。第二次世界大战后，法国、意大利、加拿大等国和亚非拉的一些发展中国家曾实行浮动汇率制度。例如，加拿大于1950年9月实行浮动汇率制度，直到1962年5月才恢复固定汇率，但1970年5月又实行浮动汇率。直到1976年1月，国际货币基金组织才正式承认浮动汇率制度合法化。

在牙买加体系下，各国汇率制度是多元化的。各国根据本国的需要确定适合的汇率制度，仅用固定汇率和浮动汇率两种类型已经无法体现各国真实的汇率制度。因此，IMF在统计各国汇率制度的时候，基于各成员国真实的、事实上的安排进行分类。2005年，IMF将成员国的汇率分为八类，具体如下。

（1）无独立法定货币的汇率安排。无独立法定货币的汇率安排是指一国将另一国货币作为唯一法定货币或成员国属于货币联盟共用同一法定货币，包括美元化和货币联盟两种形式。采用这种汇率制度意味着货币管理当局放弃了对本国货币政策的独立控制权。

美元化是指一国或地区采用“锚货币”，主要是美元逐步取代本币并最终自动放弃本国货币和金融主权的过程。其实质是一种彻底的不可逆转的严格固定汇率制。目前实现完全美元化的国家有巴拉圭、波多黎各、利比里亚等。

货币联盟是指成员国共用同一法定货币，目前的欧元区就是典型的例子。其他的还包括加勒比美元区和非洲金融共同体法郎区。

（2）货币局安排汇率。货币局制度是指在法律中明确规定本国货币与某一外国可兑换货币保持固定的交换率，并且对本国货币的发行作特殊限制以保证履行这一法定义务的汇率制度。

货币局制度通常要求货币发行必须以一定的（通常是百分之百）该外国货币作为准备金，并且要求在货币流通中始终满足这一准备金要求。这一制度中的货币当局被称为货币局。因为在这种制度下，货币发行量的多少不再完全听任货币当局的主观愿望或经济运行的实际状况，而是取决于可能作为准备金的外币的数量多少，中央银行失去了货币发行和最后贷款人的功能。目前中国香港采取的联系汇率制度就属于货币局制度。

（3）其他传统的固定钉住安排。其他传统的固定汇率安排是指一国将本国货币按照固定的汇率钉住另一货币或一篮子货币，汇率可以围绕中心汇率上下不超过1%波动。在这种制度下，货币当局通过干预、限制货币政策的灵活性来维持固定汇率水平，但是货币政策的灵活性仍然很大，传统的中央银行可以在一定程度上实现，货币当局可以调整汇率水平，尽管实际上很少作出这种调整。

（4）水平带内钉住汇率。水平带内钉住汇率是指汇率被保持在官方承诺的汇率带内波动，其波幅为中心汇率上下各1%。该种汇率制度通常是经过一系列间歇性的小幅贬值或升值来重新调整。

（5）爬行钉住汇率。爬行钉住汇率是指汇率可以经常进行小幅度调整的固定汇率制度。实行该制度的国家负有维持某种平价的义务，这使它在很大程度上属于固定汇率制度。平价可以进行经常性的、小幅度的和持续的调整，这使该制度与普通的可调整钉住汇率制度不同，因为后者的平价调整非常偶然，而且一旦调整幅度会很大。

（6）爬行带内浮动安排。爬行带内浮动安排又称汇率目标区，是指汇率围绕着中心汇率在一定幅度内上下浮动（如中心汇率的上下各10%），同时中心汇率按照固定的、预先宣布的比率做定期调整。

（7）不事先公布干预方式的管理浮动制。管理浮动是指货币当局通过在外汇市场上积极干预来影响汇率的变动，而不事先宣布汇率的路径。货币当局用来管理汇率的指标范围是在很广的范围内决定的，包括国际收支、国际储备、平行市场的发展等，而且汇率的调整可以不是自动的，对外汇市场的干预可以是直接的，也可以是间接的。

（8）独立浮动汇率。独立浮动又称自由浮动，是指汇率基本上由市场决定，偶尔的外汇干预旨在减轻汇率变动，防止汇率过度波动，而不是为汇率确定一个基准水平。这种汇率制度的灵活性最大，是典型的浮动汇率制度。

如果将上述8种汇率制度划分为硬钉住汇率制、中间汇率制和浮动汇率制，那么硬钉住制包括1和2，中间汇率制包括3至6，浮动汇率制包括7和8。按照IMF的分类，自20世纪90年代以来，中间汇率制度比重在不断缩减，并不断向硬钉住汇率制度和浮动汇率制度聚集（见图6-1）。

三、汇率制度的优缺点

（一）固定汇率制的优点

（1）方便企业在国际贸易、投资等涉外经济活动中进行成本核算。由于固定汇率制下两国货币比价基本固定，或汇率的波动范围被限制在一定幅度之内，它就便于经营国际贸易、国际信贷与国际投资的经济主体进行成本和利润的核算，也使进行这些国际经济交易的经济主体面临的汇率波动风险损失较小，从而有利于这些国际经济交易的进行与开展，从而有利于世界经济的发展。

（2）有利于经济稳定发展，在固定汇率制度下，汇率具有相对稳定性，汇率的波动范围或自发地维持、或人为地维持，这使进出口品的价格确定、国际贸易成本计算和控制、国际债权债务的清偿都能比较稳定地进行，减少了汇率波动带来的风险。

（3）有助于控制国内的通胀。根据购买力平价公式，固定汇率制度将本国的通胀与锚定国的通胀固定。固定汇率制度下本国货币不可随意增长。

（二）固定汇率制的缺点

（1）易引起国际汇率制度的动荡与混乱。一国当国际收支恶化，进行市场干预仍不能平抑汇价时，该国最后有可能采取法定贬值的措施。这会引起同该国有密切经济关系的国家也采取法定贬值的措施，从而导致外汇市场和整个国际汇率制度的动荡与混乱。只有经过一段时期以后，才会平静下来。在未恢复相对平静以前的这段时期内，经营国际贸易、国际信贷与国际投资的经济主体，都可能抱观望态度，从而出现国际经济交易在某种程度的中止、停顿现象。

浮动汇率（87国）	钉住汇率制（52国）		固定汇率制（48国）			
（Ⅰ）爬行带内浮动汇率的国家	（Ⅰ）传统钉住制（42）		（Ⅰ）货币联盟等（41）			
白俄罗斯 洪都拉斯 罗马尼亚	①钉住单一货币	（挂钩货币）	①欧元区（12）	②ECCU（6）	（挂钩货币固定汇率）	
（Ⅱ）管理浮动制的国家（46） 阿根廷 柬埔寨 印度 印度尼西亚 伊朗 埃及 俄罗斯 新加坡	阿鲁巴 巴林 马来西亚 马尔代夫 中国 阿联酋 阿曼 卡塔尔 约旦 苏丹等	（美元）	奥地利 比利时 芬兰 法国 德国 希腊 爱尔兰 意大利 卢森堡 荷兰 葡萄牙 西班牙	安提瓜和巴布达岛 多米尼加 格林纳达 圣克里斯托费和尼维斯联邦 圣卢西亚 圣文森特和格林纳丁斯群岛	（美元）	
（Ⅲ）独立浮动制的国家（36） 澳大利亚 巴西 加拿大 日本 韩国 墨西哥 新西兰 挪威 英国 美国等	佛得角 科摩罗 北马其顿共和国 FYR	（欧元）	③WAEMU（7）	（挂钩货币固定汇率）	④CAEMC（6）	（挂钩货币固定汇率）
	沙特阿拉伯	（SDR）	贝宁 布基纳法索 科特迪瓦 几内亚比绍 马里 尼日尔 塞内加尔 多哥	（欧元）	喀麦隆 中非 乍得 刚果（金）	（欧元）
	②钉住货币篮子（10）					
	博茨瓦纳 斐济 科威特 拉脱维亚 科比亚 马耳他 摩洛哥 萨摩亚 塞舌尔 瓦努阿图		⑤其他货币（9）	（挂钩货币固定汇率）		
			厄尔多瓜 萨尔瓦多 马绍尔群岛 密克罗尼西亚 帕劳 巴拿马 东帝汶	（美元）		
	（Ⅱ）波幅钉住（5）		（Ⅱ）联汇制（7）			
	2. ERM（1）	（挂钩货币）		（挂钩货币固定汇率）		
	丹麦	（欧元）	波斯尼亚和黑塞哥维那（波黑） 保加利亚 爱沙尼亚 立陶宛	（欧元）		
	（Ⅲ）波幅爬行钉住（5）					
	玻利维亚 哥斯达黎加 尼加拉瓜 所罗门群岛		中国香港	（美元）		

图6-1 各国汇率制度

资料来源：截至2005年12月31日IMF统计整理。

（2）在固定汇率制下，需要维持巨额的黄金与外汇储备。国内发生通货膨胀，国内物价上涨使出口商品的成本增加，导致出口减少，国际收支出现逆差，本币币值更加不稳定。为了稳定汇率，该国货币当局只能动用黄金与外汇储备，投放到外汇市场中，使大量的黄金与外汇储备流失。

（3）在固定汇率制下，出于维持汇率稳定的义务，削弱了国内货币政策的自主性。由于汇率基本不能发挥调节国际收支的经济杠杆作用，当一国国际收支失衡时，就需采取紧缩性或扩张性财政货币政策，这会使国内经济增长受到抑制和失业扩大化，或者使通货膨胀与物价上涨严重化。另外，维持汇率波动官定上下限所采取的干预外汇市场的措施，也会有同样的后果：软货币（或称弱币，即有汇率下降趋势的货币）发行国货币当局进行干预，一方面会使其外汇储备流失，另一方面又会形成紧缩性的经济影响；硬货币（或称强币，即有汇率上升趋势的货币）发行国货币当局进行市场干预，会形成扩张性经济影响，使该国通货膨胀与物价上涨加快。

（三）浮动汇率制的优点

（1）调节国际收支能力增强。在浮动汇率制度下，只要一国国际收支出现失衡，货币就会自发地贬值或升值，从而对国际收支和整个经济进行自发调节，不需要专门的政策及至于强制措施。而在固定汇率下，国际收支的失衡都需要政策制定出特定的政策组合来加以解决，这一过程存在的时滞等问题都使其效率较低。

（2）货币政策的自主性增强。浮动汇率下，货币政策可以从对汇率政策的依附中解脱出来，让汇率自发调节实现外部均衡，货币政策与财政政策专注于实现经济的内部均衡。

（3）对世界性通货膨胀具有一定的绝缘作用。在浮动汇率制度下，一国可以将外国的通货膨胀隔绝在外，独立制定本国经济稳定与发展的政策。因为如果购买力平价成立，那么在汇率不变时，外国价格水平的上升会带来本国价格水平的相应上升，一国无法控制本国的通货膨胀。

（4）可提高国际货币制度的稳定性。实行浮动汇率制度可以防止货币当局对汇率政策的滥用。例如，一个发展中国家存在大量进口需求时，会故意高估本国货币汇率以减少进口成本，这一做法往往会造成进口过度，外汇短缺，出口衰退，债务状况恶化等严重后果。再如，出口导向型国家往往故意低估本国货币以达到增加出口的目的，这可能会恶化本国的贸易条件，不利于经济的长久发展。在浮动汇率制下，对汇率政策的滥用将难以发生，因为汇率已脱离当局控制而由市场自由决定。

（四）浮动汇率制的缺点

（1）会助长投机。因为市场投机者的心理是非理性的，表现之一就是羊群效应，交易者在价格上涨时争相买进，在下跌时争相卖出，结果是扩大了而不是缩小了市场价格的波幅。并且，实力较强的投机者还会故意制造价格的大幅波动以从中获利，即浮动汇率制下存在不稳定性投机。

（2）不利于国际间贸易往来和国际投融资活动的发展。汇率频繁与剧烈的波动，使进行国际贸易、国际信贷与国际投资等国际经济交易的经济主体难以核算成本和利润，并使它们面临较大的汇率波动所造成的外汇风险损失，从而对世界经济发展产生不利影响。

课堂实训

新中国成立以来至改革开放前，人民币汇率制度由国家实行严格的管理和控制。你知道改革开放至今我国的汇率体制的演变吗？

第二节　中国香港的汇率制度——联系汇率制度

【引导案例】

我国香港地区于20世纪80年代开始实行港币与美元挂钩的联系汇率制度。该制度经受住了多个经济周期及多次地区和全球性金融危机的考验，一直以来被认为是香港金融稳定的支柱，加上其长期使用的延续性与便利性，港币联系汇率制度近年来鲜少引起更多讨论。在当前百年未有之大变局下，受新冠疫情、供应链阻塞、高通胀、地缘政治等因素的影响，全球经济金融环境存在巨大的不确定性。在这一特殊背景下，港币联系汇率制度未来何去何从？

近年来，我国香港地区与美国的经济发展走势并不同步。2019年，受社会暴动事件影响，当年香港地区生产总值（GDP）下降1.2%，是2009年全球金融危机以来时隔10年首次出现全年负增长，在全球发达经济体中增速居末。2020年，受新冠疫情影响，香港地区GDP再度大幅下滑6.5%。2021年，在各项纾困政策的支持下，香港地区GDP增速回升至6.4%。但自2022年1月以来，奥密克戎变种病毒所造成的疫情对香港冲击巨大，两个月内全港确诊个案超过100万宗，拖累经济增长。受此影响，香港股市和楼市表现低迷：3月份，恒生指数一度跌至18235点，创10年来新低；监测香港楼市的中原城市领先指数也回落至一年低点。此外失业率也因此轮疫情有所上升。

反观美国，2020年GDP下降了3.3%，但2021年反弹增长5.7%，经济实现了较快复苏。特别是自2021年二季度以来，全美住房、汽车、食品的价格均出现了大幅上涨，出现了多年未见的高通胀情况。2022年2月，美国消费者价格指数（CPI）达7.9%，创40年来的最高水平，大幅高于美联储2%的平均通胀目标。为应对高通胀，美联储明确自新冠疫情以来的宽松货币政策已经结束，加息和缩减资产负债表的路径也逐步清晰。2022年3月，美联储实行了自疫情以来的首次加息，美联储会议纪要显示最快5月开始缩减资产负债表。美联储主席鲍威尔于近期讲话中提出将采取更加收紧的货币政策以应对通胀，可能在5月份一次性加息50基点。市场预期到2022年年末，美元还将加息6~7档，至2022年年末，美国联邦基金利率预计达到1.75%~2%的水平。

在当前美联储开始加息的背景下，如果香港地区不加息，则港币和美元利差的扩大将促使在港资金回流美国，市场对港币的抛售将会增加，香港金管局则需要动用美元外汇储备以维系联系汇率。然而，目前的香港经济是否能够承担加息？会否产生其他的外溢性影响？在加息周期下，香港企业和居民的借贷成本必将提升。本轮加息的陡峭性将持续扰动香港资本市场。

作为全球金融中心，香港在选择固定汇率、资本自由流动的同时，也意味着放弃了独立货币政策，必须跟随美联储的政策步伐。在当前美联储开始加息的背景下，如果香港地区不加息，则港币和美元利差的扩大将促使在港资金回流美国，市场对港币的抛售将会增加，香港金管局则需要动用美元外汇储备以维系联系汇率。

资料来源：黄卓然．香港联系汇率制度的“旧题新解”[J]．中国外汇，2022（9）．

联系汇率制度是香港金融管理局（金管局）首要货币政策目标，在联系汇率制度的架构内，通过稳健的外汇基金管理、货币操作及其他适当的措施，维持汇率稳定。香港在1983年10月17日开始推行的一种货币发行局制度。这制度规定向发钞银行发行及赎回为银行纸币提供支持的负债证明书时，发钞银行必须按照7.80港元兑1美元的固定汇率以美元交易。

一、产生背景

（一）银本位时期

英国在1841年开始在香港实行殖民统治，港英政府遂于1863年宣布当时的国际货币——银圆为香港的法定货币，并于1866年开始发行香港本身的银圆，直到1935年，香港的货币制度都是银本位。

（二）与英镑挂钩时期

1935年11月，由于美国及其他地方银价飙升，后来由于全球白银危机，港英政府放弃银本位制度，并于1935年11月9日宣布港元为香港本地货币，与英镑的固定汇率为1港元兑1先令3便士即16港元兑1英镑的汇率与英镑挂钩。

（三）浮动汇率时期

1972年6月，英国政府决定让英镑自由浮动。其后，港元一度与美元挂钩。

1974年11月，由于美元弱势，港元改为自由浮动。浮动汇率制度实施后的最初两年运作很顺利。

自1977年开始，由于货币及信贷过度增长，导致贸易逆差扩大，通货膨胀高，港元汇率持续下降，加上投机炒卖的活动，出现了少有的抢购商品风潮，令港元贬值的情况进一步恶化。

1983年10月15日，港英政府遂公布稳定港元的新汇率政策，即按7.8港元兑1美元的固定汇率与美元挂钩的联系汇率制度。

（四）联系汇率制度

香港联系汇率制度的核心内容是港元与美元挂钩，维持1美元兑换7.80港元的固定汇率，港元现钞的发行有百分之百的美元储备支持。联系汇率与市场汇率并存，是香港联系汇率制度最重要的机理。

在联系汇率制度下，汇率的稳定主要由自动利率调节机制实现。香港金管局通过自动利率调节机制及履行兑换保证的坚决承诺来维持港元汇率的稳定。若市场对港元的需求大于供给，令市场汇率转强至7.75港元兑1美元的强方兑换保证汇率，香港金管局会向银行卖出港元，买入美元，使总结余增加及港元利率下跌，从而令港元从强方兑换保证汇率水平恢复至7.75～7.85港元兑1美元的范围内。相反，若港元供过于求，令市场汇率转弱至7.85港元兑1美元的弱方兑换保证汇率，香港金管局会向银行买入港元，使总结余减少及推高港元利率，港元汇率随之由弱方兑换保证汇率水平恢复至兑换范围内（香港金融管理局，2016）。也就是说，金管局的操作会导致货币基础扩张和收缩，并进而导致本地利率下降和上升，从而自动抵消原来资金流入和流出的影响，而汇率会在上述机制下自动保持稳定（见图6－2）。

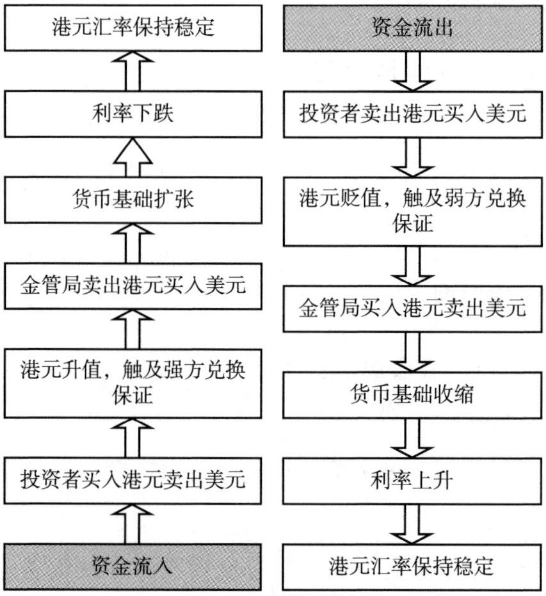

图6－2　联系汇率制度下的自动稳定机制

港元制度经历了银本位制、英镑汇兑本位制、按固定汇率与美元挂钩、自由浮动和联系汇率制度（见表6－1）。

表6－1　港元制度的演变

时间段	货币体系	特征
1863～1935	银本位制	以银圆为法定货币
1935－12～1972－06	英镑汇兑本位制	汇率： 1英镑兑16港元（12/1935～11/1967） 1英镑兑14.55港元（11/1967～6/1972）

续表

时间段	货币体系	特征
1972－07～1974－11	按固定汇率与美元挂钩	汇率： 1 美元兑 5.650 港元（6/1972～2/1973） 1 美元兑 5.085 港元（2/1973～11/1974）
1974－11～1983－10	自由浮动	在以下日期的汇率： 1 美元兑 4.965 港元（25/11/1974） 1 美元兑 4.600 港元（6/3/1978） 1 美元兑 9.600 港元（24/9/1983）
1983－10 至现在	联系汇率制度	1 美元＝7.80 港元 （发行和赎回负债证明书适用） 1 美元＝7.75 港元（自 9/1998 起） （金管局承诺按 7.75 港元兑 1 美元的固定汇率，将持牌银行在金管局结算户口内的港元兑换为美元。该汇率由 1999 年 4 月 1 日起，按每公历日 1 点子的速度调整，在 2000 年 8 月 12 日调至 7.80。金管局在 2005 年 5 月 18 日推出强方兑换保证，在 7.75 的水平向持牌银行买入美元，并宣布将现行金管局在 7.80 水平出售美元予持牌银行的弱方兑换保证移至 7.85 的水平。）

二、联系汇率制度的运作管理

（一）货币基础

货币基础是指可以用作结算交易的货币。在现代货币制度中，货币基础的定义最少包括流通货币（银行纸币和硬币）和银行体系在中央银行开设的账户结余（储蓄户结余或结算户结余）两者的总和。对于香港来说，货币基础包括负债证明书（以支持纸币）、政府发行的流通纸币及硬币、总结余（即持牌银行在香港金管局开设的结算户余额）及外汇基金票据和债券（香港金管局代表特区政府发行）。

由于香港并没有自己的中央银行，由香港金管局代为履行相关职能，因此，分析香港金管局的资产负债情况对于理解联系汇率制度的运行原理十分重要。对于香港金管局来说，货币基础是其负债，外汇储备是资产，具体架构如图 6－3 所示。

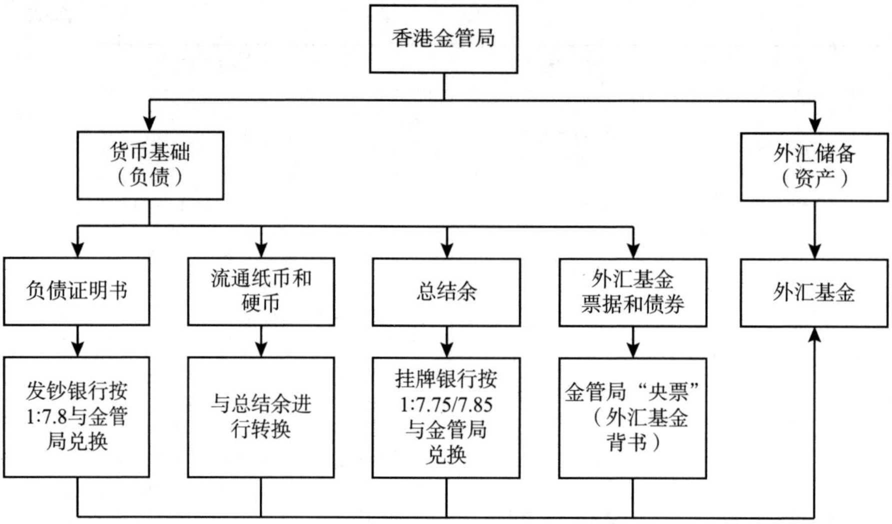

图6－3　香港金管局资产负债总体架构

截至2018年4月6日，香港金管局货币基础存量约为1.72万亿港元，其中负债证明书为4791亿港元，特区政府发行的流通纸币及硬币128亿港元，总结余为1798亿港元，未偿还外汇基金票据和债券为10494亿港元。而外汇储备则由外汇基金持有。截至2018年2月末，外汇基金共持有外汇储备4382亿美元。

（二）金管局

金管局是香港特区政府架构内负责货币及银行体系稳定的机构，于1993年4月1日合并外汇基金管理局与银行业监理处而成立，由于香港没有中央银行，金管局行使中央银行功能。

金管局的最高领导为金融管理专员（总裁），由香港特别行政区财政司司长委任，金融管理员依据《外汇基金条例》《银行业条例》《存款保障计划条例》《结算及交收系统条例》及其他有关条例及法规行使职能和权力。在金融管理专员所获转授或赋予的法定权力下，金管局的日常运作高度自主。

（三）外汇基金

外汇基金的主要功能是为港元提供十足的支持。香港金管局的外汇储备均交由外汇基金进行管理。外汇基金是根据香港《货币条例》（已更名为《外汇基金条例》）于1935年设立，作为支持香港银行纸币发行的储备。

1976 年，政府一般收入的大部分外币资产和硬币发行基金（即因发行硬币而收到的款项）的所有资产均归入外汇基金，外汇基金就此发行债务证明书作为交换。自此，可用作调节港元汇率的资产均由外汇基金持有。外汇基金可以港元、外汇、黄金、白银、股票、债券或其他资产形式持有。目前，外汇基金的来源主要包括发钞行发钞提交的美元、历年的滚存、财政储备、政府基金及法定组织的存款等。

从上述内容可以看出，香港金管局的货币基础与外汇储备之间通过直接和间接方式均建立了一一对应的关系，确保货币基础能得到外汇储备十足的支持，构成了联系汇率制度运行的基础。

（四）负债证明书

负债证明书是用于支持发钞银行发行的证明。目前，在香港地区仅有三家银行具备发钞资格，分别是香港上海汇丰银行有限公司、中国银行（香港）有限公司和渣打银行（香港）有限公司。根据香港《外汇基金条例》，发钞银行发钞时，需按 7.8 港元兑 1 美元的汇率向香港金管局提交等值的美元，并计入外汇基金，以购买负债证明书，作为所发行纸币的保证。基于这一发钞机制，港元可以得到外汇储备十足的支持。回收港元时，香港金管局会赎回负债证明书，银行则从外汇基金收回等值的美元。

（五）政府发行的流通纸币及硬币

香港的纸币主要由上述三家发钞银行发行，只有 10 元纸币和硬币是由政府发行。香港金管局与代理银行（即香港上海汇丰银行）之间发行及回收流通硬币是按 1 美元兑 7.8 港元的固定汇率以美元结算，而代理银行与其他银行之间的硬币交易则继续以港元结算。因此，政府发行的流通纸币和硬币也得到外汇基金十足的支持。

（六）总结余

总结余是指商业银行在中央银行开设的结算户和储备账户的结余总额。就香港而言，总结余是指持牌银行为结算银行同业的收支和银行与香港金管局之间的收支而在香港金管局开设的结算户的结余总额。总结余代表银行同业流动资金水平。在联系汇率制度下，汇率稳定的自动调节机制主要是通过总结余来进行。

（七）外汇基金票据和债券

外汇基金票据和债券是香港金管局为外汇基金发行的债务工具，于1990年3月推出，期限由3个月至10年不等。香港金管局发行外汇基金票据和债券主要有以下三种作用：一是可以满足市场对高流动性资产的需要。由于外汇基金票据和债券流动性极佳，且属于安全资产，因此金融机构持有意愿较高。近年来香港金管局通过大量发行外汇基金票据和债券既满足了金融市场需求，又促进了本地债券市场的繁荣发展。二是可以临时性调节市场利率水平，并间接影响汇率。三是金融机构可以外汇基金票据和债券为押品通过贴现窗口向香港金管局进行短期资金的拆借。外汇基金票据和债券由外汇储备提供十足支持。

香港金管局承诺只会在有资金流入时才发行新的外汇基金票据和债券，确保额外发行的外汇基金票据和债券获得外汇储备十足的支持。一直以来，发行外汇基金票据和债券的收益都会在之后被转换为美元资产。

课堂实训

联系汇率制度是一个国家或地区通过让渡货币政策独立性，实现与某一强大经济体货币的联结，以保证自身货币的币值稳定。在采用联系汇率制度的40年时间里，港币和香港金融市场整体上保持稳健，尤其是过去十余年间较好地应对了2008年全球金融危机、欧债危机、英国脱欧等外来冲击的影响。但需要注意的是，联系汇率制度有其内在脆弱性，当实行联系汇率制度的国家或地区与所挂钩国家的经济走势出现背离，而自身又无法通过利率、汇率等政策工具进行调节时，则可能引来投机力量的做空，甚至引发货币危机或金融危机。

我国香港地区于20世纪80年代开始实行港币与美元挂钩的联系汇率制度。该制度经受住了多个经济周期及多次地区和全球性金融危机的考验，一直以来被认为是香港金融稳定的支柱。在当前百年未有之大变局下，受供应链阻塞、高通胀、地缘政治等因素的影响，全球经济金融环境存在巨大的不确定性。在这一特殊背景下但在过去的三十年间，中国的经济经历了跨越式的发展，跃升成为全球第二大经济体，同时香港与内地的经贸交往不断加深，与内地经济的共振频率显著增强。

思考：港币与人民币适度挂钩的可行性。

第三节　外汇管制

【引导案例】

携超量外币现钞出境没主动申报为啥被行政处罚?

胡某乘坐航班计划从上海到东京，其出境过海关时选走绿色无申报通道，未向海关申报任何物品。海关工作人员经查验发现其行李箱内有日币现金2000万元，现场根据规定发还其日币现金60万元，其余日币现金1940万元予以暂扣。经立案、调查、听取陈述申辩、听证等程序后，海关对胡某作出行政处罚决定，认定胡某超量携带外币现钞未向海关进行申报，决定对其予以警告，并科处罚款人民币225400元。同时告知行政复议和行政诉讼的权利和期限。海关于同日将行政处罚决定向胡某予以邮寄送达。胡某不服，以其携带外币现钞出境不违反国家外汇管理等为由诉至法院，请求撤销上述行政处罚决定。

2007年第72号《中华人民共和国海关总署公告》第四条规定，出境旅客携带人民币现钞超过20000元，或外币现钞折合超过5000美元的，应在《中华人民共和国海关进出境旅客行李物品申报单》相应栏目内如实填报，并将有关物品交海关验核，办理有关手续。《中华人民共和国海关法》第八十五条规定，个人携带、邮寄超过合理数量的自用物品进出境，未依法向海关申报的，责令补缴关税，可以处以罚款。《中华人民共和国海关行政处罚实施条例》第十九条第（三）项规定，个人运输、携带、邮寄超过规定数量但仍属自用的国家限制进出境物品进出境，未向海关申报但没有以藏匿、伪装等事实逃避海关监管的，予以警告，可以处物品价值20%以下罚款，有违法所得的，没收违法所得。

资料来源：武汉长江日报，2022-01-05（资料整理）。

一、外汇管制

（一）外汇管制及其目的

外汇管制（foreign exchange control），也叫外汇管理（foreign exchange

management)，是一个国家在外汇的收、支、存、兑等方面所实施的具有限制性意义的法令、规定、制度及措施等。具体地说，它是一个国家为了使其国际收支和汇率能在符合本国经济利益的水平上保持平衡与稳定，指定或授权某一国家机关（中央银行、财政部或专设的外汇管理部门）运用各种手段，包括法律的、行政的、经济的措施，对在其境内和管辖范围内的本国和外国的机关、企业、团体、个人的外汇需求与供给（包括外汇的收、支、存、兑等）进行管理。

一般来说，外汇供给较丰富且外汇市场较发达的国家，大多数通过设立外汇平准基金来维持汇率的稳定。而外汇供给较缺乏且外汇市场欠发达的国家，则实施更严格的外汇管理办法。

一个国家是否实行外汇管制，采取什么样的管理措施，与其当时所处的政治经济环境和条件有关。不管是什么时期，凡是利用一般经济手段不能使国际收支和汇率稳定在符合本国利益的水平上时，该国就会采取外汇管制这种强制性手段，来达到平衡国际收支、稳定金融秩序、促进经济发展的目的。

目前，西方国家已基本取消了外汇管制，亚洲新兴工业化国家和地区也相继放宽或放松了外汇管制，但是大多数发展中国家仍然实行较为严格的外汇管制。

（二）外汇管制的作用

1. 促进国际收支平衡或改善国际收支状况

长期的国际收支逆差会给一国经济带来显著的消极影响，维持国际收支平衡是政府的基本目标之一。政府可以用多种方法来调节国际收支，但是对于发展中国家来说，其他调节措施可能意味着较大代价。例如，政府实行紧缩性财政政策或货币政策可能改善国际收支，但它会影响经济发展速度，并使失业状况恶化。

2. 稳定本币汇率，减少涉外经济活动中的外汇风险

汇率的频繁地大幅度波动所造成的外汇风险会严重阻碍一国对外贸易和国际借贷活动的进行。拥有大量外汇储备的国家或有很强的借款能力的国家可以通过动用或借入储备来稳定汇率。对于缺乏外汇储备的发展中国家来说，外汇管制是稳定本币对外币汇率的重要手段。

3. 防止资本外逃或大规模的投机性资本流动，维护本国金融市场的稳定

经济实力较弱的国家存在着非常多的可供投机资本利用的缺陷。例如，

在经济高速发展时商品价格、股票价格、房地产价格往往上升得高于其内在价值。在没有外汇管制的情况下，这会吸引投机性资本流入，后者会显著加剧价格信号的扭曲。一旦泡沫破灭，投机性资本外逃，又会引发一系列连锁反应，造成经济局势迅速恶化。外汇管制是这些国家维护本国金融市场稳定运行的有效手段。

4. 增加本国的国际储备

任何国家都需要持有一定数量的国际储备资产。国际储备不足的国家可以通过多种途径来增加国际储备，但是其中多数措施需要长期施行才能取得明显成效。外汇管制有助于政府实现增加国际储备的目的。

5. 有效利用外汇资金，推动重点产业优先发展

外汇管制使政府拥有更大的对外汇运用的支配权。政府可以利用它限制某些商品进口，来保护本国的相应幼稚产业；或者向某些产业提供外汇，以扶植重点产业优先发展。

6. 增强本国产品国际竞争能力

在本国企业不足以保证产品的国际竞争能力的条件下，政府可以借助于外汇管制为企业开拓国外市场。例如，规定官方汇率是外汇管制的重要手段之一，当政府直接调低本币汇率时，或限制短期资本流入时，都有助于本国增加出口。

7. 增强金融安全

金融安全指一国在金融国际化条件下具有抗拒内外金融风险和外部冲击的能力。开放程度越高，一国维护金融安全的责任和压力越大。影响金融安全的因素包括国内不良贷款、金融体制改革和监管等内部因素，也涉及外债规模和使用效益、国际游资冲击等涉外因素。发展中国家经济发展水平较低，经济结构有种种缺陷，特别需要把外汇管制作为增强本国金融安全的手段。

二、外汇管制的演变

（一）两次世界大战期间的外汇管制

外汇管制是西方国家国际收支危机与货币信用危机不断深化的产物。

第一次世界大战之前，西方各国普遍实行金本位制度，国际间的经济和货币关系比较稳定，外汇管制无从产生。

第一次世界大战期间，交战国（如英国、法国、德国、意大利等国）为防止资本外逃，弥补国际收支逆差，减缓本国货币汇率波动，纷纷实行战时经济体制，对外汇管制更严，以便动员本国一切人力、物力和财力来应付战争。第一次世界大战结束后西方各国随着经济恢复和发展，又逐渐恢复削弱了的金本位制度，并取消了外汇管制，以促进对外贸易的正常进行。

1929～1933 年西方各国普遍爆发了严重的经济危机金本位制度崩溃，国际间的经济和货币关系极不稳定，许多西方国家产生了国际收支危机自由贸易政策难以推行一部分国家（如德国、奥地利、南斯拉夫、罗马尼亚、希腊、保加利亚和阿尔巴尼亚等国）又重新恢复了外汇管制。

第二次世界大战期间，西方各国为了缓和经济危机应付巨额的战争费用，又恢复了原先已有所放宽的外汇管制。据统计在当时 100 多个西方国家中，实行外汇管制的占 90% 以上；仅美国、瑞士以及一些美洲国家，由于远离战争中心地带或受中立条约的保护国际收支巨额顺差，因而没有实行外汇管制。

（二）第二次世界大战后的外汇管制

第二次世界大战结束后，只有美国通过战争获得了巨大的经济利益，集中了世界上绝大部分的黄金存量，因此没有实行外汇管制。但是大多数西方国家，由于美国利用其战后对其他西方国家的政治经济优势，加紧资本输出，占领国际市场；在本国则高筑关税壁垒，限制其他国家商品的进口，使一些西方国家普遍发生美元荒、黄金储备短缺以及外汇汇率不稳等问题。因此，大多数西方国家在第二次世界大战后，不仅没有放松外汇管制，反而加以强化。它们一方面企图运用外汇管制作为缓和或解决国际收支危机的工具，另一方面也将其作为对抗美国扩张政策的手段。

但是严格的外汇管制影响了正常的国际贸易的发展。20 世纪 50 年代后期，西欧各国经济有所恢复，国际收支状况有所改善，从 1958 年开始，各国不同程度地恢复了货币自由兑换，并对国际贸易收支解除外汇管制，但对其他项目的外汇管制仍维持不变。1961 年，大部分国际货币基金组织的会员国表示承担《国际货币基金组织协定》第 8 条所规定的义务，即避免外汇限制而实行货币自由兑换。西方主要国家先后从有限度的货币自由兑换发展到进一步解除外汇管制，实行全面的货币自由兑换。自 1958 年年末起，西欧 14 个国家——英国、法国、联邦德国、意大利、荷兰、比利时、卢森堡、西班牙、葡萄牙、瑞典、挪威、丹麦、奥地利和爱尔兰实行了有限度的货币自由兑换（主要是允许非居民所持有的贸易与非贸易外汇可以自由兑换成另一种货币或直接汇出国外）。1960 年，日本也宣布实行部分的货币自由兑换联邦德国则更进一步实行完全的自由后兑换，英国于 1979 年 10 月 24 日起撤销了一切未废除的外汇管制条例。同时，亚太地区一些新兴工业国和中东一些富裕的石油输出国，也逐步放宽甚至取消了大部分外汇管制。绝大多数外汇资金还不宽裕的发展中国家，仍然实行宽严不一的外汇管制。

三、外汇管制的类型和方式

（一）外汇管制的类型

根据管制的松紧不同，国际上采取的外汇管制的基本类型可分为严格外汇管制、部分外汇管制和取消外汇管制三种。

（1）严格外汇管制。有经济落后，外汇资金短缺，国际收支有一定困难，广大发展中国家、东欧国家实行严格外汇管制。对贸易、非贸易和资本项目，在数量上和汇率上均严加监管。1994 年 1 月 1 日前，中国也属于实行严格外汇管制的国家。

（2）部分外汇管制。实行部分外汇管制的国家允许经常项目用汇的自由兑换，只有对资本项目进行管制。主要工业国家和一些经济状况较好的发展中国家（包括 1994 年 1 月 1 日后的中国）属于实行部分外汇管制的国家和地区。

（3）取消外汇管制。取消外汇管制的国家对经常项目和资本项目的收支均不加以限制或原则上的不加以限制。如美国、瑞士、英国、德国等发达国家，沙特阿拉伯、科威特等发展中国家。

（二）外汇管制的方式

1. 直接管制

直接管制是指对外汇买卖和汇率进行直接的干预和控制。

（1）行政管理。政府以行政手段对外汇买卖、外汇资金的来源和运用所实行的监督和控制。具体做法是：政府垄断外汇买卖、管制外汇资产、管制进出口外汇、控制资本的输出入。

（2）数量管理。政府对外汇收支数量进行控制。在经常项目上，对贸易外汇实行外汇配额制、外汇分成制和对非贸易外汇实行限额制。在资本项目上，对资本输出入和银行账户存款进行审批管理。在外汇交易方面，限定外汇市场交易数额，对超过限额的交易予以限制。

(3) 价格管制。亦称成本管制，主要形式有：一是规定法定的差别汇率，对进口国计民生必需的商品，给予优惠汇率：而对奢侈品进口则以较高汇率供给外汇。二是制定外汇转移制度，出口商结汇时可以得到一部分汇率上的补贴。三是实行复汇率，部分外汇收入按要求向银行结汇，同时允许其余部分按更高汇率在自由市场上出售。

上述三种形式管制，实质上都是直接管制框架下不同形式的复汇率制。

2. 间接管制

间接管制是指通过其他途径，如采用外汇缓冲政策，间接控制国家外汇收支与稳定汇率，进而影响外汇供求或交易数量。

例如，中央银行建立外汇平准基金（exchange equalization fund）或外汇稳定基金（exchange stabilization fund），通过公开市场操作，影响外汇供求。这种管制对调节国际收支短期性逆差效果较好，但对长期逆差的调节效果则不明显。

（三）外汇管制的机构和对象

1. 外汇管制的机构

外汇管制的机构是外汇管制的主体和执行者。在实行外汇管制的国家，一般由中央政府授权中央银行作为执行外汇管制的机构，也有一些国家直接设立专门机构（如外汇管理局）。如法国、意大利专门设立了外汇管制机构，即外汇管制局，负责外汇管制工作；英国指定财政部为决定外汇政策的权力机关，而英格兰银行仅代表财政部执行外汇管制的行政管理工作，并指定其他商业银行按规定办理一般正常的外汇收付业务；在日本则由大藏省负责外汇管制工作；还有一些国家是由其中央银行指定一些大商业银行作为经营外汇业务的银行来管制外汇。

实行外汇管制的国家中，一般都是由政府授权中央银行作为执行外汇管制的机关。外汇管制机构负责制定和监督执行外汇管制的法律和政策，并有权随时根据具体情况变化的需要，采取各种措施，对外汇的收、支、存、兑进行控制。

2. 外汇管制的对象

外汇管制的对象分为对人、对物、对地区、对行业和对国别 5 种。

（1）对人。根据外汇管制的法律，将人划分为居民和非居民。所谓居民，是指长期定居（一般在1年以上）在本国的任何人（包括本国人和外国侨民）和设立在本国境内的具有法人地位的本国和外国的机关、团体、企业以及外国派驻本国和外国的外交、领事等机及其工作人员。对居民和非居民一般在外汇管理政策上有所区别，大多数国家对居民的外汇管制较严而对非居民的外汇管制较松。

（2）对物。对物，主要是指哪些东西要受到外汇管制，主要包括：外国纸币和铸币；用外币表示的有价证券，如政府公债，国库券，公司债券、股票、息票等；用外币表示的支付凭证，如汇票、本票、支票、银行存款凭证、邮递储蓄凭证等；贵金属，如黄金、白银等；携带出、入境的本国货币。

（3）对地区。有些国家对本国的不同地区实行不同管制政策，例如对本国的出口加工区或自由港，实行较松的外汇管制。我国实施的内地与香港地区“更紧密经贸关系的安排”（CEPA）就是一种地区差别的管制政策。

（4）对行业。针对不同行业实施不同的外汇管制政策。例如对传统行业实施比较严厉的管制政策，对高新技术、重点扶持行业实行优惠外汇政策。

（5）对国别。针对不同国家和地区，实行不同的外汇管制政策。这主要发生在自由贸易区、货币联盟、经济共同体等区域范围内。

（四）外汇管制的内容和措施

1. 对贸易外汇的管制

贸易项目下的外汇收支是一国国际收支中最主要的项目，对一国的国际收支状况起着决定性的影响，所以，有贸易逆差的国家更加重视贸易外汇的管制。其目的是集中出口贸易外汇收入，限制进口贸易外汇支出，以调整国际收支平衡。

一般来说，发展中国家对贸易外汇的管制比发达国家严格。从发展趋势看，各国对贸易外汇的管制呈现逐步放松的态势。

（1）对出口外汇收入的管理。在实行外汇管制的国家，出口商必须向外汇管理机关申报出口商品的价格、金额、结算货币、收汇方法和期限等，收入的出口外汇必须按官价结售给指定的外汇银行。至于向外汇指定银行结售出口外汇的数据，一般是全部所得的外汇，也有的国家仅是出口外汇收入的一部分。这就是出口外汇结汇制度。

此外，还有外汇留成制度和出口许可证制度。许多国家将出口外汇结汇制度与出口许可证制度结合使用，出口许可证上必须填明出口商品的价格、金额、收汇方式等，并办理交验和审核信用证手续，以防止隐匿出口外汇。

【案例阅读】

卢布飙升伤及预算和经济　俄罗斯或将放松外汇管制措施

俄罗斯正在考虑放松一项重要的资本流动管制措施，该举措帮助推动卢布创出四年来的最高水平。

卢布的升值现已对预算收入和出口商构成威胁，据两位知情人士称，俄罗斯最快或于本周决定，出口商将硬通货收入兑换为卢布的比例要求将从80%下调至50%。因计划细节未公开，知情人士要求匿名。

卢布近期的涨势已令其较2月24日俄乌冲突前的水平高30%。俄乌局势恶化后几天，俄罗斯政府为了遏制卢布的大幅贬值，实施了严格的外汇操作限制，政府近期已在逐步放松这些举措。

这些限制措施，以及美国及盟友全面制裁背景下进口的大跌，几乎已令外币需求下降至零，而能源出口基本未受制裁，能源价格高企，外汇供应飙升。

上周五，卢布兑欧元收于五年来的最高水平，越来越多的欧洲公司似乎在遵守普京的要求，以卢布来支付天然气采购款。

周一早盘，卢布重启涨势，兑美元上涨2.3%，至58.88。塔斯社首先报道了降低出口商强制结汇要求的计划。

由于俄罗斯央行的外汇储备遭到制裁，因此无法像俄乌冲突前一样进行常规的购汇操作。

资料来源：金融界，2022－05－24。

（2）对进口支付外汇的管理。一国为了减少外汇支出，防止资金外流，减缓国际收支逆差，一般都规定进口所需的外汇，需向外汇管理机构申请，经批准后由外汇指定银行按官价售给。多数国家还将审批外汇与进口许可证的发放相结合。

附录：

购买外汇申请书

中国银行__________分（支）行：

我公司为执行__________号合同项下对外支付，需向贵行购汇。现按外汇管理局有关规定向贵行提供下述内容及所附文件，请审核并按实际付汇日牌价办理售汇。所需人民币资金从我公司__________号账户中支付。

1. 购汇金额：
2. 用途：●进口商品 ○从属费用 ○索退赔款 ○其他
3. 支付方式：○信用证 ○代收 ○汇款（●货到付款 ○预付货款）
4. 商品名称： 5. 数量
6. 合同号： 金额：
7. 发票号： 金额：
8. ●一般进口商品，无须批文

○控制进口商品批文如下：

○进口证明 ○许可证 ○登记证明 ○其他批文

批文号码： 批文有效期：

9. 附件 ○批文 ○合同/协议 ○发票 ○正本运单 ○报关单

○运费单/收据 ○保险费收据 ○佣金单 ○关税证明 ○仓单

○其他

申请单位：______________（盖章）

2022 年 月 日

银行审核意见： 银行业务编号：

上述内容与随附文件/凭证描述相符，拟按申请书要求办理售汇。

经办人： 复核人： 核准人：

售汇日期： 经办人：

（加盖售汇专用章）

2. 非贸易外汇的管制

各国管理非贸易外汇的目的，也是为了集中外汇收入，限制外汇支出。

因此，对非贸易外汇收入管制较松，而对其支出管制较严。对贸易的从属费用（如运费、保险费、佣金等）的支付，一般按贸易外汇的管理办法，无须通过特殊审批；而对于个人所需的某些费用，如差旅费、公派留学生等费用，则规定一定的限额，在限额以内由外汇指定银行供给外汇。

目前，西方国家对非贸易外汇管制较松，发展中国家则管制较严。

3. 对资本输出入的管制

由于各国在不同时期经济发展和国际收支状况不同，对资本输出入管理的目的不同，措施也不同。一般来说，外汇短缺的国家对资本流入不限制，并采取各种措施鼓励资本流入，限制资本流出外汇资金；富裕的国家，则注重限制资本流入，鼓励资本流出。

随着国际金融市场一体化趋势的发展，国际金融市场上的融资方式进一步证券化，金融创新活动方兴未艾，这将导致更大规模的国际资本流动。因此，无论是发达国家还是发展中国家，都已逐步将对资本项目的外汇管理放在了首要的位置上。

4. 对黄金和现钞输出入的管制

实行外汇管制的国家一般禁止私人输出黄金，也不允许黄金用于国际间的买卖和借贷。如果由于国际收支需要必须输出黄金时，也只能通过中央银行或指定银行办理。

输出本国现钞，不仅是资本输出的辅助手段，而且会促使本币在外国市场上的汇率下跌。因此，实行外汇管制的国家，对本币现钞的输出都规定一个最高限额，限额以内可以自由携带出境，超过限额必须经外汇管理机构审批。对于本币现钞输入，有的国家采取数额限制，有的国家则不限制，但规定必须用于指定的用途。

5. 对汇率的管制

汇率管制是通过用法定汇率（官方汇率）代替市场汇率的做法，即由外汇管理机构制定统一的汇率，规定有关的外汇收付必须按照官方汇率折算。由于官方汇率与市场价格有可能脱节，实际上会形成官方汇率与市场汇率并存的现象，成为一种变相的复汇率制度（multiple rate system）。

复汇率制度，是指一国货币当局人为地实行两种或两种以上汇率，不同的汇率适用于不同类别的交易项目的制度。因此，双重汇率、多重汇率都属于复汇率制度的范畴。双重汇率：贸易汇率与非贸易汇率混合使用，分别适用于经常项目和资本与金融项目。多重汇率：根据不同的交易规定不同的优惠性或限制性汇率。对于需要鼓励的出口和需要限制的进口，适用优惠的汇率（较高的汇率），而对于需要鼓励的进口和需要限制的出口，则适用限制性的汇率（较低的汇率）。

国际货币基金组织规定，一国政府所采取的导致该国货币对外的即期外汇的买入与卖出价的差价，或各种汇率的差价超过2%的任何措施，都被视为复汇率。也就是说，由于政府行为的影响、指导或参与，从而导致有效汇率多元化。就是复汇率。导致复汇率的措施可能包括：针对不同交易采用不同汇率、外汇买卖课税制、由国家补贴的汇率风险担保等。此外，一国挂牌的本币对各种外币的即期汇率与国际市场这种外币的即期汇率不一致，其差额超过1%，且存在超过一周，也属于复汇率。表6－2显示了1973年智利实行的复汇率制度。

表6－2　　1973年智利实行的复汇率制度（1美元/埃斯库多）

进口汇率		出口汇率		非贸易汇率	
商品类别	汇率	商品类别	汇率	交易类别	汇率
机器设备	65	矿产品	45	外交使团旅游	156
非生活必需品	125	农牧工业制成品	65	赡家汇款	80
高级消费品	200	铜制品	100	投资收入汇出	156

资料来源：姜波克主编．国际金融学［M］．北京：高等教育出版社，1999.

官方汇率与市场汇率混合使用，以达到对相关交易的鼓励与限制。例如，对于需要鼓励的出口商品，允许企业将部分外汇按市场汇率在自由市场卖出，使出口商获得更多的收入，从而鼓励出口；对需要限制的进口商品，规定其进口所需的外汇全部或部分从自由市场购买，以增加进口商的进口成本，从而限制进口。同样地，对于需要鼓励的进口商品，规定按官方汇率购汇，以降低进口成本，增加进口；对需要限制的出口商品，规定出口的外汇收入必须按官方汇率卖给指定银行，以打击其出口积极性，减少出口。

课堂实训

喀麦隆是中部非洲地区的经济龙头国家，该国执行严格外汇管制。中国民营企业在喀华商经营资金的汇回渠道有限，资金汇回困难。喀麦隆的外汇管制不仅阻碍在喀华商资金的正常流转，也打击民营企业对喀麦隆的投资积极性。

思考：如果我国民营企业要想在非洲做大做强，国内银行在喀麦隆设立分行，做到本币互换，是否有可行性？

第四节　货币可自由兑换

【引导案例】

小温走进家附近的一家银行，提出货币兑换要求的时候，银行客户经理告诉他，一个身份证号码一年只能累计兑换 5 万美元的外币。因为人民银行有规定。人民币不能自由兑换。小温很疑惑，去网上找到相关易懂的解释：

◎比如中国房地产股市比较好，国外热钱的资金都进来我国。一旦我国有政策或者其他变化，这些国外资金都撤退。这个进出，靠的就是兑换。因为这笔资金数量非常庞大，对经济的波动有强烈的助涨助跌的作用，所以管制的人民币，可以相对稳定一点，比较容易面对这样的变化。

◎不能自由兑换的人民币在贸易中处于被动。当然，即使管制，热钱依然有很多办法进出，贸易项下就是不可避免的。

阅读上述案例，我国是否实现了人民币自由兑换？开放人民币自由兑换有何利弊？

资料来源：公开资料整理。

一、货币可自由兑换的含义

货币可自由兑换指在外汇市场上，能自由地用本国货币购买（兑换）某种外国货币，或用某种外国货币购买（兑换）本国货币。按照国际货币基金组织（IMF）的规定；自由兑换就是取消汇兑限制。国际上均以国际货币基金组织协定中第八条的规定作为观察一国货币可兑换性的依据。该规定认为，成员国对国际经常账户下交易的资金支付和转移不加限制，不是歧视性安排和多重汇率制度，并随时有义务按别国要求换回其经常往来中结存的本国货币，即是可兑换货币。根据《国际货币基金协定》的规范，当一种货币的持有人能把该种货币兑换为任何其他国家货币而不受限制，则这种货币就被称为可自由兑换货币。

目前，世界上有 50 多个国家或地区接受了《国际货币基金协定》中关于货币自由兑换的规范，也就是说，这些国家或地区的货币被认为是自由兑换的货币，其中主要有美元（USD）、欧元（EUR）、英国英镑（GBP）、日元（JPY）、瑞士法郎（CHF）、挪威克朗（NKR）、港币（HKD）、加拿大元（CAD）、澳大利亚元（AUD）、新西兰元（NZD）、新加坡元（SGD）等。

二、货币可自由兑换的类型

货币自由兑换与外汇管制是相对的。实行外汇管制的国家、其货币是不可自由兑换的。如果一个国家的货币是自由兑换的，该国就不存在外汇管制。

在实践中，由于国际经济环境不同，各国经济发展程度和社会、经济、金融条件不一样，不同国家或同一国家的不同时期都采取了各种各样的措施和手段对货币的自由兑换进行限制，从而形成了不同含义的货币自由兑换。

根据产生货币可自由兑换需要的国际间经济交易的性质不同，货币自由兑换通常有三层含义：经常项目下的货币可兑换，资本项目下的货币可兑换，货币完全自由兑换。经常项目下的可兑换是最低层次的可兑换，资本项目可自由兑换是高层次的货币兑换形式。经常项目下的可自由兑换指因与外贸有关、与适量贷款本金偿还或直接投资折旧有关及适量的家庭生活费用汇款有关的本外币兑换不受管制。但是国际货币基金组织对资本项目下的可兑换没有给予严格界定，一般认为资本项目下的可自由兑换就是取消对短期金融资本、直接投资和证券投资引起的外汇收支的各种兑换限制，使资本能够自由出入境。

（一）经常项目货币可兑换

经常项目下的货币可兑换是指一国对经常项目下的对外支付解除了限制或管制。国际货币基金组织在其章程第八条的第二款、第三款、第四款中规定，凡是能实现不对经常性支付和资金转移施加限制，不实行歧视性货币措施或多重汇率，能够兑付外国持有的在经常性交易中所取得的本国货币的国家，该国货币就是可兑换货币。可见，IMF 所指的可兑换实际上是经常账户下的货币可兑换。实现了经常账户可兑换的国家也即承担了 IMF 第八条款所规定的义务，成为 1MF 的“第八条款国”。

根据 IMF 的统计目前在 IMF 的 182 个成员中已有 148 个国家和地区接受第八条款实行了经常项目下的自由兑换。我国也于 1996 年 12 月 1 日起实现了经常项目下的可自由兑换成了 IMF 的第八条款国。

（二）资本项目货币可兑换

资本项目下的货币可兑换是指对资本流入和流出的兑换均无限制。《国际货币基金协定》第六条款区分了经常项目和资本项目的自由兑换，允许会员国运用必要的控制手段调节资本的转移，即成员国没有义务来实施资本项目的可兑换。第二次世界大战结束后初期，各国都对资金流动实施了严格的控制。随着经济的发展，一些发达国家逐步取消了资本与金融账户管制。

目前大多数 IMF 的成员都在对资本与金融项目实行不同程度的限制。在已实行资本项目可兑换的成员中，绝大多数是发达国家。经济合作与发展组织（Organization for Economic Cooperation and Development，OECD）规定其成员有义务实现资本项目的货币可兑换，所以其成员均放弃了对资本流动的管制。此外，一些经济发展较快，或者外汇收入充裕的国家或地区也相继实现了资本自由流动，东南亚、东欧、中东、拉美乃至非洲的一些国家都属于此类。

按照国际货币基金组织的规定，一国若能实现经常项目下的货币可兑换，那么该国货币就被列为可兑换货币。货币自由兑换程度主要取决于一国或地区的经济实力，同时也是一国外汇管理制度和政策选择的结果。根据国际经验，大多数国家或地区都是先实现经常项目可兑换，再逐步创造条件，过渡到资本项目可兑换，如法国、日本、意大利等在成为“第八条款国”二十多年以后才完全取消资本项目下的外汇限制。

（三）货币的完全自由兑换

如果一国货币在经常项下和资本金融项下均实现了自由兑换，该国货币就可被称为“完全的可自由兑换货币”。

要实现货币的完全自由可兑换，一国货币往往要经历不可兑换、经常项目有条件可兑换、经常项目可兑换、经常项目可兑换加上资本项目的有条件可兑换，直至资本项目可兑换，这其实就是外汇管制不断放松的过程。

通常，经常项下的可兑换是货币自由兑换的第一步，也是最为基本的一步，它往往成为各国货币自由兑换实践的突破口。纵观第二次世界大战之后的金融史，从 1958 年欧洲共同体实现有限度的自由兑换，1964 年日本实现部分的自由兑换，到 20 世纪七八十年代以来的拉美国家、苏联东欧国家以及东南亚各国货币的自由兑换，再到 1996 年底我国实行的人民币经常项目完全可兑换，大多数国家都是以经常项目下的自由兑换作为开端，少数国家

（阿根廷、波兰）首先实行资本项目下的可兑换都没有成功，造成了金融市场动荡。这主要是因为：

首先，就经常项目和资本项目开放对于一国宏观经济的影响程度而言，后者投机性因素较强，比前者的难度与风险大得多。所以，一般实行货币自由兑换的国家比较倾向于由易到难，按照比较安全的顺序来实现货币的可兑换。

其次，从国际货币基金组织来看，按 IMF 的定义，只要做到了经常项目自由兑换，该种货币就可以被认为是自由兑换货币了。而 IMF 对资本金融项下的自由兑换并无强制性规定，因此成员在资本项下取消管制的压力大为减轻。

最后，从国际经济交易发展进程来看，首先实现经常项目下自由兑换与战后关贸总协定（GATT）和世界贸易组织所一直推动的贸易自由化有关。贸易自由化在前，资本自由化在后，是第二次世界大战后世界经济的下一个重要特点。这无疑对货币自由兑换安排的阶段性产生了影响。

中国的资本和金融项目可兑换现状见表6－3。

表6－3　　　中国资本和金融项目可兑换现状简表

具体工具	可兑换	有较少的限制	有较多的限制	严格限制
一、资本和货币市场工具				
1. 资本市场证券交易				
A. 买卖股票或参股性质的其他证券				
非居民在境内购买			√	
非居民在境内出售或发行			√	
居民企业在境外购买			√	
居民企业在境外出售或发行			√	
B. 债权和其他债务性证券				
非居民在境内购买			√	
非居民在境内出售或发行			√	
居民企业在境外购买			√	
居民企业在境外出售或发行			√	
2. 货币市场				
非居民在境内购买				√
非居民在境内出售或发行				√
居民企业在境外购买		√		
居民企业在境外出售或发行		√		

续表

具体工具	可兑换	有较少的限制	有较多的限制	严格限制
3. 集体投资类证券				
非居民在境内购买			√	
非居民在境内出售或发行			√	
居民企业在境外购买			√	
居民企业在境外出售或发行			√	
二、对衍生工具和其他工具的管制				
非居民在境内购买				√
非居民在境内出售或发行				√
居民企业在境外购买			√	
居民企业在境外出售或发行			√	
三、对信贷业务的管制				
1. 商业信贷				
居民向非居民提供	√			
非居民向居民提供	√			
2. 金融信贷				
居民向非居民提供		√		
非居民向居民提供		√		
3. 担保、保证和备用融资便利				
居民向非居民提供		√		
非居民向居民提供		√		
四、对直接投资的管制				
1. 对外直接投资				
A. 创建或拓展完全由自己拥有的企业、子公司或全额收购的现有企业		√		
B. 对新建或现有企业的入股		√		
2. 对内直接投资				
A. 创建或拓展完全由自己拥有的企业、子公司或全额收购的现有企业	√			
B. 对新建或现有企业的入股	√			
五、对直接投资清盘的管制	√			
六、对不动产交易的管制				
居民在境外购买			√	
非居民在境内购买		√		
非居民在境内出售		√		

续表

具体工具	可兑换	有较少的限制	有较多的限制	严格限制
七、对个人资本流的管制				
1. 贷款				
居民向非居民提供				√
非居民向居民提供				√
2. 礼品、捐赠、遗赠和遗产				
居民向非居民提供			√	
非居民向居民提供	√			
3. 外国移民在境外的债务结算			√	
4. 资产的转移				
移民向国外的转移			√	
移民向国内的转移	√			
5. 博彩和中奖收入的转移		√		
6. 非居民员工的储蓄	√			
合计项数	8	11	18	6
比重（%）	18.6	25.6	41.9	13.9

表6－4为资本项目可兑换情况评估一览表。

表6－4　　　　资本项目可兑换情况评估一览

<table>
<tr><th rowspan="3">项目</th><th rowspan="3" colspan="3">子项目</th><th colspan="4">现状评估</th><th rowspan="3">管理手段或限制措施</th></tr>
<tr><th colspan="2">参照 IMF 口径</th><th colspan="2">我国对外公布口径</th></tr>
<tr><th>兑换程度</th><th>评估依据</th><th>兑换程度</th><th>评估依据</th></tr>
<tr><td rowspan="4">一、资本和货币市场工具</td><td rowspan="4">1. 资本市场证券</td><td rowspan="4">股票或有参股性质的其他证券</td><td>非居民境内买卖</td><td>存在管制</td><td>数量型限制</td><td>部分可兑换</td><td>限制程度高</td><td>合格机构投资者，沪港通，深港通，额度和汇兑限制</td></tr>
<tr><td>非居民境内发行</td><td>存在管制</td><td>法律有明文禁止</td><td>不可兑换</td><td>法律无明文允许</td><td>无法律明文允许</td></tr>
<tr><td>居民境外买卖</td><td>存在管制</td><td>数量型限制</td><td>部分可兑换</td><td>限制程度高</td><td>合格机构投资者，沪港通，深港通，额度和汇兑限制</td></tr>
<tr><td>居民境外发行</td><td>不存在管制</td><td>法律无明文禁止</td><td>可兑换</td><td>法律无明文禁止</td><td>登记管理</td></tr>
</table>

续表

项目	子项目			现状评估				管理手段或限制措施
				参照 IMF 口径		我国对外公布口径		
				兑换程度	评估依据	兑换程度	评估依据	
一、资本和货币市场工具	1. 资本市场证券	债券和其他债务证券	非居民境内买卖	存在管制	需授权或许可	基本可兑换	限制条件较少	银行间债券市场对境外机构投资者开放
			非居民境内发行	存在管制	需授权或许可	部分可兑换	限制程度高	准入条件与主体限制
			居民境外买卖	存在管制	需授权或许可	部分可兑换	限制程度高	合格机构投资者，额度和汇兑限制
			居民境外发行	存在管制	需授权或许可	基本可兑换	限制条件较少	登记管理
	2. 货币市场		非居民境内买卖	存在管制	需授权或许可	部分可兑换	限制程度高	额度管理
			非居民境内发行	存在管制	法律有明文禁止	不可兑换	法律无明文允许	无法律明文允许
			居民境外买卖	存在管制	需授权或许可	部分可兑换	限制程度高	额度管理
			居民境外发行	不存在管制	法律无明文禁止	可兑换	法律无明文禁止	
	3. 集体投资类证券		非居民境内买卖	存在管制	数量型限制	部分可兑换	限制程度高	合格机构投资者，额度和汇兑限制
			非居民境内发行	存在管制	需授权或许可	部分可兑换	限制程度高	内地与香港基金互认
			居民境外买卖	存在管制	数量型限制	部分可兑换	限制程度高	合格机构投资者，额度和汇兑限制
			居民境外发行	存在管制	需授权或许可	基本可兑换	限制条件较少	内地与香港基金互认
二、衍生工具和其他工具	4. 衍生工具和其他工具		非居民境内买卖	存在管制	需授权或许可	部分可兑换	限制程度高	投资主体与品种限制。股指期货等特定产品
			非居民境内发行	存在管制	法律无明文禁止	不可兑换	法律无明文允许	无法律明文允许
			居民境外买卖	存在管制	需授权或许可	部分可兑换	限制程度高	投资主体与品种限制
			居民境外发行	存在管制	法律无明文禁止	部分可兑换	限制程度高	投资主体与品种限制

续表

<table>
<tr><th rowspan="3">项目</th><th rowspan="3" colspan="3">子项目</th><th colspan="4">现状评估</th><th rowspan="3">管理手段
或限制措施</th></tr>
<tr><th colspan="2">参照 IMF 口径</th><th colspan="2">我国对外公布口径</th></tr>
<tr><th>兑换程度</th><th>评估依据</th><th>兑换程度</th><th>评估依据</th></tr>
<tr><td rowspan="6">三、信贷业务</td><td rowspan="2" colspan="2">5. 商业信贷</td><td>居民向非居民提供</td><td>不存在管制</td><td>报告管理</td><td>基本可兑换</td><td>限制条件较少</td><td>符合条件的报告</td></tr>
<tr><td>非居民向居民提供</td><td>不存在管制</td><td>报告管理</td><td>基本可兑换</td><td>限制条件较少</td><td>符合条件的报告</td></tr>
<tr><td rowspan="2" colspan="2">6. 金融信贷</td><td>居民向非居民提供</td><td>存在管制</td><td>登记管理</td><td>基本可兑换</td><td>限制条件较少</td><td>登记管理、上限管理，净资产 30%</td></tr>
<tr><td>非居民向居民提供</td><td>存在管制</td><td>签约前备案管理</td><td>基本可兑换</td><td>限制条件较少</td><td>备案、上限管理，法人银行一级资本，限制房地产和政府融资平台</td></tr>
<tr><td rowspan="2" colspan="2">7. 担保、保证和备用融资便利</td><td>居民向非居民提供</td><td>存在管制</td><td>登记管理</td><td>基本可兑换</td><td>限制条件较少</td><td>事前登记管理</td></tr>
<tr><td>非居民向居民提供</td><td>不存在管制</td><td>登记管理</td><td>基本可兑换</td><td>限制条件较少</td><td>事后登记管理</td></tr>
<tr><td rowspan="2">四、直接投资</td><td rowspan="2" colspan="2">8. 直接投资</td><td>对外直接投资</td><td>不存在管制</td><td>登记管理</td><td>基本可兑换</td><td>限制条件较少</td><td>登记管理，限制个人、五大行业和四种现象</td></tr>
<tr><td>对内直接投资</td><td>不存在管制</td><td>登记管理</td><td>基本可兑换</td><td>限制条件较少</td><td>房地产等行业限制</td></tr>
<tr><td>五、直接投资清盘</td><td colspan="2">9. 直接投资清盘</td><td>直接投资清盘</td><td>不存在管制</td><td>法律无明文禁止</td><td>可兑换</td><td>法律无明文禁止</td><td></td></tr>
<tr><td rowspan="3">六、不动产交易</td><td rowspan="3" colspan="2">10. 不动产交易</td><td>居民在境外购买</td><td>存在管制</td><td>不允许</td><td>基本可兑换</td><td>限制条件较少</td><td>限制个人购买不动产</td></tr>
<tr><td>非居民在境内购买</td><td>存在管制</td><td>需授权或许可</td><td>部分可兑换</td><td>限制条件较多</td><td>符合规定条件的可购买</td></tr>
<tr><td>非居民在境内出售</td><td>不存在管制</td><td>法律无明文禁止</td><td>可兑换</td><td>法律无明文禁止</td><td></td></tr>
<tr><td rowspan="4">七、个人资本交易</td><td rowspan="4">11. 个人资本转移</td><td rowspan="2">个人贷款</td><td>居民向非居民提供</td><td>存在管制</td><td>需授权或许可</td><td>部分可兑换</td><td>限制条件较多</td><td>有政策空间无跟进措施</td></tr>
<tr><td>非居民向居民提供</td><td>存在管制</td><td>需授权或许可</td><td>部分可兑换</td><td>限制条件较多</td><td>有政策空间无跟进措施</td></tr>
<tr><td rowspan="2">个人礼物、捐赠、遗赠和遗产</td><td>居民向非居民提供</td><td>存在管制</td><td>需授权或许可</td><td>部分可兑换</td><td>限制条件较多</td><td>审批制、一次申请</td></tr>
<tr><td>非居民向居民提供</td><td>不存在管制</td><td>需授权或许可</td><td>基本可兑换</td><td>限制性条件较少</td><td>有交易额的证明材料</td></tr>
</table>

续表

<table>
<tr><th rowspan="3">项目</th><th rowspan="3" colspan="3">子项目</th><th colspan="4">现状评估</th><th rowspan="3">管理手段
或限制措施</th></tr>
<tr><th colspan="2">参照 IMF 口径</th><th colspan="2">我国对外公布口径</th></tr>
<tr><th>兑换程度</th><th>评估依据</th><th>兑换程度</th><th>评估依据</th></tr>
<tr><td rowspan="4">七、个人资本交易</td><td rowspan="4">11.个人资本转移</td><td>外国移民在境外的债务结算</td><td>外国移民在境外的债务结算</td><td>不存在管制</td><td>法律无明文禁止</td><td>部分可兑换</td><td>无明确法律规定</td><td>无明确规定</td></tr>
<tr><td rowspan="2">个人资产转移</td><td>移民向国外的转移</td><td>存在管制</td><td>需授权或许可</td><td>部分可兑换</td><td>限制条件较多</td><td>审批制、一次申请</td></tr>
<tr><td>移民向国内的转移</td><td>不存在管制</td><td>法律无明文禁止</td><td>部分可兑换</td><td>无明确法律规定</td><td>无明确法律规定</td></tr>
<tr><td>博彩和中奖收入的转移</td><td>博彩和中奖收入的转移</td><td>不存在管制</td><td>法律无明文禁止</td><td>部分可兑换</td><td>无明确法律规定</td><td>无明确法律规定</td></tr>
</table>

三、货币自由兑换的条件

一国货币自由兑换后，商品与资本的跨国流动就会对该国的宏观经济形成一定的冲击，而一国的企业也将面临激烈的来自国外的竞争。所以在考虑实现货币自由兑换之前，需要对本国经济的抵抗冲能力进行评估，一国能否成功地实行自由兑换，需要基本满足一些条件，主要包括：

（1）健康的宏观经济状况。一国经济运行应处于正常、有序状况，没有严重通货膨胀等经济过热现象，不存在大量失业等经济萧条问题。同时还应具备有效率的市场体系，市场上的价格应能充分反映真实供求状况，能对市场上各种因素的变动反应灵敏，且与国际市场价格差异不大。此外，政府必须能熟练有效地运用各种宏观政策工具对经济进行调控，以应付各种复杂的局面。

（2）健全的微观经济主体。要求企业必须具备现代企业制度，自主经营，自负盈亏；以市场为导向，能够对市场信号的变动作出及时反应；具备较强的竞争能力，能够应对外来的挑战。

（3）较强的国际收支调节能力。一国实现货币自由兑换后，政府很难再以直接管制方式强有力地控制各种国际间经济交易，因此要特别关注国际收支平衡的维持，避免外汇短缺的出现。外汇短缺的消除从根本上取决于本国企业的国际竞争力，同时该国还应具有充足的国际储备。在货币自由兑换后，一国不仅有可能面临临时性的经常账户赤字，还将直接面临国际资金流动尤其是短期投机性资金的频繁冲击，如果一国不用有及时从国际金融市场上获取大量资金的能力，则势必要求持有相当数量的国际储备以维持外汇市场的稳定。

（4）恰当的汇率制度与汇率水平。汇率水平恰当不仅是货币自由兑换的前提，也是货币自由兑换后保持汇率稳定的基础，而汇率制度的选择直接关系到汇率水平的恰当调整和合理水平的保持。一般来说，在资本可以自由流动时，选择具有更多浮动汇率特征的汇率制度更为合适。

总的来说，一国货币的自由兑换与该国的经济发展水平有着直接联系，因此在条件不成熟时强行实施只会给经济带来灾难。

知识拓展

人民币自由兑换忌操之过急

《香港商报》网站 9 月 26 日报道称，人民币入篮在即，但距离实现全面国际化及自由兑换流通仍充满挑战。IMF 战略、政策和审查部门主任悉达多·蒂瓦里（Siddarth Tiwari）认为，人民币加入 SDR 后，中国应继续改善汇率透明度，并在货币政策上保持协调一致的沟通策略。

对此，专家认为，即使人民币纳入 SDR，距离人民币可自由兑换仍很遥远。专家担心人民币完全自由兑换将影响内地金融市场稳定，建议中央不可贸然实行人民币自由兑换。专家说，人民币自由兑换并非当务之急，“应摸着石头过河，一步步来进行微调，切勿操之过急”。

“人民币进入 SDR 一篮子货币象征意义较大。全球各国交易货币中，美元始终是独霸江湖，非一朝一夕能改变。”另外一个专家也认为，人民币自由兑换非未来两三年可见到，因现时中国经济增长放慢，股市表现不济，要待经济稳定下来打稳基础，资金外流问题解决后才适合人民币逐步自由化。

资料来源：参考消息，2016－09－29。

四、人民币自由兑换

（一）人民币自由兑换的进程

到目前为止，人民币自由兑换的历史进程大致可划分为以下几个阶段。

（1）1979 年前－高度集中阶段。国家管理着一切外汇收支；同时，人民银行经营着一切外汇业务，即国家对外汇实施统收统支的计划管理制度。

（2）1979～1993年，市场化过渡阶段。随着经济体制改革，人民币可兑换程度也开始逐渐放松，因此出现了针对企业创汇实施的额度留成制。同时，外汇调剂市场的出现是为了使外汇余缺保持平衡。此时，虽然外汇调剂市场满足了一部分的用汇需求，但经常账户下的汇币兑换仍然需要计划审批。

（3）1994～1996年，有条件的自由兑换阶段。1994年1月，外汇管理实施重大体制改革，形成以市场为基础的有管控的浮动汇率制；外汇留成制被结汇制取代，因此经常账户下的常规用汇不用再通过审批，从而可以认为消除了经常账户下用汇的歧视性汇率等恶性挤兑。

（4）1996年12月起，经常账户实现自由兑换阶段。1996年12月1日，中国接受IMF协定第八条款的全部义务性规定，即此人民币实现了经常账户的可自由兑换。然而此时，资本账户下的收支换汇依然受到严格的监管。

（5）2003年起，实现人民币自由兑换再次被提上日程，即进一步放开经常账户下的可自由兑换和逐渐减少对资本账户的管控。2006年央行宣布上海浦东开展对小额外币兑换的试点工作；2008年试点进一步加强，即国家外汇管理局批准北京和上海开展个人本外币兑换业务。

（二）实现人民币自由兑换的利弊

（1）优点

①有利于提高人民币的国际地位。可自由兑换货币在国际货币体系中地位较高实用性较为有力，即影响一国的国际收支、市场干预、外汇储备和国际事务等方面，发挥着关键的作用。

②吸引外资。实现自由兑换后给外资大规模进入中国市场提供了一个更加开放、公平的金融环境。

③方便国际结算。一国货币能否自由兑换对于国际经贸交易来说是一个长期的影响因素，举例来讲，作为外国投资者势必需要考虑自己的利息、利润能否自由汇换。

④维护国际往来的公平性，减少外汇储备的风险和成本。简单来说，如若一国货币为可自由兑换货币，则该国在经历国际收支逆差时就可以用本币作为支付手段，以此来减少动用外汇储备的压力；同理，该国也不需要太多的外汇储备，从而避免储备过多所造成对投资机会和收益的挤兑。

⑤有利于增强人民对国家货币政策的信心，同时对内保持人民币的价值稳定。实现人民币可自由兑换意味着中国政府对开放型经济的驾驭能力不断增强，外汇市场的不断放开和健全树立了政府在实施改革开放政策中的积极形象。进一步而言，随着人们对人民币信心的不断增强，促进了对国内金融市场的投资，国内资金流动加速，有助于缓解通货膨胀带来的压力。

（2）缺点

①人民币汇率将不可能维持原有固定汇率。外国资本要自由进出是资本账户下实现可自由兑换的一大标志，对于政府而言，利率汇率政策的可控度受到一定的挑战，想要维持原有固定汇率将十分困难。政府很难对付大规模的套汇投机，只有采取浮动汇率才能在某种程度上对其产生制约。

②开放资本账户后的风险。开放资本账户后，国内资本可以自由流出，外国资本也可自由流入。由此将带来许多金融风险，例如国内的负债企业或金融机构就可以趁机到国际金融市场上融资筹资，但是由于国际金融市场上的金融产品及其衍生品繁多冗杂，对于金融市场的监管工作是巨大的阻力。

③债务风险。在目前发达国家利率都非常低的情况下，一些外资会借机大量借债来中国市场进行投资，其实质就是把短期负债变成了长期债务。例如亚洲金融危机，由于长期投资无法变现，当有环节出现资金流动性错误或危机，债务到期自然就会爆发金融危机。

④资本自由流动状况下的挤兑风险。中国之所以没有出现过挤兑危机，主要是因为资本账户没有开放，也与现代货币的信用性质有关。但是，由于资本账户的开放，使得资本可以自由地流动，随即挤兑问题就会出现。例如，中国经济增长如果不够快，人民银行可能就会下调利率以刺激投资与消费，而此时欧美利率高于中国在资本自由流动的情况下，人们就有可能把人民币兑换成外币到那些国家去投资，这就可能导致国家外汇耗尽的风险。

（三）人民币实现自由兑换面临的阻碍

（1）人民币汇率与利率均尚未实现市场化。2005 年我国进行了人民币汇率制度改革，由原来的钉住美元的汇率制度改为钉住一篮子货币，汇率变得更有弹性，但是还没有实现自由浮动。同时，我国大量利率是法定利率，未完成利率市场改革，利率调节短期资本流动的作用难以发挥。

（2）人民币完全自由兑换缺乏宏观经济基础。我国经济稳步发展，但通货膨胀压力仍很大；城乡居民间、地区间、行业间的收入差距，不同经济性质的单位职工收入差距，城镇内部各阶层之间的收入差距均呈现不断扩大的趋势；失业问题十分严峻，就业压力加大。

（3）人民币完全自由兑换缺乏金融市场基础。我国的货币市场发展滞后，主要表现在：货币市场主体的行为财经论坛缺乏健全有效的法规制约，不仅危害自身，也助长了资本市场的投机活动；货币市场的利率市场化程度低，使资本市场与货币市场之间的资金流动缺乏灵活有效的市场传导机制，加上资本市场的法规建设、监管机制相对落后，为货币市场中的一部分违规资金流入资本市场创造了便利条件，进而影响了二者的有序发展。

（4）国有企业制度改革始终没有取得突破。迄今为止，我国以现代企业制度改造国有企业已获得成功者所占比重还不大，一些深层次矛盾和根本性问题尚未得到有效解决。

综上所述，我国目前各方面条件都尚未成熟，不宜贸然实现人民币资本账户下的自由兑换。应以促进人民币自由兑换条件成熟为工作重点，积极推进我国市场化进程，加快国有企业改革，加快金融体系改革，不断完善我国金融市场，不断提高我国风险防范能力和金融监管水平。

课堂实训

（1）当前，中国不断推进对外开放，经济发展走向世界，人民币国际化呼声高涨，亦取得了一定的成就。但是，中国尚未完全开放资本项目，不论是发达国家还是发展中国家，对待资本项目都持谨慎态度。那么一国为什么要进行外汇管制呢？

（2）货币自由兑换有哪些项目？哪种货币兑换自由化要先从经常项目开始？货币自由兑换和一国的经济有什么联系？

讨论及思考

（1）小温大学毕业，家长决定送他去美国读研究生，去美国读书一年的学费加生活费可是一笔不小的开支。开学日期临近，家长去银行兑换美元时被告知：如需携带大于5000美元的等值外币出境，需向银行申请《外币携带证》之后，才可携带出国；如携带大于10000美元的等值外币出境，则需向外汇管理局申请之后方可携带出国；小外币种在国内各大银行不能直接兑换成当地币种，需先将人民币兑换成美元，再在当地兑换成当地币种。小温和家长心里犯起了嘀咕：银行为什么只给我兑换这么少数额美元现金？我们国家现在对于兑换外汇有什么限制？外汇限制有哪些方面？

（2）人民币国际化指人民币走出国境在世界市场上执行计价单位、交易媒介以及贮藏手段的职能，即作为一种真正愿意被世界上其他国家所持有的货币。人民币可自由兑换指人民币应当成为一种可以与世界上其他储备货币自由进行兑换的货币。人民币可自由兑换意味着兑换的零交易成本，或者是较低的交易成本。“自由”的概念应该包含两个层次：其一是经常账户下货币兑换的自由化；其二是资本与金融账户下货币兑换的自由化。思考：人民币国际化以及人民币可自由兑换的概念联系。

（3）目前，我国资本项目下国际金融活动仍处于严格管控中，2013 年 8 月 22 日，国务院正式批准设立“中国（上海）自由贸易试验区”，其中利率市场化、金融业对外开放、金融业创新等都在自贸区方案中有所突破。根据最新出台的试验区管理办法（市政府令第 7 号），在自贸区内人民币资本项目可兑换，在风险可控情况下有序推进，支持企业“走出去”，提高国际竞争力。

针对上海自贸区探索人民币自由兑换之路径，请从以下三个方面讨论区内人民币完全可自由兑换下的风险防范方案。

①结合人民币国际化的进程，可以从哪些角度着眼国际收支风险的控制？

②别国经验表明，资本外逃特别是持续性的资本外逃将极大地损害公众信心。在开放经济的体制下，一国政府不可能完全杜绝资本外流，政府能够而且应该做的事情是变堵为疏，创造吸收外资。可以从哪些角度抑制资本外逃？

③货币的完全自由兑换意味着各种要素在很很大程度上由市场支配和调整。由于较高的手利率驱使，外资会大量涌向自由贸易区内。当代金融危机一个显著的特点是：发生在一国的危机往往会迅速传播到另一个国家，其中新兴国家是最容易受到危机传染的对象。其中短期投机这类具有很强的逐利性和极高的流动性的资本，会扰乱国内金融市场的秩序，使市场出现大幅的波动，影响金融安全和经济运行的稳定。应如何警惕国际投机资本的冲击？

习题与挑战

一、单项选择题

1. 资本外逃一般出现在（　　）阶段。

A. 经常账户下的货币有条件兑换

B. 经常账户下的货币可自由兑换

C. 资本金融账户下的货币有条件兑换

D. 资本金融账户下的货币可自由兑换

2. 目前，国际汇率制度的格局是（　　）。

A. 固定汇率制

B. 浮动汇率制

C. 钉住汇率制

D. 固定汇率制和浮动汇率制并存

3. 实行外汇管制的目的有（　　）。

A. 防止资本外逃　　B. 稳定汇率

C. 平衡国际收支　　D. 以上都是

4. 当前中国尚未完全实现开放的是（　　）。

A. 经常项目下可兑换　　B. 资本项目下可兑换

C. 金融项目下可兑换　　D. 储备项目下可兑换

5. 下列属于选择浮动汇率制的经济结构特征的有（　　）。

A. 对外贸易的依存度高

B. 金融市场的发达

C. 通胀率同世界平均水平的差异小

D. 国家小，人均 GDP 低

二、判断题

1. 20 世纪 70 年代中期固定汇率制垮台后，世界各国都实行了浮动汇率制。（　　）

2. 货币危机主要是发生在固定汇率制下。（　　）

3. 我国居民可以自由携带外币出入国境。（　　）

4. 实行严格外汇管制的国家必然存在复汇率。（　　）

5. 布雷顿森林体系下的汇率制度是一种浮动汇率制度。（　　）

实训活动

1. 从 1994 年起，我国进行了外汇体制改革，请查阅相关资料，简要梳理我国外汇体制改革的历程并论述我国外汇体制改革目标与条件，试着提出合理的改革方案。

2. 查阅相关资料，了解 IMF 是如何界定汇率操纵的，对汇率操纵的监测指标有哪些？

3. 案例分析：美国指责中国为“汇率操纵国”。

2009 年 1 月 22 日，美国候任财政部长盖特纳在参议院金融委员会为其举行的报名听证会上说，美国总统奥巴马相信中国正在“操纵”人民币汇率，并将“积极通过所有能动用的外交途径，寻求让中国在汇率方面做出改变”。

北京的经济学家们分析认为，这可能预示着奥巴马政府上台后，中国面临来自美国的贸易保护主义压力将加大。

“这可以视为奥巴马政府在中国经贸关系问题上的首次公开表态。几乎可以肯定的是，今后美中在汇率、贸易等方面的摩擦和争端将会增加”中国社会科学院金融研究所研究员曹红辉说。

美国长期以来一直指责中国人为压低人民币汇率，使出口产品获得价格优势，赢得对美国的巨额贸易顺差，这损害了美国企业的利益和工人就业机会。

资料来源：环球网，2009－01－24。

（1）请分析美国指责中国为“汇率操纵国”的理由。

（2）请分析外汇管制对我国的利弊点。

4. 方案设计。

（1）泰国盲目推进货币自由化的恶果。1990 年，泰国政府一次性放开资本项目下离岸金融业务，并允许外国居民在韩国商业银行借入泰铢，极大放开了本国货币流动性，但是国内金融监管制度尚不健全，国内金融机构投资失败造成债台高筑，经常性项目下大量赤字。这样的背景下，摇摇欲坠的国内货币体系成了国际投机资本的攻击目标，最终 1997 年放弃与美元挂钩的汇率政策，货币贬值，股市暴跌，殃及东亚各国。

资料来源：新浪财经，2007－04－18（资料整理）。

（2）日本阶段性实现货币自由兑换。第二次世界大战以后日本在废墟上重建，外汇极度匮乏因此严格进行外汇管制，拒绝外资进入国家统一使用外汇扩大对必需物资的进口。在 1985 年，趁着英、法、德等主要国家恢复回避兑换之际，日本逐渐放开外汇管制，加强对外贸易增强国家经济实力。在 20 世纪 70 年代中期到 80 年代初，日本贸易顺差逐渐扩大，政府全面修改外汇管理法，将“原则禁止”的外汇交易转向“原则自由，特殊情况下管制”的基本开放模式，使日本经济良性发展，也导致国际货币领域出现了美元、日元和西德马克“三级通货体制”发展的趋势。自 20 世纪 90 年代以来，资本市场重要性更加突出，日本政府再一次大刀阔斧的改革外汇制度，基本上完全实现货币的自由化。

资料来源：搜狐财经，2019－02－28（资料整理）。

请根据泰国和日本推进货币自由兑换的经验，设计一下我国实现人民币自由化的基本思路。

第七章

国际储备

【学习目标】

1. 国际储备与国际清偿力的联系与区别
2. 国际储备的构成、来源和作用
3. 国际储备体系的演变
4. 特别提款权的含义、特点和作用
5. 国际储备的规模管理和结构管理

【技能目标】

1. 能够分析国际储备多元化对世界经济造成的影响
2. 能够了解如何确定一国国际储备规模是否适度
3. 能够分析国际储备规模的变化趋势、原因及影响
4. 能够理解中国的经济政策稳定性和独立性

【素养目标】

完成本章学习，你应养成：

1. 通过国际外汇储备主要货币的变迁，树立家国情怀，培养国家荣誉感

2. 通过人民币加入特别提款权货币篮子，拓宽国际视野，坚定“四个自信”

3. 通过我国国际储备管理规模管理和结构管理的学习，培养风险管理意识和严谨务实的工作作风

【案例导读】

人民币在全球外汇储备中占比再创新高

IMF 数据显示，2022 年第一季度，全球外汇储备总额为 12.55 万亿美

元，其中美元资产为6.88万亿美元，所占份额为58.88%，美元仍是全球最广泛持有的储备货币，但相比2021年同期的59.4%，有小幅下滑。

全球第二大储备货币是欧元，欧元储备资产总额为2.34万亿美元，在全球外汇储备中的占比从去年第四季度末的20.6%降至今年一季度末的20%。

排名第三的日元在全球外汇储备中的占比从2021年第四季度的5.5%下滑至5.4%。

排名第四的英镑2022年第一季度末在全球外汇储备中的占比从2021年末的4.8%上升至4.97%。

全球第五大储备货币就是人民币。2022年第一季度末，人民币在全球外汇储备中所占比重为2.88%，已连续多个季度攀升，不断刷新纪录。2021年四个季度，人民币在外汇储备中的比例分别为2.5%、2.61%、2.66%和2.79%。

占全球外汇储备的比例，是衡量一个国家货币在全球货币中地位的重要指标。人民币占全球外汇储备比例的提升，意味着各国官方愿意以人民币形式来持有金融资产，表明这些国家对人民币的高度信心。

资料来源：央视网，2022-07-01。

【章节概述】

随着以美元为中心的国际货币体系的崩溃，国际储备问题与国际货币体系的改革紧密联系在一起，受到国际金融机构、各国政府以及国际金融学家的普遍重视。作为最大的国际储备资产持有国之一，我国合理的外汇储备总量应该维持在多少？何种资产可以充当国际储备？国际储备各个组成部分的比例应该如何调节？本章将对此类问题进行系统详细的讲解。

第一节　国际储备概述

【引导案例】

美元高歌猛涨之际IMF敦促各国维持外汇储备

10月15日，国际货币基金组织（IMF）表示，即使美元飙升，各国政府仍需要维持外汇储备，以防未来可能出现更严重的资本外流和市场波动。

IMF 第一副总裁 Gita Gopinath 以及 IMF 的首席经济学家 Pierre－Olivier Gournchas 在博文中提出了上述警告。他们敦促政府恢复与发达经济体央行的互换安排，或利用 IMF 的预防性额度来确保有流动性。两位官员称，虽然临时干预可能是适当的，但也需要其他改革。

资料来源：财联社，2022－10－15。

一、国际储备的概念

国际储备（international reserves）亦称“官方储备”或“自有储备”，是指一国政府持有的、用于弥补国际收支逆差、维持本币汇率稳定以及应付各种紧急支付而持有的、为世界各国所普遍接受的一切资产。一般而言，一国的国际储备可以分为两部分：一部分用于弥补国际收支逆差和干预外汇市场的需要，称为交易性储备；另一部分用于不可预测的突发性内外冲击，称为预防性储备。

作为国际储备的资产一般应具有以下特征。

（1）自由兑换性。国际储备资产必须可以自由地与其他金融资产相交换，并是国际上能普遍认同与接受、使用的，比如黄金资产、美元资产等。缺乏自由兑换性，储备资产的价值就无法实现，也就无法用于弥补国际收支逆差。

（2）充分流动性。国际储备资产必须是随时可以动用的资产，如存放在银行里的活期外汇存款、有价证券等。当一国国际收支失衡或汇率波动过大时，就可以动用这些资产来弥补国际收支逆差，或干预外汇市场来维持汇率的稳定。

（3）官方持有性。非官方金融机构、企业和私人持有的黄金和外汇尽管也是流动资产，但不能算国际储备资产。因此，国际储备也被称为官方储备。

（4）无条件获得性。国际储备资产必须由一国货币行政当局无条件地获得，该国政府对该类资产不仅要拥有使用权，而且要拥有所有权。

国际清偿力（international liquidity）是指一个国家的对外支付能力，是与国际储备既相联系又相区别的概念。二者的联系表现在国际储备与国际清偿力具有内在的正相关关系，国际清偿力的内容要广于国际储备，国际储备是一国国际清偿力的一个重要方面。也就是说，一国的国际储备越充足，借款能力越强，则该国的国际清偿能力也越强；反之，国际储备少，借款能力弱，则该国的国际清偿能力也弱。而二者的主要区别则体现在：国际储备仅是一国具有的现实的对外清偿能力，而国际清偿力则是该国具有的现实的对外清偿能力、可能的对外清偿能力和潜在的对外清偿能力的总和。

国际储备与国际清偿力存在以下区别：

（1）从概念上看，国际清偿力是各国政府用于国际收支和维持汇率稳定而持有的国际上普遍接受的资产，而国际储备则指各国政府持有的某些流动资产。

（2）从范围上看，国际清偿力（见表7－1）除了包括国际储备的内容（自由储备）之外，还包括一国向外借款的能力（借入储备），即向外国政府或中央银行、国际金融机构和商业银行借款的能力，也在一定程度上反映着一国的国际经济地位与金融资信。

表7－1　　国际清偿力构成

<table>
<tr><td rowspan="9">国际清偿力构成</td><td rowspan="4">自有储备</td><td>黄金储备</td><td rowspan="4">国际储备</td></tr>
<tr><td>外汇储备</td></tr>
<tr><td>在IMF的储备头寸</td></tr>
<tr><td>在IMF的SDRs余额</td></tr>
<tr><td rowspan="4">借入储备</td><td colspan="2">备用信贷</td></tr>
<tr><td colspan="2">互惠信贷</td></tr>
<tr><td colspan="2">支付协议</td></tr>
<tr><td colspan="2">其他类似的安排</td></tr>
<tr><td>诱导储备</td><td colspan="2">商业银行的对外短期可兑换货币资产</td></tr>
</table>

知识拓展

不同的国家其国际储备与国际清偿能力差异

国际储备货币供应国：

1995年美国的国际清偿能力中，国际储备不到5%，金融机构的对外负债成为最大的国际清偿能力的来源。

1995年，德国国际储备在其国际清偿能力中只占7%，金融机构的对外负债成为最大国际清偿能力的来源。

非国际储备货币供应国：

1995年泰国国际储备占国际清偿能力的比例为38%。

1995年中国国际储备占国际清偿能力的比例为60%。

一国国际清偿能力中，国际储备的比例越高，表明该国政府无条件运用的清偿能力越大，有保障的支付能力越强。对发展中国家来说，国际储备是其国际清偿能力的重要组成部分。

二、国际储备的构成

根据国际货币基金组织对国际储备构成的有关规定，一国的国际储备主要包括：黄金储备、外汇储备、会员国在国际货币基金组织（IMF）的储备头寸以及会员国所持有的特别提款权。

（一）黄金储备

黄金储备（gold reserves）指的是一国的中央银行和政府机构持有的，用以平衡国际收支，维持或影响汇率水平，作为金融资产持有的黄金，即货币性黄金。作为国际储备的主要形式之一，黄金储备有助于稳定国民经济、抑制通货膨胀、提高国际资信。

黄金作为国际储备资产已有较长的历史。在国际金本位时期，黄金还是最重要的储备资产，执行着世界货币的职能，并作为国际支付的最后手段。到了国际金汇兑本位时期，黄金在储备资产中的重要性已大大降低。在布雷顿森林体系下，由于有美元与黄金挂钩、各国的货币再与美元挂钩的所谓“双挂钩”规定，黄金再次成为国际货币体系和国际储备的基础。

20 世纪 70 年代中期，布雷顿森林体系解体，美元与黄金脱钩，国际货币基金组织推行黄金非货币化政策，黄金储备地位每况愈下。从此，黄金在各国国际储备中变为备用的二线储备。即各国货币当局在动用国际储备时，并不能直接从黄金实物对外支付，而是通过将黄金兑换为外汇来平衡国际收支的差额，这种特性使得一国在调节国际收支时除非迫不得已不会轻易动用黄金储备。

作为国际储备资产，黄金也有自身的局限性，黄金本身不仅不能生息获利，还会带来追加的保管费用。但是，黄金作为国际储备的历史使命将还会有相当长的一个时期，目前仍是国际储备中的重要组成部分，这是因为黄金具有其他任何形式储备资产所不具备的特点。

第一，黄金本身是价值实体，是最可靠的保值手段。其他储备货币受承诺国家或金融机构的信用和偿付能力的影响，债权国往往处于被动地位，远不如黄金可靠，所以长期以来黄金一直被人们认为是一种最后的支付手段。

第二，黄金储备完全属于一国的主权所拥有的国家财富，可自由控制，不受任何超国家权利的限制和干预。各国货币当局可以方便地通过出售黄金获得所需要的外汇来弥补国际收支逆差。

第三，黄金是最可靠的结算手段，较少受政治、经济和金融局势动荡的影响。在国际局势动荡特别是有战争爆发的危险时期，黄金储备是一国国际储备中最坚实的部分（见表7-2）。因此，世界上几乎没有国家完全放弃和废除黄金储备，一国官方所拥有黄金数量的多少，仍然是评价一国对外支付能力大小的重要指标之一。

表7-2　　2022年全球黄金储备排名

国家	黄金储备（吨）	占本国外汇储备比例（按市场价值计算）（%）
美国	8133.46	67.08
德国	3355.14	66.53
意大利	2451.84	63.63
法国	2436.75	58.59
俄罗斯联邦	2301.64	21.24
中国	2010.51	3.55
瑞士	1040.00	6.68
日本	845.97	4.02
印度	787.40	8.09
荷兰	612.45	56.35

资料来源：世界黄金协会网站，2023。

（二）外汇储备

外汇储备（foreign exchange reserves）又称为外汇存底，指的是一国的中央银行和政府机构所持有的国际储备资产中的外汇部分，即一国政府保有的以外币表示的债权。外汇储备是一个国家经济实力以及国际清偿力的重要组成部分，目前占国际储备的绝大部分比例。IMF对外汇储备的解释为：它是货币行政当局以银行存款、财政部库存、长短期政府债券等形式所保有的、在国际收支逆差时可以使用的债券。

一国的外汇储备通常由各种能充当储备货币的资产构成。一种货币能作为储备货币，必须具备以下几个条件：

（1）价值相对稳定。

（2）能自由兑换，即不受任何限制而随时可与其他货币进行兑换的货币。

（3）必须为各国普遍接受，能随时转换成其他国家的购买力，或偿付国际债务。

（4）必须能够在中央银行干预外汇市场时发挥作用。

在第一次世界大战之前，英镑是最主要的储备货币。到了20世纪30年代，美元崛起，与英镑共同成为主要的储备货币。第二次世界大战后，随着英国的衰弱和美国的崛起，美元逐渐成为各国外汇储备中最主要的储备货币。但是，从20世纪60年代开始，美元由于频频发生危机，尤其是与黄金"脱钩"以后，其储备货币地位逐渐下降，德国马克、日元的储备货币地位逐渐上升，从而形成了储备货币多元化的局面。1999年，随着欧元的诞生，出现了美元、欧元两大货币抗衡的局面。虽然美元在国际储备中所占的份额有所减少，但美国的经济实力、政治影响仍是别的国家或货币集团不能比拟的，加上一定的历史原因、美元在国际储备货币体系中仍处于中心货币的地位。即使在欧元诞生后，这一局面仍没有根本改变。

外汇储备对平衡国际收支、稳定汇率有重要的影响，是目前国际储备中最主要、最活跃的部分。外汇储备作为一国进行经济调节、实现内外平衡的重要手段，各国可以依据持有外汇储备的收益和成本比较，并综合考虑多种因素，把外汇储备保持在适度的水平上。

2019年末和2020年末全球外汇储备主要货币构成见表7－3。

表7－3　　2019年末和2020年末全球外汇储备主要货币构成一览

序号	币种	2019年末		2020年末	
		金额（亿美元）	占比（%）	金额（亿美元）	占比（%）
1	美元	67259.1	60.72	70058.4	59.02
2	欧元	22794.7	20.58	25217.9	21.24
3	日元	6520.4	5.89	71583	6.03
4	英镑	5135.2	4.64	5571.9	4.69
5	人民币	2144.6	1.94	2675.2	2.25
6	加元	2059.9	1.86	2457.7	2.07
7	澳元	1878.8	1.7	2161.1	1.82
8	瑞士法郎	165.6	0.15	207.4	0.17
9	其他货币	2804.6	2.53	3201.1	2.7
	合计	110762.6	100	118709	100

资料来源：国际货币基金组织网站。

（三）会员国在国际货币基金组织的储备头寸

在国际货币基金组织（IMF）的储备头寸（reserve position in IMF），亦称普遍提款权（general drawing rights），是指会员国在 IMF 的普通资金账户中可以自由提取和使用的资产，其数额的大小主要却取决于该成员方在 IMF 认缴的份额。

一国在 IMF 的储备头寸包括：

（1）会员国向 IMF 认缴份额中 25%的黄金或可兑换货币。按照 IMF 的规定，在会员国所认缴的份额中，有 25%必须用黄金或外汇缴交，会员国可以自由提取这部分资金，无须经特殊批准，因为它是一国的国际储备资产。

（2）IMF 为满足其他会员国的借款需要而使用的本币。按照 IMF 的规定，会员国认缴份额的另外 75%可用本币缴纳。IMF 如果向其他会员国提供本币的贷款，会产生该会员国对 IMF 的债权。一国对 IMF 的债权，该国可无条件地提取并用于弥补国际收支逆差，因此也是一国的国际储备。

（3）IMF 向一国借款的净额，也构成该会员国对 IMF 的债权。本币因为被国际货币基金组织使用，且已经用于国际支付，这部分本币就具备了一定程度的国际性，它被“激活”成为国际可流通兑换货币，从而成员也就可以将这部分货币用于国际支付。所以本币中被国际货币基金组织使用的部分可以作为该国的国际储备的一部分。

此外，普通提款权在国际货币基金组织成员国的国际储备资产中所占的比重相对较小。

（四）特别提款权

1. 定义

特别提款权（special drawing rights，SDR），是国际货币基金组织于 1969 年 8 月为了解决布雷顿森林系下国际储备不足的问题而创设的一种记账单位，亦称“纸黄金”（paper gold）。作为一种无形货币，特别提款权是 IMF 按照成员国缴纳的份额分配给成员国的一种使用资金的权利，是对原有普通提款权的一种补充。作为国际储备资产，特别提款权可以用于会员国之间或会员国与 IMF 之间的国际支付，因而也是一国国际储备资产的一种形式。

与其他的国际储备资产相比较，特别提款权的主要特点如下：

（1）特别提款权只是一种记账单位，它不像黄金那样有其内在价值，也不像储备货币那样以一国的经济实力做后盾，它是被集中创造的、只能由各国中央银行持有的一种“有名无实”的用于国际结算的信用资产。

（2）特别提款权也不同于普通提款权，它是IMF按份额分配给会员国的，会员国无条件享有其分配额，且无须偿还，所以对会员国来说是一种额外的储备来源。

（3）特别提款权的用途严格限于国际支付。其用途是会员国可以动用特别提款权向国际货币基金组织指定的会员国换取外汇，以支付国际收支逆差。但特别提款权不能作为国际流通手段和支付手段，只能在IMF会员国政府之间发挥其价格结算作用。

2. 定值

特别提款权是20世纪60年代美元危机和国际货币制度改革的产物。从本质上说，设立特别提款权的初衷在于稳定美元在国际货币体系中的地位，缓和美元危机。在创立特别提款权之初，是以黄金来表示其价值量的，特别提款权的金平价等同于当时美元的金平价，即为0.888671克纯金，但特别提款权不能兑换黄金。从1974年7月1日起，国际货币基金组织决定采用16种货币作为特别提款权的定值标准。1980年9月18日起改用5种货币定值，即美元、德国马克、日元、法国法郎和英镑，这5种货币在特别提款权中的比重，每5年调整一次。由于欧元的实施，德国马克与法国法郎不复存在，因此特别提款权由4种货币构成，即美元、欧元、英镑和日元。

2016年10月1日，国际货币基金组织终于批准人民币进入SDR，SDR货币篮子相应扩大至美元、欧元、人民币、日元和英镑5种货币。2022年5月11日，国际货币基金组织（IMF）执董会完成了五年一次的特别提款权（SDR）定值审查。执董会决定继续维持SDR的篮子货币构成不变，即仍由美元、欧元、人民币、日元和英镑构成，将美元和人民币SDR权重提升了1.65%和1.36%，欧元、日元和英镑的权重则分别下调了1.62%、0.74%和0.65%。自2022年8月1日起，美元、欧元、人民币、日元和英镑在SDR中的权重分别为43.38%、29.31%、12.28%、7.59%和7.44%。和2015年确定的各种篮子货币SDR权重相比，本次权重调整后，人民币在SDR中的权重较2015年有所上升，居第三位（见表7-4）。

表 7-4　　特别提款权篮子货币的权重调整

调整后的权重生效时间	调整次数	美元	英镑	日元	德国马克	法国法郎	欧元	人民币
1980 年		42%	13%	13%	19%	13%	—	—
1986. 1. 1	第 1 次	42%	12%	15%	19%	12%	—	—
1991. 1. 1	第 2 次	40%	11%	17%	21%	11%	—	—
1996. 1. 1	第 3 次	39%	11%	18%	21%	11%	—	—
2001. 1. 1	第 4 次	45%	11%	15%	—	—	29%	—
2006. 1. 1	第 5 次	44%	11%	11%	—	—	34%	—
2011. 1. 1	第 6 次	41. 90%	11. 30%	9. 40%	—	—	37. 40%	—
2016. 10. 1	第 7 次	41. 73%	8. 09%	8. 33%	—	—	30. 93%	10. 92%
2022. 8. 1	第 8 次	43. 38%	7. 44%	7. 59%	—	—	29. 31%	12. 18%

资料来源：国际货币基金组织网站。

知识拓展

特别提款权的定值

特别提款权 SDR 起初以黄金定值，与美元等值，即 1SDR = 0. 888671 克纯金 = 1 美元，或 1 盎司黄金 = 35SDRs。

随着黄金非货币化及美元币值波动，美元与 SDRs 之间的比率也相应地进行调整。1974 年 7 月 1 日起，SDRs 与黄金脱钩，改用一篮子 16 种货币作为定值标准。1980 年 9 月 18 日又改为以美元、德国马克、日元、法国法郎和英镑等值。欧元发行后用欧元代替马克和法郎的地位。自 2016 年 10 月 1 日起，人民币被认定为可自由使用的货币，并作为除美元、欧元、日元和英镑之外的第五种货币加入特别提款权货币篮子。

2022 年 5 月 11 日，IMF 执董会完成了五年一次的 SDR 定值审查。这是 2016 年人民币成为 SDR 篮子货币以来的首次审查。执董会一致决定，维持现有 SDR 篮子货币构成不变，即仍由美元、欧元、人民币、日元和英镑构成，并将人民币权重由 10. 92% 上调至 12. 28%（升幅 1. 36 个百分点），将美元权重由 41. 73% 上调至 43. 38%，同时将欧元、日元和英镑权重分别由 30. 93%、8. 33% 和 8. 09% 下调至 29. 31%、7. 59% 和 7. 44%，人民币权重仍保持第三位。执董会决定，新的 SDR 货币篮子在 2022 年 8 月 1 日正式生效，并于 2027 年开展下一次 SDR 定值审查。

IMF每隔五年会对货币篮子的构成进行评估，以确保篮子中的货币是国际贸易中所使用具有代表性的货币。纳入SDR的一篮子货币需满足两个标准：一是该国出口货物和服务总量位居所有成员方前列，二是货币能够自由使用。

SDR的价值一般表示为其对美元的汇率，该价值每天确定一次，在国际货币基金组织网站公布。根据国际货币基金组织的规定，SDR汇率由伦敦市场每日中午12点篮子货币对美元的市场汇率与篮子货币的数量相乘之和计算得出。SDR对其他货币的汇率则由SDR对美元的汇率和美元对该货币的代表性汇率套算得出。其中，人民币代表性汇率是中国外汇交易中心公布的下午4点人民币兑美元的参考汇率。

资料来源：公开资料整理。

3. 作用

特别提款权的作用主要有以下几点。

（1）特别提款权作为国际储备的一部分，其主要作用是协助IMF会员国调整国际收支。当一国出现赤字或债务到期急需使用外汇时，可由基金组织指定一些国际收支有盈余、又有大量外汇的国家接受特别提款权，提供给对方等值的外汇。特别提款权的创立增加了国际清偿手段的总额，在一定程度上满足了世界对清偿手段日益增长的需要。

（2）特别提款权作为一种记账单位，为会员国和有关国际机构的结算带来方便。1969年特别提款权创设后，IMF的账户全部使用特别提款权作为记账单位，另外还有15个国家组织使用特别提款权记账，或者以它作为记账单位的基础。1987年IMF的10个会员国的外汇汇率与特别提款权挂钩，在许多重大的国际会议上，特别提款权也作为衡量价值的标准。IMF还授权世界银行和国际清算银行等十多个国际金融机构处理IMF会员国之间和规定持有特别提款权的机构之间的特别提款权业务。

从表7-5可以看出，外汇储备现已成为国际储备最重要的组成部分。20世纪70年代以来，无论从其增长额来看，还是从其占国际储备总额的比例来看，外汇储备在国际储备中均居主导地位。用一句话概括就是：国际储备日趋“外汇储备化”。

表 7-5 2019 年第一季度全球国际储备构成

项目	2019 年 1 月		2019 年 2 月		2019 年 3 月	
	亿美元	亿 SDRs	亿美元	亿 SDRs	亿美元	亿 SDRs
外汇储备	30879.24	22045.61	30901.80	22104.67	30987.61	22321.33
基金组织储备头寸	84.45	60.58	84.68	60.58	84.09	60.58
特别提款权	107.86	77.01	107.94	77.21	107.22	77.23
黄金	793.19（5994 万盎司）	566.29（5994 万盎司）	794.98（6026 万盎司）	568.66（64026 万盎司）	785.25（6026 万盎司）	565.64（6026 万盎司）
其他储备资产	-1.63	-1.16	-1.54	-1.10	-2.99	-2.16
合计	31863.11	22748.33	31887.86	22810.02	31961.18	23022.62

资料来源：国际货币基金组织网站。

三、国际储备来源

国际储备来源主要有国际收支顺差、外汇市场干预、收购黄金、政府向国外借款以及国际货币基金组织分配的特别提款权等渠道。

（一）国际收支顺差

对于绝大多数非储备货币发行国来说，争取国际收支盈余是各国增加国际储备的重要途径。而在一国的国际收支盈余中，贸易收支盈余是最可靠的增加国际储备来源的途径，因为它反映了该国的国际竞争能力。非贸易收支盈余则具有重要的补充作用。资本项目盈余则在一定程度上反映了该国所具有的国际信誉和国际融资能力。

（二）外汇市场干预

一国政府通过干预外汇市场而收进的外汇可以增加该国国际储备的存量。当一国货币面临升值压力时，该国政府为避免本币严重升值对国内经济和对外贸易造成不利影响，就会在外汇市场上抛售本币，购入外币，以稳定汇率，由此购进的外币就列入该国国际储备。如 20 世纪 90 年代以来，面对日元不断升值，日本政府曾多次在市场上以日元买回贬值的美元，在缓解日元升值的压力、稳定日元与美元的汇率的同时，又增加日本的外汇储备。

（三）收购黄金

一国政府通过在国际市场购买黄金，或者在国内市场收购黄金，都可以增加该国国际储备资产中的黄金储备资产。对非储备货币发行国来说，如果用储备货币、也就是外汇储备在国际市场购买黄金，这种购买实际上并没有增大一国的国际储备总量，改变的只是国际储备中黄金储备与外汇储备之间的比例。只有一国政府是用本国货币在国内市场上收购黄金，即将原来储藏于国内的黄金从非货币用途引至货币用途而使得官方持有的黄金储备增加时，这种黄金的货币化才会使得一国国际储备资产总量增加。

（四）政府对外借款

一国政府可以通过向外国政府借款来补充外汇储备。这种借款主要发生在储备货币发行国政府之间，一般是通过签订“货币互换协议”来相互提供外汇储备。一旦协议的一方在国际收支出现严重支付困难时，那么协议的另一方则须自动以本国货币向对方提供贷款，由此便可增加对方的外汇储备。

（五）国际货币基金组织分配的特别提款权

特别提款权是一国国际储备的构成形式之一，所以对于国际货币基金组织的会员来说，国际储备还有一个来源，即从 IMF 分配到的特别提款权。但这一来源要受会员国向 IMF 所缴份额的限制，一国无法主动增加其持有额。会员国所缴份额越多，分配到的特别提款权便越多；反之则越少。

四、国际储备体系演变

国际储备体系是国际货币制度的组成部分，是指关于国际储备资产结构、储备货币以及储备供应渠道和控制机制等一系列的制度或安排。国际储备体系的产生和演变，实际上就是中心货币或资产在国际经济交易中的延伸与扩大。整个演变是随着国际货币体系的变迁，从以黄金和英镑为中心货币的国际储备体系，发展到以美元为中心货币的国际储备体系，再到现行的多元化中心货币的国际储备体系。国际储备体系主要经历了以下几个发展变化阶段。

（一）第一次世界大战以前单元化的储备体系

在典型的金本位制度下，黄金成为世界上主要的国际储备资产，国际储备体系单元化，其特点就是国际储备受单一货币统治。随着世界经济贸易的扩张，黄金的供应量已满足不了国际流通支付的需要。同时，由于英国是世界工业和金融中心，1816 年英国率先实行金本位制度，各国只是后来仿效，于是逐渐形成了以英镑为中心，黄金在国际流通和被广泛储备的现象。因此，在这个制度下的储备体系，又称黄金——英镑储备体系，英镑和黄金共同成为国际储备体系的中心货币。

（二）两次世界大战之间过渡性的储备体系

第一次世界大战后，典型的金本位制瓦解，各国建立起来的货币制度是金块本位制或金汇兑本位制（美国仍推行金本位制）。国际储备中外汇储备逐渐朝多元化方向发展，形成非典型性的多元化储备体系，不完全受单一货币支配。但由于该体系不健全，严格地讲，这是一种过渡性质的储备体系。当时，充当国际储备货币的有英镑、美元、法郎等，以英镑为主，但随着美国的经济实力不断上升，英国的经济实力相对下降，美元成为仅次于英镑的另一种国际流通和支付手段，因此形成了英镑—美元——黄金储备体系。

（三）第二次世界大战后至 20 世纪 70 年代初以美元为中心的储备体系

第二次世界大战后，英国经济遭受重创，英镑的国际地位随之下降，而美国则一跃成为世界最大的债权国和黄金储备国。美元的国际地位不断上升，在国际储备体系中的地位已超过英镑。布雷顿森林货币体系建立后，美元取代英镑而成为新的国际货币体系的中心货币和最主要的国际储备货币，这时的储备体系称为美元—黄金储备体系。该体系中，各国货币并不直接与黄金挂钩，而是直接同美元联系，然后再通过美元兑换黄金，美元成为最主要的中心货币。

（四）20 世纪 70 年代后至今的多元化储备体系

布雷顿森林货币体系解体后，美元与黄金脱钩，国际储备体系发生了质的变化，主要表现在国际储备体系完成了从长期的国际储备单元化向国际储备多元化的过渡，最终打破了美元一统天下的局面。20 多年来，形成了以黄金、外汇、在 IMF 的储备头寸和特别提款权在内的多元化的国际储备结构体系。其特点是国际储备受多种硬货币支配，多种硬货币互补互衡，共同充当国际的流通手段、支付手段和储备手段。

课堂实训

（1）一个国家无论大小、强弱，通常都需要拥有某些在国际上可以随时用于支付或能够普遍接受的流动资产，这是为什么？其作用何在？

（2）为了平衡国际收支，稳定货币汇率，应付对外的各种紧急支付，一国必须拥有一定数量的国际储备。那么，一国国际储备资产的构成形式主要是什么？其现状是怎样的？主要来源是什么？

第二节　国际储备管理

【引导案例】

日本高额外汇储备资产管理经验

长期以来，日本的外汇储备规模在世界各国中名列前茅。20 世纪 80～90 年代初，日本和德国曾交替占据外汇储备排名的世界第一和第二。进入 90 年代后，日本的外汇储备持续增加，1995～2006 年这 12 年间，日本的外汇储备规模一直稳居世界首位。

第一，改善庞大的外汇储备规模。首先，日本充分利用外汇购买国外先进技术，增加人才及能源储备来发展本国经济。例如，将巨额外汇储备转换为战略物资储备，从中国等国家大量进口煤炭，沉于海底储备。其次，鼓励本国具备竞争优势的企业走出去，提高资金的利用率和收益率。再次，逐渐降低干预外汇市场的频率，进一步强化市场自发调节的作用，同时放松本国的资本流动，使国际收支结构得到改善。最后，通过提高进出口贸易按日元结算的比例，并建立以东京为中心的发达的离岸金融市场等途径，积极推动日元国际化，减慢外汇储备增长的步伐。

第二，加强外汇储备的风险控制。首先，在风险控制方面，日本拥有一批高层次、高水平的海外证券投资专业技术人才及一整套严密的防控风险的措施和制度，定期对外汇储备的风险状况进行压力测试，保障外汇储备在特殊环境下的安全性。其次，日本数额庞大的“民间藏汇”分散了央行的风险，也使日本外汇储备投资形式真正实现多元化。最后，日本将产业部门外移到低成本国家，或直接在出口市场所在国投资生产，从而能够淡定地应对日元升值的风险。

资料来源：蔡美珠．关于外汇储备资产的管理经验研究——基于日本、新加坡及中国台湾地区的视角［J］．河南商业高等专科学校学报，2012（4）．

一、国际储备管理概述

国际储备管理是一国政府或货币当局根据本国的国际收支状况和经济发展的需求，对一定时期内国际储备的规模、结构及储备资产的运用等进行计划、调整、控制，以实现储备资产规模适量化、结构最优化、使用高效化的整个过程，是国民经济管理的重要组成部分。国际储备管理的重点内容在于两个方面：一是国际储备的规模管理，货币管理当局根据影响本国国际储备水平的基本因素，确定本国最适度的国际储备规模量。二是根据保值、增值及国际支付的需要，对国际储备的结构进行调整，包括币种结构管理和流动性结构管理。

二、国际储备的规模管理

国际储备的规模管理是指对国际储备规模的确定和调整，以保持适量的国际储备水平。随着国际经济往来和国际贸易的不断扩大，各国对国际储备的需求也在不断增长，一国持有的国际储备并不是越多越好，而应该是适量的，既不能过多，又不能太少。这是因为，一国的国际储备如果太少，意味着不能满足其对外贸易及其他对外经济往来的需要，轻者会引起国际支付危机，重者则可能导致国内经济失衡，经济活动无法正常进行，甚至使本币承受巨大贬值的压力。但是，一国的国际储备如果太多，则失去了利用这些资金进口国内建设所迫切需要的物资、技术和设备的机会，也是一种资源的浪费，减缓了发展的速度，降低了发展的质量，并且会加大通货膨胀的压力。此外，世界性的通货膨胀和外汇汇率的剧烈运动还会使外汇储备具有蒙受风险损失的可能性。因此，一国的国际储备不能太少，也不能太多，最好的办法是把国际储备维持在一个合理的水平上。这一合理的国际储备水平，被称为国际储备的适度规模。

（一）决定国际储备水平的基本因素

世界上任何一个国家都对国际储备有需求，都希望拥有或持有一定数量的国际储备。那么是不是持有的国际储备越多越好呢？回答是否定的。一般而言，一国的国际储备规模主要取决于该国的经济发展水平及其规模。目前国际上一般认为一国储备水平应以满足 3 ~4 个月的进口额作为该国的储备额。国际储备水平的确定是一项复杂的工作，影响一国国际储备水平的因素有很多，这些因素有政治的、社会的，也有经济的，它们交织作用，使适度储备的确定复杂化。因此，决定一个国家适度国际储备量的因素主要有以下几个方面。

1. 持有国际储备的成本

持有国际储备是要付出代价的，这个代价便是持有储备的机会成本。要考虑一国持有国际储备的机会成本，即如果货币当局不持有储备，就可以把这些储备资产用来购买国外商品或劳务，增加生产的实际资源，从而增加国内就业和国民收入，而持有国际储备则牺牲和放弃这种利益。所以，持有国际储备实际上是机会成本与收益的权衡。一国持有国际储备的机会成本等于投资收益率减去利息收益率。其差额越大，则说明持有国际储备的机会成本越高；反之则越低。总之，国际储备的需求量与其持有国际储备的机会成本呈负相关关系。

2. 对外贸易状况

对外贸易状况往往是决定一国国际收支的最重要因素，而国际储备的最基本作用也是弥补国际收支逆差。因此，对外贸易状况是决定一国国际储备需求量的重要因素。习惯上，人们常用进出口额来代表对外贸易规模，进出口规模不同的国家所需要保持的国际储备水平是不一样的。一个对贸易依赖程度高的国家，需要保持较高的国际储备；反之，则需要较低的国际储备。一个在贸易条件上处于不利地位，其出口的商品又缺乏竞争力的国家，需要较高的国际储备。我们通常通过研究国际储备与进口规模的比率关系来探讨一国的适当储备需要。

3. 对外资信与融资能力

如果一国政府在国际上具有较高的资信等级，对外借款的能力就会较强，能够比较容易地借入外汇资金以补充自由储备的不足，则该国无须持有过多的国际储备资产。反之，则需要保持充足的国际储备。同时需要注意的是，如果一国的国际储备资产过少，其国际借贷的信誉就会降低，借用国外资金的能力也会降低。

4. 应付各种因素对国际收支冲击的需要

如果一国国际收支受到冲击的概率和程度越大，国际收支越不稳定，需要的储备就越多。反之，国际储备需求就可以少一些。

5. 外汇管制宽严程度

当一国发生国际收支逆差时，一般不靠外汇资金来融通，也不靠实施经济调整来扭转，而是通过直接管制来扩大外汇收入和限制外汇支出，从而实现国际收支平衡。如果一国政府对外汇管制严格，外汇的集中度较高，则可以保持较少的国际储备量。反之，外汇管制越松，则需要较多的国际储备量，二者呈反向变化。

6. 汇率制度与汇率政策

国际储备的主要作用是作为干预资产调节本币的汇率。固定汇率制度下，中央银行为了维持汇率的稳定，需要不断地干预外汇市场，需要持有较多的国际储备。反之，在浮动汇率制度或弹性汇率制度下，汇率可以随市场供求自由波动，国际储备持有量可以少些。从理论上讲，在完全自由浮动的汇率制度下，国际收支的调节均由汇率的自发波动来进行，国际收支将自动趋于平衡，因此可以不持有任何国际储备。而实际上迄今为止，世界上还没有一个国家真正实行过彻底的自由浮动汇率制，管理式浮动汇率是当今世界汇率制度的主流，加上现实中汇率的频繁波动，所以各国对市场的干预时时存在。总的来说，汇率制度越灵活、干预程度越低，汇率的变动越自由，货币当局对国际储备的需求也就越少。

7. 货币在国际储备体系中的地位

如果一国货币在国际货币体系中处于主要国际储备货币地位，则该国可通过增加本币的对外负债来弥补国际收支逆差。因此，对国际储备的需求就可以少一些；反之，则需要较多的国际储备。

（二）国际储备量的确定

在国际储备构成中，黄金储备不生息，因此，国际储备的过多或者过少都不利于国民经济的发展。然而，要确定一国最佳的国际储备量几乎是一件很不容易的事情。就一般的管理理论与实践来说，可以有四种国际储备量。

1. 最低储备量

当一国出现国际收支逆差时，既可以动用国际储备来清偿，也可以采用调节政策和国际融资政策来解决。但采用调节政策和国际融资政策是有条件、有限度的，特别是调节政策，如果达到一定的程度，就可能因出现“急刹车”和“转向”而导致经济波动。最低储备就是指当采用调节政策和国际融资政策来平衡国际收支时所需要的国际储备量，最低储备理论上说，持有量可以为零。

2. 保险储备量

保险储备量是国际储备的上限，是既能满足国际收支逆差时的对外支付，又能保证国内正常经济增长所需要的实际资源投入的储备量。保险储备量的确定可以从两个方面来考虑：其一是根据国际经济发展政策，未来年度一旦加大进口，将会造成多少额外的收支缺口；其二是在平衡国际收支时，如果只依靠国际储备来弥补，而不采用其他手段，那么将需要多少储备量。

3. 经常储备量

经常储备是指保证正常经济增长所必需的进口而确定的储备量。这里所说的“正常增长”，是相对于“超常增长”而言的。因此，经常储备量就可依据以往资料，按进口对国际储备的一般需求来确定。换言之，经常储备量就是根据以往（比如说过去的 1 年）资料所确定的平均需求。但它很难是一个准确不变的数字，而是上下有一定幅度的区间。这个区间的上限应该是保险储备量，下限应该是经常储备量。按照国际惯例，一国经常国际储备量应当保持满足 3 个月进口水平的需要。

4. 最佳储备量

既然国际储备过多，超过平衡国际收支的需要，会造成资金的闲置浪费，不利于本国经济发展；国际储备过少又满足不了平衡国际收支的需要。那么，在国际储备管理中就需要追求一个最佳储备，它既能保证国际储备充分发挥作用，又能使国际储备的机会成本损失最小。由于进出口贸易是非连续的、变动的，一国对国际储备的需求也是动态的，所以最佳储备量是一个动态概念，必须依据实际需求的变化而变化，这就增加了确定最佳储备量的难度。

三、国际储备的结构管理

一国对国际储备的管理，除了在量上保持最适度的储备水平外，还应使其具有适当的结构，即最佳地分布国际储备资产，使黄金储备、外汇储备、储备头寸和特别提款权四种形式的国际储备资产的持有量及其构成要素之间保持合理比例，充分发挥国际储备资产应有的作用。因此，国际储备资产的结构管理可划分为两个层次：一是四种储备资产之间的数量构成比例管理；二是各类国际储备资产内部的比例管理。但是黄金形式的储备由于产量低、持有成本高、流动性差，黄金储备在国际储备资产中的作用也日渐削弱。而各国储备头寸和特别提款权的规模不是本国可以自行决定的，在各国国际储备中的比重较低，作用也比较弱。因此，外汇储备在国际储备中居于绝对优势地位。具体来说，国际储备结构管理包括币种结构管理和流动性结构管理。

（一）币种结构管理

对一国而言，储备货币的多元化是一种趋势。储备货币一定要多元化，避免由于持有单一货币所遭受的汇率变动带来的损失。在多元化的前提下，各国确定外汇储备币种结构主要取决于以下因素。

（1）储备货币应集中在硬货币上。在选择储备货币时，应尽可能多地持有有升值趋势的硬货币储备量，而尽可能少地持有有下跌趋势的软货币储备量。同时要考虑以下因素：一是硬货币的利率一般比软货币低，选择硬货币虽在一定程度上可避免汇率风险，但要损失一定的利息收入；二是一国储备货币中通常既有“软”又有“硬”，如果都是硬货币，到了支付时，可能还需要兑换成软货币，也会产生一定的兑换费用；三是硬货币与软货币的区分是相对的，即硬货币在某一时期可能会变成软货币，如果全部保持硬货币，一旦硬货币变成软货币时，就要承受汇率损失。因此，软货币、硬货币的组合方式，要根据软硬货币的走势，及时调整和重新安排币种结构。

（2）储备币种选择要根据对外贸易情况和支付需要。国际储备还有一个重要的作用在于弥补国际收支逆差，是国际支付的准备金。因此一国选择作为国际储备资产的货币时，要考虑本国对外贸易和债务往来的地区结构和经常使用清算货币的币种，以避免在需要动用储备时发生兑换风险，节约交易成本，提高储备使用效率。如果一国在国际贸易中大量使用美元作为结算手段，那么，该国就应该持有较多的美元储备。同样，如果一国对外贸易赤字或债务主要来自欧元区国家，则该国应考虑持有足够的、适量的欧元储备。

（3）满足干预外汇市场的需求。国际储备一个重要的作用就是用来干预外汇市场，尤其是在本国货币受到某种储备货币的冲击、汇率趋于下跌时，为了稳定本币汇率，货币当局必须抛售该种储备货币换购本国货币以稳定市场汇率。因此，这就要求在确定储备货币时，应尽可能保持一定的该储备货币的存量。

（4）在充分考虑安全性和流动性的前提下，还要比较各种货币的盈利性，尽可能多地持有一些盈利性较高的储备货币。在一般情况下，即使是同一种储备货币，不同的投资方式和投资工具也可能导致收益不同、风险不同。因此，在选择国际储备资产货币时，要适当地搭配币种和投资方式，使外汇储备尽可能以高收益的货币形式持有。

2008～2017 年全球外汇储备的货币构成见表 7－6。

表 7－6　　2008～2017 年全球外汇储备的货币构成　　单位：%

货币名称	2008 年	2009 年	2010 年	2011 年	2012 年	2013 年	2014 年	2015 年	2016 年	2017 年
美元	63.77	62.05	62.14	62.59	61.47	61.24	65.14	65.72	65.34	62.70
欧元	26.21	27.66	25.71	24.40	24.05	24.20	21.20	19.14	19.13	20.15
英镑	4.22	4.25	3.94	3.83	4.04	3.98	3.70	4.71	4.43	4.54
日元	3.47	2.90	3.66	3.61	4.09	3.82	3.54	3.75	3.95	4.89
瑞士法郎	0.14	0.12	0.13	0.08	0.21	0.27	0.24	0.27	0.16	0.18
其他	2.19	3.02	4.42	5.49	6.14	6.49	6.18	6.41	6.99	7.54
合计	100	100	100	100	100	100	100	100	100	100

资料来源：国际货币基金组织网站。

（二）流动性结构管理

在对各种储备资产进行结构管理时，强变现能力和高投资收益通常是很难同时兼顾的，要确保流动性与盈利性的恰当结合。由于国际储备的主要作用是弥补国际收支逆差，因而在流动性与盈利性之中，各国货币当局更加注重储备资产的流动性。按照流动性高低，可以将外汇储备资产划分成以下几类。

1. 一级储备

一级储备流动性最高，但盈利性最低，包括在国外银行的活期存款、3 个月内的短期存款、外币商业票据、外国短期证券债券等。在国外银行的活期存款，可随时开出支票对外支付，因此流动性最高。由于储备货币发行国一般都有发达的二级市场，短期政府债券和商业票据容易变现，但是这些流动性很高的资产的盈利性却是非常低的。鉴于这种情况，货币当局需要根据季节或特定时期对外支付的需要安排一定数量的一级储备，但要控制其在外汇储备资产中所占的比重。

2. 二级储备

二级储备盈利性高于一级储备，但流动性低于一级储备，包括期限在 5 年以内的各种有价证券。二级储备是在必要时弥补一级储备不足，用于应对临时性、突发性的对外支付，任何一国货币当局必须持有一定数量的二级储备。例如，各国政府发行的中期政府债券一般都有非常发达的二级市场，随时可以变现，持有它又不存在违约的风险，比较安全可靠。在政府的储备资产中这部分资产占的比重最大。

3. 三级储备

三级储备盈利性高于二级储备，但流动性低于二级储备，包括各种长期有价证券。此类储备资产到期时可转化为一级储备，如提前动用，会蒙受收益甚至资产上的损失。一国货币当局可以根据对外举债的结构保持一定数量的三级储备，以提高外汇储备资产的盈利性。

总体来说，国情不同，各国货币当局持有一级储备、二级储备、三级储备的结构也就互不相同。一般来说，国际收支逆差国必须在其储备资产中保留较大比例的一级储备，而顺差国则可以保留较小比例的一级储备和较大比例的三级储备，获得尽可能高的预期收益率。

四、国际储备管理的原则

国际储备管理既是一种资产管理，也是一种政策选择。尽管因为各个国家的实际情况不同，管理的原则也有差别，但管理的一般原则是统筹兼顾各种储备资产的安全性、流动性和营利性。

（一）安全性原则

储备资产的安全性，即储备资产的存放要牢靠，价值要不受损失。首先，一个国家持有某种资产，必须考虑这种资产的内在价值是否稳定。如果一种资产价值因为通货膨胀与汇率变动而贬值，那么就说明该资产缺乏安全性，应当减少储备。其次，一个国家在确定外汇资产存放的国家和银行时，必须考虑所在国的外汇管制情况、银行资信状况。如果这个国家外汇管制宽松、银行资信卓著，则存放可靠，该储备资产安全性就大；反之，则不宜存放。

黄金具有比较优势，一般情况下，各国政府都会将黄金储备存放于国内。这是因为一旦海外存款等储备资产被冻结时，存放在国内的具有保值作用的黄金储备就是一国掌握在自己手中的安全的储备资产。

（二）流动性原则

储备资产的流动性，即储备资产具有较强的变现能力，可以灵活调用和稳定地供给使用。不同形态的储备资产，具有不同的流动性。一般来说，活期存款、现金、汇票等资产的流动性较高，可作为一级储备。金银、债券等资产的流动性较弱，只能作为二级储备。一国在权衡得失时，一方面应保持较多的一级储备，以调节国际收支、干预外汇市场；另一方面应把流动性强弱不同的各种储备资产用于不同期限的投资，使各种资产的期限与对外支付的日期相衔接，保证资产的充分流动。

在国际储备的流动性管理中，我们主要是注意黄金储备和外汇储备。对黄金储备而言，由于其流动性较差，必须通过黄金市场的出售才能转换成现汇，故而对它的流动性管理采取的主要措施是合理控制其储备数额。对外汇储备而言，主要是合理分配一、二、三级外汇储备资产之间的比例，根据本国对外经济具体情况，进行短、中、长不同期限的投资，做到既能使储备资产增值，又能确保国际储备的灵活使用和调拨，以充分保证国际储备资产的流动性。

（三）盈利性原则

储备资产的盈利性原则，即储备资产在保值的基础上不断增值。因为风险是绝对的，安全是相对的，防止贬值风险的一个途径就是使储备资产能不断增值。一国在管理储备资产时，一般应在安全性和流动性都得到充分保证的前提下，尽可能提高储备资产的盈利性，以降低持有储备资产的机会成本。

在国际储备资产的盈利性管理中，应该将重点放在外汇储备管理上，通过合理选择外汇储备资产的种类和持有形式，实现外汇管理资产风险最低情况下的收益最大化。

上述三个原则在一致性的基础上又是相互对立的。例如，一般来说，流动性和盈利性呈反向关系；流动性高的资产，往往盈利性比较低。因此在实际管理中要从对立中寻求统一，但这三个原则的优先次序应该是流动性、安全性、盈利性。

知识拓展

新加坡外汇储备积极管理的经验借鉴

新加坡目前实行的是新加坡金融管理局（MAS，中央银行）、新加坡政府投资公司（GIC，隶属新加坡财政部）和淡马锡控股公司（Temasek，隶属新加坡财政部）共同管理外汇储备的管理体制，实质是财政部与央行共同参与的二元平行模式。MAS 持有外汇储备中的货币资产，负责外汇储备中高流动性储备资产的管理，货币资产主要用于干预外汇市场及作为基础货币发行的保证，目的是维持新加坡元汇率的稳定。GIC 和 Temasek 作为外汇储备的积极管理机构，则负责储备资产的保值增值。GIC 与淡马锡的主要目标是提高投资回报率。

第一，资产配置多元化及风险控制。GIC 储备管理的基本原则是通过多元化的资产组合，追求储备资产的保值增值和长期回报。在 GIC 的全部资产中，约有 50% 的资产为股票，25% ~30% 为债券，其余资产配置在私人股权、房地产、商品和其他资产中。虽然高风险的股票投资比例高，但 GIC 的风险管理在机制上是很严密的。在做投资决策时，强调“风险否决”原则，即只有与新投资活动有关的风险得到充分认知、确认可承受，并具有衡量、评估、管理和控制这一风险的能力时，才可以做出投资决策。

第二，投资海外。GIC 的投资大部分在海外，遍布美国、加拿大、欧洲和东南亚国家，所管理的资产已超过 1000 亿美元，是全球最大的基金管理公司之一。淡马锡将近 70% 的资产投资海外，将亚洲新兴市场国家和发达国家视作投资的重要方向。

第三，国有资产市场化经营的运作模式。淡马锡运作模式的实质是“国家控股、公司化运作、集团化管理”。淡马锡在市场上以独立法人的形式出现，拥有充分的经营自主权，完全按市场机制运作，政府对企业的经营活动做到监管但不干预，鼓励大胆自主经营但不失控，从而打造了“以产权为纽带，实现国有资产的市场化经营”的成功典范。

资料来源：河南商业高等专科学校学报，2012。

知识拓展

墨西哥债务危机

萨利纳斯担任总统后，为了应对以美国为首的债权国的债务压力，墨西哥政府根据“华盛顿共识”的要求进行改革，开始实施空前的私有化工程。

首先，借助外国资本实行国营企业私有化，单方面降低贸易壁垒，实现资金和贸易的自由流动，使墨西哥成为美国制成品的第二大销售市场。其次，墨西哥与美国签署《北美自由贸易协定》，并在 1993 年加以实施。《北美自由贸易协定》对墨西哥政治经济发展具有积极影响。协定承诺美国的贸易保护政策不应对墨西哥经济增长造成负面影响，把改革写入协定将会大大减少墨西哥放弃进行经济改革的可能性。

“华盛顿共识”并没有改善墨西哥吸引外国资本投资的环境，反而导致在美国众多企业和产品涌入后，墨西哥大批民族企业垮台，改革引发了国内大量的社会问题，如高失业率、贫困化，两极分化和社会不公正等结构性问题。

墨西哥金融危机爆发时，比索迅速下滑至交易区间的下限，萨利纳斯政府不得不采取一系列冒险措施，如发行短期债券“tesobons”，将价值300亿元的债券与美元汇率挂钩。这种债券销售容易，但到期兑现困难，除非比索贬值的压力得到缓解。但发行“tesobons”，使墨西哥赢得必要的时间，萨利纳斯政府把希望寄托在墨西哥股票市场攀升、全球原油价格上涨的基础上。

由于短期债券“tesobons”的数额庞大，且又与美元相联系，因此墨西哥危机对世界经济产生很大影响。墨西哥政府实施有限制性的比索贬值，但不能阻止国内金融资本外流。按照“华盛顿共识”经济改革模式，克林顿政府原先预测墨西哥大选后资本流动会恢复正常。但美国人想象的结果没有出现，美国财政部副部长萨默斯表示，不应该再允许墨西哥从美国借款来支持已经高估的比索。墨西哥政府只有50亿美元的外汇储备，但是需要兑现230亿美元的“tesobons”债券。墨西哥政府面对的困境是，如果为了将外国资本留在国内而将利率提得很高，投资和就业就会受到破坏，流入国内的外国投资将大大减少。如果为了偿还债务而大肆发行钞票，那么由此引发的恶性通货膨胀将会产生同样的恶果。如果不按照协定偿还外债，那么依靠美国资金来支持墨西哥经济改革的希望将完全破灭。

为了缓和金融危机，墨西哥政府不断地向投资者提出展期偿还短期债务要求，同时寻求一种弥补性措施。减少联邦政府开支，增加消费税，中央银行紧缩贷款并提高利率，通过适度比索贬值来抑制进口、增加出口。虽然在适度贬值的同时辅之以紧缩政策会带来经济的衰退，但与墨西哥政府缺乏资金偿还短期债务的状况相比，这种衰退时间较短，而且影响要小得多。几年来，墨西哥政府为了吸引国外资金，将比索汇率上升到超出其价值水平。因此，一旦发生金融危机，投资者“突然间夺门而逃，抛售墨西哥各种形式的资产。危机期间，大约有250亿美元流出墨西哥”。致使比索“崩溃性贬值，在短短几个惊慌的星期内，墨西哥的购买能力损失了一半”。

当比索贬值的消息在墨西哥精英阶层引发巨大恐慌时，许多有钱的墨西哥人迅速从股票和债券市场取出现金。他们趁比索贬值大肆抛售比索，以谋取期货市场的短期效应，从而使问题进一步加重。政府为18家国内主要银行提供紧急援助，但仍有8家银行倒闭。墨西哥政府不得不出售黄金储备来平衡比索贬值，以避免经济危机引发墨西哥大选的政治风波。

由于进入墨西哥的外国投资只有很少一部分是促进生产的直接投资，绝大多数是追逐高回报的证券投资，而其中很大成分是游移不定的短期有价证券。

因此，一旦金融利率发生变化，这种具有很大投机性和流动性的“燕子资金”就会闻风而动，纷纷抽走，使墨西哥迅速陷入金融危机之中。随着资本逃逸不断继续，塞迪勒新政府实施比索贬值政策，但仍然无法偿还到期的短期债券“tesobons”。债券持有者要求以美元偿还，但金融危机使他们的希望完全落空。墨西哥国内金融精英们和美欧等国投资者一样，迅速从债券市场撤出，墨西哥股票不断下跌，三个月内，股票市场下跌48%。股票市场出现前所未有的萧条，墨西哥经历了有史以来最严重的金融危机。

资料来源：公开资料整理。

课堂实训

分析下列事件对我国国际储备的影响。

（1）央行购买国内金矿开采的黄金。

（2）央行在伦敦黄金市场购买黄金。

（3）我国在IMF认购的份额增加。

（4）央行为避免人民币大幅升值在外汇市场进行干预。

（5）我国国际收支顺差增加。

第三节 我国的国际储备

【引导案例】

我国外汇储备规模连续十七年稳居世界第一，2017年2月以来始终保持在3万亿美元以上，今年9月为3.03万亿美元。稳居世界第一、保持稳定的外汇储备规模既是新时代党和国家事业发展、我国综合国力提升的表现，也包含了我国国际收支基本平衡、资本项目可兑换达到新高度、汇率市场化水平不断提高、跨境投融资更加便利化、外汇储备资产保值增值、人民币国际化稳步推进等一系列外汇领域改革发展的成果。

资料来源：第一财经，2022-10-18。

1979 年以前，由于我国对外经济交往的规模有限，而且外汇资金实行统收统支，国际储备的问题一直不为人们所重视。1979 年以后，随着开放政策的深入贯彻，对外经济交往在国民经济中的作用和地位不断提高，我国对外贸易和利用外资的数额出现了前所未有的增长，国际储备问题日益重要。1980 年 4 月 17 日，我国正式恢复在 IMF 和世界银行的合法席位，1987 年我国开始对外公布国际储备状况。与其他会员国一样，我国的国际储备资产同样由四个部分构成：黄金储备、外汇储备、在 IMF 的储备头寸和特别提款权。

一、我国国际储备管理的发展历程

我国是一个发展中国家，国土面积广大，人口众多，经济总量大。如果没有一定数量的国际储备资产作为保障，经济难以可持续发展。我国国际储备管理的发展历程经历了以下几个阶段，并呈现出明显的特点：

（一）1979 年以前的国际储备管理

1949 ~ 1979 年是我国经济建设和社会生活处于一个严格的计划经济时期。这一时期，由于我国推行闭关锁国和既无内债、又无外债的政策，对外经济贸易发展缓慢且稳定。这一时期实行固定汇率制和严格的外汇管制，在外汇收支上实行“以收定支”的办法，强调略有节余，追求基本平衡。一直实行稳定性的黄金储备政策，国家持有一定数量的黄金。再加上长期的逐年顺差结余，事实上这个时期我国已拥有相当的国际储备，但对国际储备的管理重视仍然不够。

这个时期我国实行严格的黄金管制和外汇管制政策，在国际储备构成中，只有黄金和外汇储备两个基本形式，没有在 IMF 的储备头寸和特别提款权。所以，国际储备管理的重点是外汇管理，外汇储备增长缓慢且稳定。但是，国际储备管理制度尚不规范。

（二）1979 ~ 1990 年的国际储备管理

1979 年 3 月国务院批准成立国家外汇管理局，其隶属于中央银行，主要行使管理外汇、储备和外债的职能。但国家外汇储备实际上仍由中国银行管理，其他专业银行在进行外汇业务时所垫付的人民币资金不直接向中央银行索取，而是通过中国银行进行再结汇，导致了外汇管理的混乱和各专业银行之间的不平等竞争。1982 年，随着我国中央银行体制的确立，允许各专业银行业务经营范围相互交叉。1985 年，各专业银行开始相继经营外汇业务。1985 年以后，各专业银行也相继开始经营外汇业务。这样，中央银行就成为我国统一管理外汇储备的专门机构。

这个时期我国国际储备构成中，增加了 IMF 的储备头寸和特别提款权两种形式，实现了同世界各国保持一致的国际储备构成，但其数量有限，所占比例很小。我国实行稳定的黄金储备政策，从 1981 年起一直稳定在 1270 万盎司。外汇储备还是国际储备中的最主要形式，所占比重均在 90% 以上。国际储备管理得到加强和重视，但仍然比较混乱，缺乏统一性和科学性（见表 7－7）。

表 7－7　　我国官方储备资产结构　　金额单位：百万特别提款权

储备资产结构	1980 年	1981 年	1982 年	1983 年	1984 年	1985 年	1986 年	1987 年
1. 黄金储备量（百万盎司）	12.8	12.7	12.7	12.7	12.7	12.7	12.7	12.7
35SDRs/盎司	448	444.5	444.5	444.5	444.5	444.5	444.5	444.5
2. 外汇	1774	4109	10094	13827	17042	10846	8596	10740
3. 在 IMF 的储备头寸	150	—	—	168	261	303	303	303
4. 特别提款权	72	236	194	320	414	440	465	451
国际储备总额	2444	4789.5	10732.5	14759.5	18161.5	12033.5	9808.5	11938.5

资料来源：IMF，《国际金融统计》，1988 年年报。

（三）1990 年以后的国际储备管理

这个时期我国加强了国际储备管理的统一性和科学性。1994 年我国外汇管理体制改革，实现汇率并轨，建立了以市场供求为基础的、单一的、有管理的浮动汇率制度，取消企业外汇留存制度，实行强制性的银行结售汇制度、建立银行间外汇交易市场等一系列改革措施。以强制结售汇制度和资本与金融项目管制为特征的外汇管理制度，是我国外汇储备出现跳跃式增长的制度性原因。在银行结售汇制度下，除了允许部分外商投资企业开放现汇账户之外，其余法人所获得的属于经常项目下的外汇收入必须及时足额地出售给外汇指定银行；我国鼓励外商对华直接投资，但是对资本流出进行限制。强制结售汇的实施在改革开放初期为我国积累了大量的外汇储备，为我国经济增长作出了一定的贡献，不过高额储备也带来了新问题。

2007年8月13日，国家外汇管理局宣布，境内机构即日起可自行保留经常项目下的外汇收入。这意味着在中国实行了13年的强制结售汇制度已经正式退出了历史舞台。实施意愿结售汇，外汇交易市场做市商制度加强的同时，可以更加灵活地反映外汇市场的供需变化，从而形成更加市场化的外汇价格。

这个时期我国国际储备的鲜明特征是外汇储备总量迅猛增长。从表7－8中的数据中看得出来，1990年外汇储备为110.93亿美元，到1995年已增至735.97亿美元，到1996年就突破1000亿美元大关，达到1050.29亿美元，这个数字仅排在日本之后，超过了美国和德国，位居世界第2位，到2000年又达到1655.74亿美元。此后，我国外汇储备增长迅速，并连年持续保持高位，至2019年年底外汇储备已达31079亿美元的高水平，排在世界第一位。

表7－8　　中国历年黄金和外汇储备情况

年份	黄金储备（万盎司）	外汇储备（亿美元）
1990	1267	110.93
1995	1267	735.97
1996	1267	1050.29
2000	1267	1655.74
2005	1929	8188.72
2010	3389	31811.48
2015	5666	30105.17
2016	5924	31399.49
2017	5924	30727.12
2018	5956	31079.24
2019	6264	31079.00

资料来源：国家外汇管理局网站。

知识拓展

银行结售汇制度

银行结售汇制度始自1994年外汇管理体制改革。1994年1月1日起，国家取消各类外汇留成、上缴和额度管理制度，对境内机构经常项目下的外汇收支实行银行结汇和售汇制度。在银行结售汇制度下，结汇是指外汇收入所有者将外汇卖给外汇指定银行，外汇指定银行根据交易行为发生之日的人民币汇率付给等值人民币的行为；售汇是指外汇指定银行将外汇卖给外汇使用者，并根据交易行为发生之日的人民币汇率收取等值人民币的行为。

资料来源：公开资料整理。

二、我国国际储备的管理策略

对于国际储备的管理，国际普遍遵循的原则是安全性、流动性和盈利性相结合的原则，各国由于本国的实际情况不同，在具体的实践中有不同的侧重和区别。我国国际储备的管理策略如下。

（1）选择储备货币的资产形式时，既考虑盈利性，又考虑流动性和安全性。在一般情况下，任何一种投资方式都不能同时具有较高的流动性、安全性和盈利性，因此，应在流动性、安全性和盈利性之间进行利弊得失的权衡。并且，根据支付进口商品所需的货币币种和数量，确定不同储备货币在外汇储备中的比例。

（2）外汇储备水平保持适度。根据我国一定时期进口支付水平、外债余额状况、市场干预需求等因素，确定一个有上下变化区间的适度国际储备量。

（3）坚持储备货币分散化策略。我国国际储备主要由外汇储备构成，外汇储备必然面临外汇汇率变动带来的风险。为使外汇储备的价值保持稳定，世界各国持有的外汇储备，其货币构成要避免出现过于集中于单一储备货币的情况，而要分散采用多种储备货币，以分散货币汇率变动的风险。

（4）密切关注各储备货币变动的趋势。应及时了解储备货币发行国的经济、金融情况，包括该国经济金融实力、货币供给量、经济发展趋势、国际收支动态等，准确地预测储备货币的汇率走势，随时调整各种储备货币的比例。黄金储备也可根据国际金融市场和国际金融形势及我国的实际需求作出适当的调整。

知识链接

储备货币初长成

2017 年是人民币作为国际储备货币的元年。为此，2017 年《政府工作报告》首次提出："保持人民币在全球货币体系中的稳定地位"。那么，作为国际储备货币的新成员，人民币应如何适应好新的角色？

在人民币正式加入SDR之前的2015年，IMF曾从多个角度对人民币是否满足SDR货币篮子（即国际储备货币）的要求作出了评估。在此，我们再次以当时的评估标准对照当下，以帮助我们了解加入SDR后人民币国际化的进展。

IMF对SDR货币篮子的要求包括出口和可自由使用两个方面。作为出口大国，中国早已满足出口要求。而对于人民币的自由使用程度，IMF是从以下几个方面进行量化评估的：人民币在官方外汇储备中的占比、国际银行负债、国际债券存量和发行量、人民币在SWIFT国际支付与贸易融资中的占比、人民币在全球外汇交易中的份额。

（1）人民币资产在官方外汇储备中的占比。2017年3月，IMF首次在其官方外汇储备币种构成（COFER）调查中披露了人民币在官方外汇储备中的占比。数据显示，2016年第四季度，人民币在官方外汇储备中的占比为1.07%，在统计的主要货币中排名第8。据不完全统计，到2016年底，已经有56个国家和地区将人民币纳入外汇储备。

（2）人民币国际支付份额。根据环球银行金融电信协会公布的数据，2015年底，人民币在国际支付中的份额为2.3%，排名第5。到2016年底，人民币在国际支付中的份额下降到1.7%，排名下滑1位至第6，人民币在国际支付中的地位略有下降。

（3）外汇市场交易。2016年人民币外汇交易更加广泛。根据BIS公布的数据，2016年4月，人民币在全球外汇市场的日均交易量超过2000亿美元，占全球外汇交易的比例接近2.0%，排名全球第8。

总体来看，人民币在国际支付中的地位略有下降，但在官方外汇储备和全球外汇交易中的地位有所提高。

资料来源：中国金融新闻网，2017-04-20。

课堂实训

截至2022年8月末，我国外汇储备规模为30549亿美元。我国外汇储备较多的年份，曾有专家提出将外汇储备分掉，你怎么看呢？

讨论及思考题

（1）2020年3月以来，为了应对疫情导致的经济困境，美联储推出了一系列超常规量化宽松政策。一方面，连续两次降息将基准利率降至0至0.25%，接近于零；另一方面，推出“无上限”量化宽松政策，通过直接购买国债“扩表”，大量释放美元。美联储的资产负债表显示，2020年3月底其持有的证券项（包括国债等）为4.37万亿美元，到2021年底就达8.27万亿美元，2022年4月20日是8.5万亿美元。美国为刺激国内经济，采取大水漫灌的“量化宽松”政策，超发货币稀释巨额债务、输出通货膨胀。请同学们分析对持有美元债券储备的国家有何影响。

（2）截至2022年2月初，美国公共债务总额已经达到了30.6万亿美元，这一总债务包括了公共持有的债务和政府内部的债务。在美国国债的结构当中，70%的债务是由美联储、美国金融机构所持有，而另有30%的债务是日本、中国、法国等主权国家所持有。其中，中国拥有1.1万亿美债。假如中国把美国国债全部抛售，对中美双方各有何影响？

（3）2022年8月1日新的特别提款权（SDR）货币篮子生效，人民币权重由10.92%上调至12.28%，升幅为1.36个百分点。人民币特别提款权的权重提高，意味着什么？

习题与挑战

一、单项选择题

1. 国际储备最主要的来源是（　　）。

A. 收购黄金　　B. 国际收支顺差

C. 央行干预市场所得外汇　　D. 储备资产增值

2. 国际清偿力的范畴较国际储备（　　）。

A. 大　　B. 小　　C. 等同　　D. 无法确定

3. 一般而言，进出口规模越大，表明对外贸易在该国国民经济中的地位越高，对外贸易的依存度也就越高，需要的国际储备（　　）。

A. 较多　　B. 较少　　C. 关系不大　　D. 无法确定

4. 按照流动性的高低，国际储备资产一般可以分为（　　）。

A. 2级　　B. 3级　　C. 4级　　D. 5级

5. 2015年11月30日（华盛顿时间）国际货币基金组织执董会决定将人民币纳入特别提款权（SDR）货币篮子。新的货币篮子于（　　）正式生效。

A. 2016年10月1日　　B. 2016年11月1日

C. 2017 年 10 月 1 日　　　　D. 2016 年 5 月 1 日

二、判断题

1. 黄金本身不能生息。（　）

2. 一国拥有的国际储备资产越多越好。（　）

3. 固定汇率制度之下所需的国际储备要多于浮动汇率制度。（　）

4. 黄金储备是一国国际储备的重要组成部分，可直接用于对外支付。（　）

5. 在多元化储备体系对国际货币体系及各国经济发展产生影响，这种影响既有积极的方面，也有消极的方面。（　）

实训活动

1. 查询国家外汇管理局网站（https://www.safe.gov.cn），点击查询我国外汇储备资讯，了解我国外汇管理情况。

2. 近年来，我国外汇储备持续增加，截至 2022 年 8 月末，我国外汇储备规模为 30549 亿美元，是世界上第一大外汇储备国。这引发了国际国内、政府、金融和学术界的极大关注和热烈争论。为什么中国外汇储备稍有风吹草动，都会立刻牵动一些国家敏感的神经？中国的外汇储备规模到底适度不适度，结构合理不合理？请你运用本章所学的理论知识，进行分析。

3. 案例分析：外汇储备与金融危机——以泰国为例。

1997 年 7 月 2 日，在历经数月的泰铢汇率波动之后，泰国中央银行终于放弃了 13 年之久的泰铢与“一揽子”货币挂钩的汇率制度，改为管理式的浮动汇率制度。消息公布后，泰铢兑美元的汇价应声而下，最多时曾跌去近 30%，酝酿已久的泰国金融危机终于爆发。紧随其后，菲律宾中央银行也因无法抵挡投机力量的打击，于 7 月 11 日宣布菲律宾比索兑美元的汇价将在一个不确定的“更大范围内”浮动，比索兑美元的汇率随即大幅度贬值。受此影响，马来西亚、印度尼西亚和新加坡等国的货币汇率亦产生“多米诺骨牌效应”，货币汇率纷纷应势而下。东南亚金融危机由此爆发。

比索兑美元的汇率随即大幅度贬值。受此影响，马来西亚、印度尼西亚和新加坡等国的货币汇率亦产生“多米诺骨牌效应”，货币汇率纷纷应势而下。东南亚金融危机由此爆发。东南亚金融危机之所以爆发，原因虽然是多方面的，但有关国家的国际储备尤其是外汇储备的相对不足，是其中的主要原因之一。以泰国为例，爆发金融危机的原因除了政府有关的经济政策尤其是货币政策失当、金融机构对房地产投资过度、银行呆账严重、外债高筑、国际收支经常项目逆差过大以及经济结构不合理和外汇投机者的疯狂炒作外，还有一个重要的原因就是外汇储备相当有限以及危机爆发后运用储备政策的失误。从1990年起，泰国的贸易逆差逐年递增，外汇储备每年只减不增。到了1996年的2月，泰国的外汇储备只有387亿美元，而且这些外汇储备还是泰国通过采取高利率政策吸引外资流入而形成的。而事实上自1994年以来东南亚国家的经常项目赤字状况一直在恶化，已无法再用流入这个地区的长期资本来弥补。由于外汇储备的普遍不足，当倾向危机来临、本币受到外汇投机力量的打击时，政府当局就没有足够的能力捍卫本国的货币。再加上货币危机发生后，面对投机攻势，泰国中央银行又不顾实力，不当地动用了外汇储备来干预外汇市场，结果是由于外汇储备的不足而导致干预无效，不仅没有达到维护倾向汇率稳定的目的，反而使储备资产遭受严重的损失。

资料来源：新浪财经，2007－04－18（资料整理）。

请从国际储备角度分析亚洲金融危机。你认为，接下来，俄罗斯、中国和日本的外汇储备情况又会如何呢？

第八章

国际货币体系

【学习目标】

1. 国际货币体系的发展演变历史过程
2. 金本位体系的主要内容
3. 布雷顿森林体系的主要内容
4. 牙买加货币体系的主要内容
5. 欧洲货币体系的主要内容及发展
6. 人民币国际化的主要内容及发展

【技能目标】

1. 能够分析国际金本位体系崩溃主义原因
2. 能够分析布雷顿森林体系瓦解过程
3. 能够分析当前国际货币体系面临的主要问题及其改革取向
4. 能够分析人民币国际化问题

【素养目标】

1. 通过对金本位、布雷顿森林体系以及牙买加体系三个阶段的学习，激发国际金融大格局观和国际视野

2. 通过对国际货币体系改革中的矛盾与冲突的学习，增强道路自信

3. 通过对中国在国际金融体系中的核心地位以及人民币在国际货币体系的学习，增强“四个自信”，树立大国担当

📖【案例导读】

亚投行成立

2013年10月，2014年10月，中国、印度、新加坡等21个首批意向创

始成员国在北京签约，共同决定成立亚投行。

亚投行，全称是亚洲基础设施投资银行，属于政府间性质的机构。亚投行的成立宗旨主要是为了促进亚洲区域的建设和互联，增强中国和其他亚洲国家的合作。目前来说亚投行的成员国已经越来越多，截至2019年，亚投行已经拥有多达100个成员。

亚投行对我国的意义和作用是什么？

长期以来，国际金融秩序基本上是从发达国家的利益出发，国际金融机构基本上是由西方发达国家所主导，而发展中国家即使是成员国，股权和投票权比例却很低，投资的方向和重点很难体现发展中国家的利益和愿望。中国作为第一贸易大国，也是世界第二大经济体，但是在国际金融体系的地位与话语权和经济实力相差甚远。亚投行的出现可能会打破这样的格局，赋予发展中国家更大的发言权。

亚洲基础设施的融资需求是非常大的，据统计，2010～2020年亚洲各国国内基础设施建设共需8万亿美元。面对如此巨大的资金缺口，现有的世界银行，亚洲开发银行等现有金融机构不能提供足够支持。人民币是亚投行资本的重要组成部分，这就促使对亚洲基础设施互联互通建设进行贷款和投资时使用人民币，有助于增大人民币跨境存款的规模，增加离岸人民币的供应，加快培育离岸人民币市场发展，加速人民币国际化进程，使人民币成为亚洲区域的主要投资货币。这就促使亚投行完成人民币地区化，最终走向国际化。

亚投行是我国作为发展中国家发起设立的世界上第一个非西方发达国家主导的国际金融机构，它对于推动“一带一路”发展、展现负责任大国形象、构建人类命运共同体有着重要意义和深远影响。

资料来源：侯懿轩，段丹彤，盛雪冬．亚投行成立背景、意义及未来展望［J]. 北方经贸，2016.

【章节概述】

货币是在人类发展过程中，因为需要而逐步演化而成的。无论货币的形式如何演化，其作为一般等价物的计价、交易、储存、流通等基本功能没有发生变化。本章首先介绍国际货币体系的组成部分和演变过程，再分别讲解金本位制度、布雷顿森林体系、牙买加体系和欧洲货币体系的主要内容，最后通过纵览人民币国际化现状，为我们分析人民币国际化问题提供思考。

第一节 国际货币体系

【引导案例】

近年来的全球公共卫生突发事件对全球经济造成了严重打击。从 GDP 方面来看，2020 年全球 GDP 的增长率为 -3.59%，处于全球 GDP 排名前五的美国、德国和英国都经历了 GDP 的大幅下降，分别是 -3.5%、-4.9%和 -9.8%。从失业率来看，全球失业率较 2019 年大幅上涨至 6.47%，创近年新高。在这样严峻的经济形势下，以美国为首的很多国家自 2020 年上半年开启了近几十年来力度最大的宽松货币政策。以美国为例，自 2020 年3 月，特朗普政府宣布无限量化宽松政策以来，美元的货币总量已经从 2020年 3 月 11 日的 4.31 万亿美元暴增至 2021 年 8 月的 8.33 万亿美元。根据费雪方程式 MV = PQ，货币的供给增加对物价水平会有正向的影响，美国的无限量化宽松首先将会影响美国本国的物价水平。数据显示，美国 2021 年 7 月的同比通货膨胀率已经涨至高达 5.4%，为 2008 年次贷危机以来最高，并且这种趋势仍在持续发酵。

与美联储的量化宽松政策相比，虽然欧洲央行、英国央行和日本央行等也在疫情后实施了不同程度的量化宽松政策，但影响甚微。这是因为自第二次世界大战后布雷顿森林体系建立以来，美元一直作为国际货币用于各国的储备资产和国际收支结算，虽然牙买加体系对布雷顿森林体系的国际货币体系作出了一些调整，但美元作为主要的国际通用货币的本质仍然没有改变。

以中国为例，由于中国长期的经常账户顺差和资本账户顺差的“双顺差”模式，中国积累了大量的外汇储备资产，近些年来维持在 3 万亿美元以上，这其中超过 50% 为美元资产。因此，随着美国无限量化宽松政策的继续实施，不仅会对美国国内产生一系列影响，同时也会使像中国这样拥有大量美元储备资产的国家蒙受巨大损失，这使得当代国际货币体系的弊病显露无遗。因此，对当前国际货币体系缺陷以及改革方向进行探讨具有重要意义。

资料来源：王俊尧．国际货币体系缺陷及改革方向的探讨［J］．产业创新研究，2022（11）．

一、国际货币体系的概念

国际贸易交往、债务清偿、资本移动等都涉及各国货币的兑换、货币比价、国际收支的调整、国际储备资产的建立等方面问题。在国际就这些问题建立起系统的制度，就形成了国际货币体系。国际货币体系就是各国政府为适应与国际支付的需要，对货币在国际范围内发挥世界货币职能所确定的原则、采取的措施和建立的组织形式的总称。它包括以下几方面内容：

（1）确定世界及各国货币的汇率制度。

（2）确定有关国际货币金融事务的协调机制或建立有关协调和监督机构。

（3）确定资金融通机制。

（4）确定主导货币或国际储备货币。

（5）确定国际货币发行国的国际收支及履行约束机制。

二、国际货币体系的组成部分

在国际货币体系组成部分中，国际储备货币和汇率制度是其核心组成部分，组成部分的其他规则、制度调整（发挥作用）的对象主要就是国际储备货币和汇率制度。如国际收支的调节，主要指货币的汇率调节（升值或贬值）和国际储备调整（量的多少和货币构成比例的调整等）。历史上几次大的国际货币体系的变迁主要体现在国际储备货币和汇率制度的变革上，如金本位到布雷顿森林体系是美元取代黄金成为国际货币，而牙买加体系与布雷顿森林体系的主要区别则是浮动汇率制度取代了固定汇率制度。

当前国际货币体系，美元是主要的国际储备货币，欧元、英镑、日元是重要的国际储备货币，人民币的国际储备货币地位也在逐渐提高。主要的发达国家实行浮动汇率制度，而其他国家则是联系浮动汇率制和钉住货币锚的固定汇率制度。

（一）国际储备货币

国际储备货币的变革，主要分为“黄金－英镑本位”“黄金－美元本位”“美元本位”三个阶段。

（1）“黄金－英镑本位”。英镑成为主要国际储备货币的形成过程与英国经济成为全球霸主有着至关重要的关联。英国率先建立起金本位制度，使得英镑和黄金一度成为最主要的国际储备。直到第一次世界大战以前，英镑在国际储备货币体系中都占据着绝对领先的地位（见表8－1）。

表 8－1　　19 世纪 80 年代后期国际储备构成

储备形式	黄金	大部分是外汇	全部是外汇
国家	英国、德国、法国、美国、比利时、瑞士	俄罗斯、澳大利亚、南非、埃及、奥行帝国、日本、荷兰、斯堪的纳维亚、其他英属国家	菲律宾、印度、拉美各国

资料来源：巴里·艾森格林．资本全球化：一部国际货币体系史［M］．北京：机械工业出版社，2014.

（2）“黄金－美元本位”。布雷顿森林体系建立关于国际储备货币的安排，建立以黄金－美元的双挂钩模式，即美元与黄金以固定的兑换比例挂钩，其他国家货币再以固定汇率与美元挂钩，可以自由兑换。只有外国政府在一定条件下可以用美元向美国政府兑换黄金，而外国居民和企业则不能自由兑换黄金。两次世界大战以后建立起来的布雷顿森林体系，标志着“黄金－美元本位”国际储备货币体系的正式成立。

（3）“美元本位”。两次世界大战结束以后，欧洲及日本等国面临着战后的经济复苏，在战后的冷战格局下，美国在 1948 年开始实行复兴欧洲的马歇尔计划，并对日本开始加以扶植。为面临经济复苏的国家提供美元流动性导致美元持续外流，美国的国际收支出现逆差。在“黄金－美元本位”体系下，导致美国的黄金储备开始流失，美元的国际地位开始削弱。1960 年 10 月爆发了第一次美元危机，国际金融市场上大量抢购黄金、抛售美元，伦敦黄金市场上的黄金价格暴涨至 41.5 美元每盎司，高出黄金官价 20%。20 世纪 60 年代末美国爆发周期性经济危机，美国的国际收支状况进一步恶化，对外短期负债大幅增加。1971 年 5 月，国际金融市场上再次爆发美元危机。为了缓和危机，美国、英国、联邦德国、法国等 10 个国家的财政部长和中央银行行长在美国华盛顿举行会议，针对汇率、美国对外贸易政策等达成相关协议，试图通过美元法定贬值等方式继续维持布雷顿森林体系。然而，1973 年又连续爆发美元危机。事实上，1971 年 8 月，尼克松政府实行的“新经济政策”已经宣布停止美元兑换黄金。至此，“黄金－美元本位”的国际储备货币体系正式宣告结束。但布雷顿森林体系期间已经形成的美元作为最主要国际储备货币的状况并未改变，随着黄金的非货币化，国际储备货币体系进入“美元本位”时期。

（二）汇率制度

（1）固定汇率制度。

全球范围内存在的两种“固定汇率制”——古典金本位制和布雷顿森林体系均以黄金作为所有国别货币的货币锚。

第一次世界战争前的古典金本位下，各国政府宣布其货币含金量，承诺国内货币可以换取一定数量的黄金，而各国货币含金量的相对比值确定了汇率，因此，古典金本位制是典型的固定汇率制，各国汇率保持稳定，汇率波动的最高界限是铸币平价加运送黄金的费用，即黄金输出点；汇率波动的最低界限是铸币平价减运送黄金的费用，即黄金输入点。

布雷顿森林协定下各国货币通过与黄金挂钩、黄金与美元挂钩的双挂钩模式，重新建立起固定汇率体系。在布雷顿森林体系下，各国需要调整其货币政策以保证其汇率的相对稳定，各国货币对美元的汇率可以在平价上下各1%的范围内浮动，如果超过浮动范围，各国政府需要在外汇市场进行干预。

（2）浮动汇率制度。

浮动汇率意味着允许成员国可以自由选择汇率安排，由此各国汇率安排进入了一个混合汇率体系的时代。其中，发达经济体大都采用独立的浮动汇率制度，政府不加干预；大部分发展中国家和新兴市场国家由于资本市场的不完善，多采用不同形式的固定汇率制和有管理的浮动汇率制；而在小型开放经济中，如中国香港、百慕大和开曼群岛，则实行货币局制。其中，欧洲货币体系的“蛇形蠕动”汇率机制是在浮动中寻求一种内部的相对固定。

三、国际货币体系的演变过程

国际货币体系的演变过程，大致经历了金本位制体系、布雷顿森林货币体系、牙买加货币体系几个阶段。

（一）金本位制体系

第一次世界大战爆发前，世界各国普遍实行金本位制度，极大地促进了国际贸易的发展。然而金本位固有的缺陷导致各国的货币发行量实际是有上限的，尤其在经济高速发展时期，黄金开采的速度远远比不上经济发展所需增发的货币。因此，在金币本位制度后期，金本位一定程度上限制了经济的发展。尤其是两次世界大战时期，政府需要大量的货币用于军备竞赛，无力维持法币和黄金的固定数量关系，因此纷纷摒弃传统的金币本位制。超额发行货币，这一做法意味着金本位制度已经名存实亡。

（二）布雷顿森林货币体系

第二次世界大战结束后，百废待兴，各国亟须在充分协商的基础上，建立起一个新的国际货币体系，于是布雷顿森林体系应运而生。布雷顿森林体系具有一定优势。

首先，在布雷顿森林体系下，美元与黄金挂钩，形成了实际意义上的世界范围的固定汇率制度，为国际贸易的发展提供了稳定的汇率基础。

其次，布雷顿森林会议确定成立国际货币基金组织和世界银行，两者与之后在该体系下订立的关贸总协定并称为“世界经济的三大支柱”，至今仍然在世界经济发展中起着至关重要的作用。

最后，布雷顿森林体系确定了美元等同于黄金的地位，使美元在国际储备货币中一家独大，符合当时国际经济发展和金融稳定的需要。

但是，布雷顿森林体系的缺陷也十分明显。首先，对于国际收支的调节，布雷顿森林体系更多依靠国际协作和国际组织，这就使得长期处于贸易逆差的国家陷入两难的境地。另外，布雷顿森立体系拥有从根源上无法调和的矛盾，即“特里芬两难”（Triffin，1960）。以上两点缺陷使得布雷顿森林体系表面上结构稳定，但实则十分脆弱。加之美国在20世纪六七十年代深陷战争泥潭，无力继续维持美元对黄金的固定官价，布雷顿森林体系于1971年土崩瓦解。

（三）牙买加货币体系

经过几年的无序国际货币体系，1974年，在IMF的组织下，各国达成了新的协议，称为“牙买加体系”。牙买加体系首先决定了黄金的非货币化，黄金不再与任何一种货币挂钩，储备货币也由原先的美元变成了多国货币、黄金、IMF储备头寸和特别提款权（SDR）等多种形式，降低了美元的支配地位。同时，确定了汇率安排的多样化，发达工业国家采取单独浮动或联合浮动，其他国家采取钉住式等多种汇率政策。国际调节收支方面，由于支出转换得以施行，各国的国际收支调节手段得以丰富，国际协调进一步加强。

牙买加体系较布雷顿森林体系更加松散，国际金融规范相对减少，使得国际金融风险增大。自牙买加体系确立之后，世界范围内已经出现多次金融危机，如亚太金融危机、次贷危机等。时至今日，国际上也未能找到一种新的行之有效的国际货币体系来取代牙买加体系。

课堂实训

自2020年新冠疫情暴发以来，黄金价格节节攀升，最高时超过2000美元/盎司，创下了1980年和2011年两次金价高峰以来的又一个历史高点，预示了美元信用危机的出现。尤其是自2008年次贷危机发生以来，美国联邦基金利率基本上已经接近0，货币政策的利率手段接近失效，不得不实行量化宽松的货币政策，严重伤害了美元的信用。另外，疫情以来，为了补贴美国民众的生活，政府实施了宽松的财政政策，居民部门的债务迅速转移到政府部门，使得美国债务规模急剧膨胀，到2021年第二季度已经超过28万亿美元，10年内债务规模增加了近一倍。更加值得注意的是，近年来，美国在科技方面一家独大的优势已经不那么明显。如果美国不能通过科技进步实现生产力的一次飞跃，美元信用危机将不会从根本上得到缓解。由于美元在国际金融体系中的重要地位，一旦美债出现违约或预期出现违约，将使得世界范围的经济动荡，甚至爆发大规模战争。

由于美元危机，有提案充分认识到美元放水带来的影响以及浮动汇率制对国际金融风险的加剧，希望恢复金本位制或布雷顿森林体系。请问你认为这种改革方案是否有可行性？

第二节　国际金本位体系

【引导案例】

国际金本位制度是以黄金作为国际本位货币的制度。在金本位制下，金币可以自由铸造，银行券可自由兑换金币，黄金可以自由输入输出。若干世纪以来，欧美各国都死死抱住黄金不放，以为这是西方文化的标志。维多利亚女王时代，金本位制成了强国的特征，银本位制成了落后国家的特征。

1933年4月19日，罗斯福废止了金本位制，这在右派当中可不那么得人心。罗斯福的预算署长说，废止金本位意味着“西方文明的毁灭”。不过，当美元贬值11.5%之后，美国在世界市场上就又能同欧洲那些早已走上通货膨胀道路的国家竞争了。这一点，一般人不理解，华尔街那些大老板们却是明白的。金融巨头老摩根也在一篇罕见的公开声明中说："据说总统放弃金本位，我表示欢迎……"

资料来源：威廉·曼彻斯特．光荣与梦想——1932－1972 美国社会实录［M］．北京：中信出版集团，2015.

一、金本位的建立

银本位制的主要内容是白银作为货币材料。银铸币为本位货币，具有无限法偿能力。银币可以自由铸造和自由熔化，国际间白银和银币可以自由输出入，流通中的纸币可以与银币自由兑换。19 世纪中叶之前，欧美各国与中国贸易是巨额逆差（中国与英国的鸦片贸易除外），而中国采取白银结算，于是欧美白银大量流入中国。

知识拓展

我国银本位制度的历史

在我国货币史上，白银自汉代已逐渐成为货币金属，到明代白银已货币化，中国真正成为用银之国。

明朝末年，凭借千百年间发展起来的精湛工艺和低廉成本，中国的日用品风靡欧、美和日本市场。加上美、欧正处于"价格革命"时期，导致中国商品以白银为计量单位所表示的相对价格极为低廉，在国际市场上具有强大的价格优势。如 1621 年荷兰东印度公司以每镑 4 盾的价格采购一批中国台湾生丝，运到欧洲市场后售价为每镑 16.8 盾，毛利率达 320%。所以，欧洲商品难以与价廉物美的中国货竞争，西班牙人、葡萄牙人和后来跻身对华贸易的荷兰人、英国人都不得不用硬币购买中国商品，巨额对外贸易顺差一直保持到 19 世纪初鸦片贸易兴起前夕。在这个过程中，巨额海外白银流入中国。明代对外贸易的发展使白银大量流入中国，推动了银本位的确立。白银为本位币、铜为辅币的货币体制确立后，历经明、清两朝和民国初期，直至 1934 年美国政府实施《购银法案》，提高银价，中国白银大量外流，国民政府被迫于 1935 年 11 月实行法币时才废除。

资料来源：公开资料整理。

18 世纪 40 年代，由于世界白银产量的增加，白银价格不断下跌。由于白银价格不稳定，白银作为货币不利于货币流通的稳定和国际收付。削弱了白银作为货币的能力。因此许多国家逐步过渡到了金银两本位制。实行最多的是所谓“金银复本位”。

“金银复本位”是指金、银两种铸币同时作为本位币的货币制度。它将金、银两种金属同时作为法定币材，黄金用于大额批发交易，白银适用于小额零星交易；金、银铸币都可以自由铸造、自由输出入国境，都有无限法偿能力；金银币之间保持固定比价，并按这一比价无限制地自由买卖金银。

金银复本位制下由于白银市场价格下跌，而由政府规定的银币作为货币的价值高于其作为普通商品在市场上的价值，金银固定比价难以维持，套利的结果使银币充斥流通。劣币驱逐良币的规律发挥作用。因此，某一时期，金银复本位制市场上实际只有一种货币在流通，很难有两种货币同时并行流通。这也成了许多国家向金本位制转变的动因。

知识拓展

格雷欣法则——劣币驱逐良币

“劣币驱逐良币”，也称格雷欣法则（Gresham's Law），为16世纪英国伊丽莎白铸币局长托马斯·格雷欣（Thomas Gresham）提出。他观察到：若当黄金实际价值超过法定兑换率时，人们就会将手中价值较大的金币（良币）熔成金块，再将这些黄金卖掉换成银币（劣币）使用。经过这种程序之后，就可比直接用“金币换银币”换得更多的银币。有时人们甚至会重复这样的过程许多次，故市面上的良币（金币）就日益被熔化而减少，劣币（银币）则会充斥市场并严重扰乱市场秩序。例如：

当国家规定1金币等于15银币的法定比价，而市场价为1金币等于16银币

15金币等于240银币（按市场价）

240银币等于16金币（按法定价）

16金币 -15金币等于1金币

人们会将多得的金币收藏、熔化或输出国外。如此循环往复，必然使流通中的金币越来越少，银币则充斥市场。

这一规律告诉我们：一个国家在同一时期内只能流通一种货币。如果同时使用两种货币，在金属货币流通条件下，就会出现“劣币驱逐良币”现象。

资料来源：公开资料整理。

二、国际金本位制的内容

英国在1816年最早实行金本位制，此后，其他各国鉴于英国金本位制的成功以及客观经济发展的需要，相继纷纷效仿，推行金本位制。各国实行金本位制的年份如表8－2所示。

表8－2　　各国实行金本位的年代

<table>
<tr><th>国别</th><th>年份</th><th>国别</th><th>年份</th><th>国别</th><th>年份</th><th>国别</th><th>年份</th></tr>
<tr><td>英国</td><td>1816</td><td>法国</td><td rowspan="5">1874</td><td>荷兰</td><td>1875</td><td>日本</td><td>1897</td></tr>
<tr><td>德国</td><td>1871</td><td>瑞士</td><td>乌拉圭</td><td>1876</td><td>俄国</td><td>1898</td></tr>
<tr><td>瑞典</td><td rowspan="3">1873</td><td>比利时</td><td>美国</td><td>1879</td><td>多米尼亚</td><td>1901</td></tr>
<tr><td>挪威</td><td>意大利</td><td>奥地利</td><td>1892</td><td>巴拿马</td><td>1904</td></tr>
<tr><td>丹麦</td><td>希腊</td><td>智利</td><td>1895</td><td>墨西哥</td><td>1905</td></tr>
</table>

（一）金币本位制

第一次世界大战前，国际货币体系是典型的金本位制：金币本位。当时的货币体系有“四大自由”：自由流通、自由铸造、自由兑换、自由进出。

（1）流通中的货币为金币和纸币。

（2）金币自由铸造：金币可以根据黄金持有人的申请自动铸造；人们也可以自由地将金币熔成金块，退出货币流通。

（3）金币自由兑换：允许纸币流通，它是黄金的符号。政府事先规定一单位货币的含金量，纸币按票面额可以自由兑换成黄金。

（4）黄金自由输出、输入国境：这使黄金的国内外价格维持同等水平，从而使本国货币与外国货币之间的汇率得以保持稳定。

（5）各国的货币基础是黄金，国际的结算也可以使用黄金。

这个时期，各国货币以金币形式按法定的含金量铸造，两国货币法定含金量之比称铸币平价（Mint Par），它是确定两国货币交换比率的基础。

例如，1英镑法定含金量是7.32238克，1美元法定含金量是1.50463克，则两国货币的铸币平价是：

$7.32238/1.50463 = 4.8665$

两国货币的实际汇率受外汇供求的直接影响围绕铸币平价上下波动，但波动的幅度有限。

黄金输送点是指汇价波动而引起黄金从一国输出或输入的界限。汇率波动的最高界限是铸币平价加运金费用，即黄金输出点（gold export point）；汇率波动的最低界限是铸币平价减运金费用，即黄金输入点（gold import point）。

典型的金本位制下，黄金可以自由输出入，汇率波动一旦超过一定的限度就引起黄金的输出或输入，从而起到自动调节汇率的作用，我们称这个限度为黄金输送点。其计算公式为：

黄金输送点 = 铸币平价 ±1 个单位黄金运送费用（运送费、包装、保险费）

若英美两国 1 单位黄金的输送费为 0.03 美元，则外汇市场上英镑兑美元的汇率将在 4.8665 +0.03 和 4.8665 ~0.03 的限幅内波动：

黄金输出点：\$4.8665 +0.03 = \$4.8965

黄金输入点：\$4.8665 -0.03 = \$4.8365

如果英镑汇率上涨超过 4.8665 +0.03 美元，则美国进口商就宁愿直接运送黄金到英国偿还英镑债务，而不愿意花更多的钱买英镑外汇来偿还债务。

同样，如果英镑兑美元的汇率下跌超过 4.8665 ~0.03 美元，那么美国出口商在英国所赚到的英镑也不愿意兑换美元而宁愿用英镑在英国购进黄金，再运回美国。

举例

美国进口商从英国进口价值 10 万英镑的商品，付款时英镑汇率为 1 英镑 =4.9500 美元，那么用英镑支付折合 495000 美元，直接用黄金支付只需 10 万×(4.8665 +0.03) =489650 美元，可以节省 5350 美元。在这种情况下，美国进口商都会用黄金支付而不愿意用美元兑换英镑支付。对英镑需求的减少，将使得英镑兑美元的汇率回落到黄金输送点之内。反之，黄金的流动也会使得低于黄金输送点的汇率回升到黄金输送点之内的。

（二）金块本位制

第一次世界大战前夕，西方各国为了准备战争，加紧对黄金的掠夺，使许多国家金币自由铸造与自由兑换受到了严重的削弱，黄金输出入受到了严格限制。战争爆发后，参战各国由于军费开支猛增而大量发行纸币或银行券。战争结束后，许多国家出现了严重的通货膨胀，纸币和黄金之间的自由兑换遭到破坏。由于遭受经济危机，商品输出减少，资本外逃严重，黄金短缺，各国政府纷纷禁止黄金输出。这些从根本上动摇了金币本位制赖以生存的必要条件，从而金币本位制度崩溃。接着一些国家相继实行两种变形的金本位制，即金块本位制和金汇兑本位制。

金块本位制下，不再自由铸造和流通金币，市场上流通的是银行券（主要是纸币）。纸币与黄金保持规定的比价，代表黄金参与流通，而黄金不在国内流通。纸币不能任意兑换黄金，只有在一定数额以上才能兑换成金块，这个数额往往规定得很高，使小额的货币量不能兑换，这使得流通中的黄金得以缩减，节约了黄金的使用。例如，英国曾规定银行券数额在 1700 英镑以上才可以兑换黄金，法国规定银行券数额至少达到 215000 法郎才能兑换黄金。因此金块本位制也是“富人本位制”。

（三）金汇兑本位制

金汇兑本位制又称“虚金本位制”，该国货币一般与另一个实行金本位制或金块本位制国家的货币保持固定的比价，并在后者存放外汇或黄金作为平准基金，从而间接实行了金本位制。实际上，它是一种带有附属性质的货币制度。无论金块本位制或金汇兑本位制，都是削弱了的金本位制，很不稳定。而这种脆弱的制度经过 1929 ~ 1933 年的世界经济危机，终于全部瓦解。

20 世纪 30 年代初期的金融市场危机对于银行产生了巨大的支付压力，继而许多银行破产倒闭，一些国家先后放弃金块本位制。

金汇兑本位制的特点如下。

（1）国家无须规定货币的含金量，市场上不再流通金币，只流通银行券。

（2）国内实行纸币流通，纸币不能与黄金兑换，而只能兑换外汇，外汇可以在国外兑换黄金。本国货币与某一实行金块本位制或金本位制国家的货币保持固定汇价，以存放外汇资产作为准备金，以备随时出售外汇。

（3）实行金汇兑本位制的国家使其货币与另一实行金币或金块本位制国家的货币保持固定汇率，通过无限制地买卖外汇来维持本国货币币值的稳定。

知识拓展

金块本位制及金汇兑本位制的比较

在金块本位制中，可以兑换黄金的银行券代替了金币。任何人都可以将所持有的银行券兑换成等量的黄金，但是存在一个一般人达不到的最高兑换限额。这种制度可以部分解决黄金产量不足的问题和磨损所带来的消耗。

在金汇兑本位制中，当一个国家实行这种货币制度时，需要将黄金存放在另一个国家，本国货币与之实行固定比例率，只有当此国货币兑换成黄金存放国的货币时，才能兑换成黄金，这是一种殖民地性质的货币制度。

金块本位制或金汇兑本位制，都是削弱了的金本位制，很不稳定。

资料来源：公开资料整理。

（四）国际金本位制的崩溃

金本位制通行了约100年，其崩溃的主要原因有如下。

（1）黄金生产量的增长幅度远远低于商品生产增长的幅度，黄金不能满足日益扩大的商品流通需要，这就极大地削弱了金铸币流通的基础。

（2）黄金存量在各国的分配不平衡。1913年末，美、英、德、法、俄五国占有世界黄金存量的2/3。黄金存量大部分为少数强国所掌握，必然导致金币的自由铸造和自由流通受到破坏，削弱其他国家金币流通的基础。

（3）第一次世界大战爆发，黄金被参战国集中用于购买军火，并停止自由输出和银行券兑现，从而最终导致金本位制的崩溃。

（4）1929年世界经济危机以及国际金融危机（见表8－3）。

表8－3　与国际金本位制度崩溃相关事件

事件	影响
1914年第一次世界大战爆发	黄金禁运，纸币停止兑换黄金
	严重的通胀，货币黄金可兑换性被禁止
	1915～1922年，世界黄金生产下降了1/3
第一次世界大战后初期	1922年，经济与金融会议
	实施金块本位制与金汇兑本位制
1929年世界经济危机 1931年国际金融危机	抵御危机袭击，银行破产倒闭
	1931年，英国放弃金本位制
	出现英镑集团、美元集团、法郎集团

三、国际金本位制下内外均衡实现问题

在国际金本位制下，外部均衡目标处于首要位置，它体现为维持汇率的稳定。根据英国经济学家大卫·休谟（D. Hume）最早指出的“物价—现金流动机制”（price-specie flow mechanism），物价是建立在一系列前提下的（见图8－1）。这些前提主要包括：

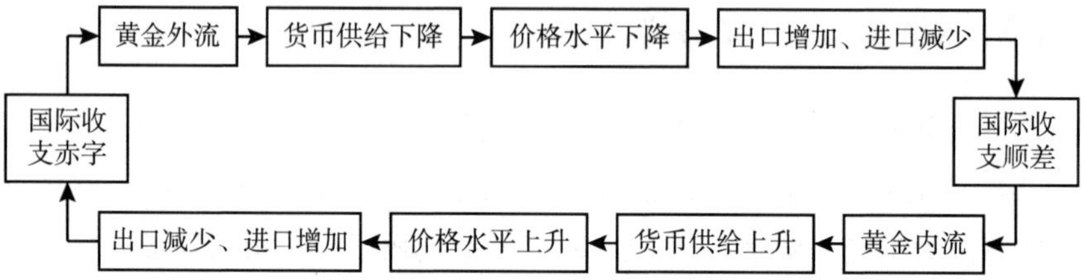

图8－1　物价——现金流动机制的调节过程

（1）政府严格按金本位制的要求实施货币政策，保持黄金的自由兑换、自由铸造、自由输出入，当国际收支因素带来黄金储备变动进而影响货币供给时，不得采取冲销措施。

（2）不存在国际资金流动。

（3）商品价格具有完全弹性。

但是，国际金本位制下的内外均衡实现机制也是有着很大的局限性的，它要求各国政府遵守特定的“游戏规则”。当商品价格不具有完全弹性时，这一机制常常会破坏内部均衡。总的来说，在国际金本位制下，内外均衡的实现有其物质基础，那就是世界黄金产量能满足经济发展对货币供给量的需要。

四、金本位典型案例——英镑国际化

英镑国际化走的是一条依靠经济实力的领先地位和殖民体系的扩张作用，凭借金本位制下的黄金背书，通过自由贸易政策而实现国际化的路径。从时间节点来看，英镑在国际货币领域中的核心地位从1816年金本位制确定到1944年布雷顿森林体系建立为止。

英镑国际化的经济基础是以机器代替手工为特征的第一次工业革命。18世纪，英国凭借着工业革命的成果和殖民体系的扩张，通过强大的海洋霸权

推动了自由贸易发展，对外投资规模不断扩大，使其迅速成为世界经济强国。

1816 年，英国颁布《金本位制法》，成为世界上第一个实行金本位制的国家，明确规定英镑和黄金在固定比价下可以自由兑换。

1819 年，英国颁布《黄金兑换条例》，正式确立以黄金为基础、英镑为核心的国际金本位制。金本位制度普遍建立后，英镑成为第一个执行国际货币职能的信用货币。同时，中央银行制度的率先建立为英镑国际化打下了金融基础，英国于 1694 年通过法案建立了英格兰银行，成为世界上第一个建立中央银行制度的国家。

1844 年，英国颁布《银行特许法》，将维护英镑的稳定性和可兑换性确定为中央银行的重要职责，授权央行开展货币互换。此外，自由贸易政策成为英镑“走出去”的直接推动力。

1860 年，英国和法国签订了《科布登·谢瓦利埃条约》，随后又和其他欧洲国家签订以英镑计价结算贸易协定。海外殖民地为英国提供了大量的原材料，英国拥有资金和技术后，又开展了对外直接投资。主要包括对于欧洲大陆国家和美洲等殖民国家。英国在其殖民地设立了货币发行局，剥夺了殖民地国家的货币自主权。

1914 年，英国殖民地面积相当于全球陆地面积的 1/4，是各列强殖民地总和的 1/2。一度自称为“日不落帝国”，彰显出其强大的国际地位。但随着两次世界大战和国际货币制度的变迁，英国政治经济实力逐步衰弱，英镑的核心地位逐渐被美元所取代。

课堂实训

新航路的开辟，促使英国的海外贸易急速发展，英国具有极佳的地理位置，使其海外贸易更加便利；1640 年，资产阶级革命在英国发生，英国建立了资本主义制度，这为其经济的发展提供了有力的支撑；18 世纪初，英国开始了工业革命，工业革命是英国主导世界经济的基础，使英国成为“世界工厂”和世界上最大的殖民国家，确立了英国在国际贸易的霸权地位。英国作为当时世界上最强的经济大国，在国际贸易中发挥着主导作用，率先通过了一系列法律法规规定黄金的进出口，实现黄金的国际流通。

请你联系当时英国在世界经济中的地位，思考一下：为什么是英镑成为金本位制的中心货币？

第三节 布雷顿森林体系

【引导案例】

第二次世界大战后，各资本主义国家吸取了经济危机的惨痛教训，希望建立一个有利于世界经济持续稳定发展的机制，这就成为重建战后世界秩序的关键。美国想要建立以自己为主导的资本主义世界经济体系，而英国也不甘心优势地位的丧失。于是，美国提出了怀特计划，即建立以美国为中心的世界经济体系。英国提出来凯恩斯计划，即英国企图同美国分享国际金融领导权的意图。我们看几段材料。

材料一：美国的经济却在战争期间获得迅速发展，国民生产总值从1940年的1006亿美元上升至1945年的2136亿美元。美国在资本主义世界工业生产总额中所占的比重，也由1937年的42%升至1945年的60%。美国的黄金储备1945年已占到资本主义世界黄金储备总量的59%，1948年更增至74.5%，美国已跃升为资本主义世界的头号强国。

材料二：英国虽然赢得了战争，却输尽了财富。它在战争中损失兵力120万，消耗资金250万英镑，外贸濒于停顿，黄金储备几乎枯竭，海外投资也大部分变卖。战争结束时，国债高达237万英镑。昔日的威风已一扫而光……至于法国，更是元气大伤。战争中损失1.4亿多法郎，相当于战前3年的全部生产总值。

哪个计划会成功呢？

资料来源：人教网，2011－05－25。

一、布雷顿森林体系的建立

1944年7月，44个国家的代表在美国新罕布什尔州“布雷顿森林”召开联合国和盟国货币金融会议。这次会议通过了《联合国货币金融协议最后决议书》和《国际货币基金组织协定》《国际复兴开发银行协定》两个附件，总称《布雷顿森林协定》。

（一）历史背景

两次世界大战和1929～1933年的世界经济危机，使得国际货币金融关系极度混乱和动荡，国际的贸易、货币金融以及国际经济合作发生了困难。战后各国为了恢复和发展经济，迫切需要一种统一的、稳定的、有效运行的国际货币秩序，为国际贸易和经济发展提供基本条件。

世界大战彻底改变了世界经济和格局，德国、意大利、日本遭到毁灭性打击，英国、法国这些工业国也满目疮痍。相比之下，美国却因战争受益，成为当时全球经济实力最强大的国家。美国的国内生产总值占全球当时生产总值的48%左右，差不多一半左右是美国的制造，贸易量占了全球贸易的1/3。1859年至1918年，美国工业总产值从不到20亿美元上升到840亿美元，黄金储备从占全球储备总量的17%上升到59%，贸易量则从4%上升到39.2%。随着贸易量的大幅增加，美元取代英镑，成了当时使用量最大的国际货币。在那一时期，手握美元是一件时髦而且实惠的事。

美国凭借综合政治经济实力取得国际金融领域的主导权。两次世界大战使得远离战争中心的美国获得发展契机，成为战争军需和战后恢复的唯一的商品、资金供应国，得以迅速崛起。与之相反，英国经济在战争中遭到极大破坏而迅速衰落。实力对比的悬殊使得英国虽不情愿但不得不把新的国际货币制度的创立权交给美国。

（二）美元代替英镑的霸主地位的建立过程——美元与英镑的货币霸权地位争夺过程

1. 凯恩斯计划与怀特计划

战争削弱了英国的经济实力，但是当时，国际贸易有40%左右还是用英镑结算，伦敦仍然是全球重要的金融中心，在美元提出要成为世界货币的时候，唯一与之抗衡的是英镑。为了争夺在战后国际货币体系的主导地位，英国和美国各自就是为了提升自己金融的地位，提升自己货币的地位而努力，他们设计的各种方案都是为了达到这个目标的。

英国方案的起草者是英国经济学家凯恩斯。“凯恩斯计划”主张建立一个世界性中央银行，称“国际清算同盟”。按照这个计划，由国际清算同盟发行一种国际货币班柯以作各国中央银行或财政部之间结算之用。各国中央银行在国际清算同盟中开立账户，彼此间用班柯进行清算。班柯与黄金之间有固定的比价，各国货币按一定的比价与班柯建立固定汇率，这个汇率是可以调整的，但不能单方面进行竞争性的货币贬值，改变汇率必须经过一定的程序。凯恩斯的主张遭遇到了美国的强烈反对，美国经济学家怀特提议，应该把美元确立为主要的世界货币。

美国的“怀特计划”主张取消外汇管制和各国对国际资金转移的限制，以便于美国对外进行贸易扩张和资本输出。怀特提出设立一个国际货币基金组织，筹措总额50亿美元的基金，由各会员国以黄金、本国货币或政府债券认缴，根据各国的份额确定各国在基金组织内的投票权。由基金组织发行一种名叫尤尼它的国际货币，作为计算单位，尤尼它可以兑换黄金，也可在会员国之间相互转移，各国货币要与尤尼它按一定比价建立固定汇率。

经过激烈的讨价还价，最终在美国政府的主导下，与会各国选择了怀特方案，美元取代英镑成为国际货币体系的核心，美元和黄金挂钩，1 盎司黄金等于35 美元，其他的货币再与美元形成固定的汇率。至此，美元初步确立了在国际货币体系中的霸主地位。

2. 英镑世界霸权地位的丢失

布雷顿森林会议上，美国虽然取代英镑成了最主要的世界货币，但是英镑仍然有在部分地区使用的权利，此后的数年间，英镑和英镑区仍然是美元霸权的最大障碍。1946 年，英国战后经济困难，不得不寻求美国的援助，这给美国扫除障碍提供了机会。那一年，美国政府一次性借给了英国 37. 5 亿美元的贷款，但提出了苛刻的条件，包括英国必须承认美国在国际货币体系的领导权，并恢复英镑和美元的自由兑换。结果导致英镑区各国纷纷提取存款兑换美元，不到一个月的时间，英国的黄金储备就流失了 10 亿美元，英国因此元气大伤，英镑彻底失去了与美元抗衡的能力。

二、主要内容

“布雷顿森林体系”建立了国际货币基金组织和世界银行两大国际金融机构。前者负责向成员国提供短期资金借贷，目的为保障国际货币体系的稳定；后者提供中长期信贷来促进成员国经济复苏。

“布雷顿森林体系”（见图 8 - 2）的主要内容包括以下几点。

（1）美元与黄金挂钩。各国确认 1944 年 1 月美国规定的 35 美元一盎司的黄金官价，每一美元的含金量为 0. 888671 克黄金。各国政府或中央银行可按官价用美元向美国兑换黄金。为使黄金官价不受自由市场金价冲击，各国政府需协同美国政府在国际金融市场上维持这一黄金官价。

（2）其他国家货币与美元挂钩。其他国家政府规定各自货币的含金量，通过含金量的比例确定同美元的汇率。

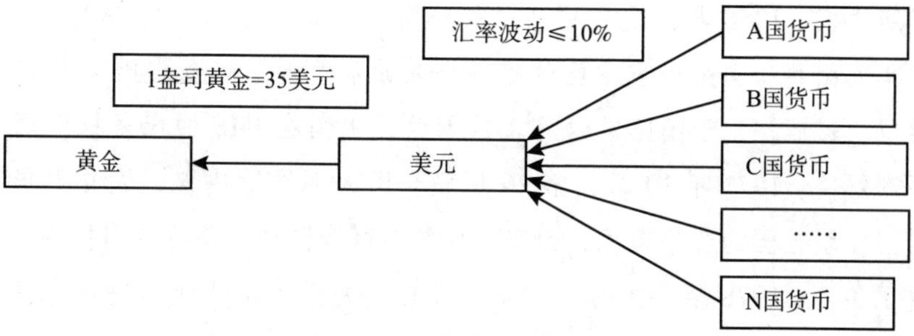

图8-2 布雷顿森林体系

（3）实行可调整的固定汇率。《国际货币基金协定》（以下简称《协定》）规定，各国货币对美元的汇率，只能在法定汇率上下各1%的幅度内波动。若市场汇率超过法定汇率1%的波动幅度，各国政府有义务在外汇市场上进行干预，以维持汇率的稳定。若会员国法定汇率的变动超过10%，就必须得到国际货币基金组织的批准。1971年12月，这种即期汇率变动的幅度扩大为上下2.25%的范围，决定“平价”的标准由黄金改为特别提款权。布雷顿森林体系的这种汇率制度被称为“可调整的钉住汇率制度”。

（4）各国货币兑换性与国际支付结算原则。《协定》规定了各国货币自由兑换的原则：任何会员国对其他会员国在经常项目往来中积存的本国货币，若对方为支付经常项货币换回本国货币。考虑到各国的实际情况，《协定》作了“过渡期”的规定。《协定》规定了国际支付结算的原则：会员国未经基金组织同意，不得对国际收支经常项目的支付或清算加以限制。

（5）确定国际储备资产。《协定》中关于货币平价的规定，使美元处于等同黄金的地位，成为各国外汇储备中最主要的国际储备货币。

（6）国际收支的调节。国际货币基金组织会员国份额的25%以黄金或可兑换成黄金的货币缴纳，其余则以本国货币缴纳。会员国发生国际收支逆差时，可用本国货币向基金组织按规定程序购买（借贷）一定数额的外汇，并在规定时间内以购回本国货币的方式偿还借款。会员国所认缴的份额越大，得到的贷款也越多。贷款只限于会员国用于弥补国际收支赤字，即用于经常项目的支付。

知识拓展

中国与IMF组织的渊源

中国是IMF的创始国之一，新中国诞生后我国的席位长期被中国台湾当局所占据。1950年，政务院总理兼外交部部长周恩来致电IMF，严正声明中华人民共和国是代表中国的唯一合法政府，要求恢复中国在IMF的合法席位。然而，由于国际政治环境的制约，中国在IMF的代表权问题长期得不到解决。1971年10月，第26届联合国大会通过决议，恢复中华人民共和国在联合国的合法席位，为我国恢复在联合国序列下各专门机构的席位创造了条件。1978年，党的十一届三中全会关于改革开放的决议为我国加入国际金融组织创造了有利的内部环境。1979年1月，中、美建交，加入国际金融组织的外部条件最终趋于成熟。1980年3月，IMF派团来华与我方谈判；4月17日，IMF的执行董事会通过了由中华人民共和国政府代表中国的决议，恢复了中华人民共和国在IMF的合法席位。在2010年最新一轮IMF改革之后，中国成为IMF第三大股东国，仅次于美国和日本，居世界第三位。不过，改革后美国依旧拥有“否决权”。

资料来源：公开资料整理。

三、布雷顿森林体系的瓦解

（一）内在缺陷——特里芬难题

美元与黄金挂钩，各国货币与美元挂钩，就意味着，各国以美元为最重要的外汇储备。而这些储备，实际上是美国的外债。而这些储备的来源是美国国际收支的逆差。这些储备的增加，是美国外债的增加。各国持有的美元储备的增长，要以美国的国际收支逆差为前提，所以，美国的国际收支必须持久的逆差下去。可是，持久的、大量的逆差存在，又将动摇各国对美元的信心（见图8-3）。这就为美元危机和布雷顿森林体系的崩溃，埋下了祸根。

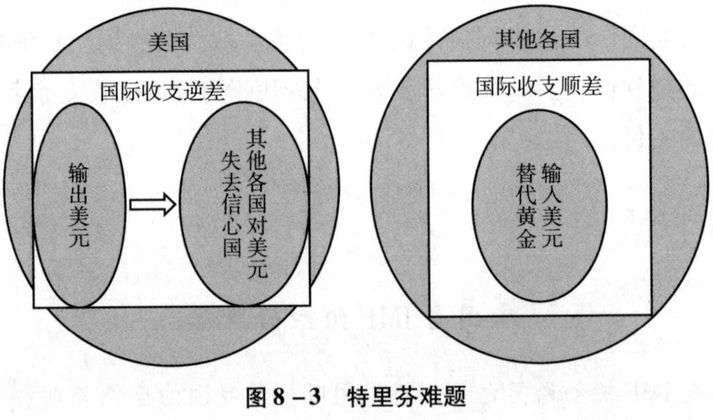

图8-3　特里芬难题

（二）衰败与瓦解过程

1. 暴风雨前的平静：1958～1965 年

1950 年开始，美国由于失去了战争中巨额订单刺激经济开始走软，而朝鲜战争的爆发又直接增加了巨额军费支出。黄金储备由原先的超过 400 亿美元骤降到不足 200 亿美元，而国债却增长到超过 200 亿美元。在朝鲜战争爆发后长达十年的时间里，美国的国际支出一直保持着持续增加的态势，高达 20 亿美元。

1958 年，即欧洲恢复货币可兑换性的那一年，美国的经常项目盈余急剧下降。1959 年，美国出现赤字。虽然在 1960 年美国经济进入衰退以后，经常项目的状况有所改善，然而外国的中央银行在 1960 年将它们将近 20 亿的美元储备都兑换成了黄金。在此之前的 1958 年和 1959 年，它们已兑换了大约 30 亿美元。1960 年标志着“美元短缺”时代的结束和一个害怕美国将美元相对黄金贬值时期的开始。1961 年越南战争爆发，美国的对外赤字更是进一步增加。比较前两次世界大战中的欧洲国家，正是由于战争军事支出导致了由顺差国变为逆差国，由“德高望重”的强国变为“衰老体弱”的弱国。

2. 越战的军事升级和“伟大社会计划”：1965～1968 年

1965 年，由于林登·b. 约翰逊总统扩大了美国在越南冲突中的参与程度而使政府的军事购买支出开始增加。同时，伴随着总统“伟大社会计划”的实施，其他方面的政府开支也大大增加了。政府支出的增加并未辅之以税收的快速增长。这样做的结果是，巨大的财政扩张引起美国价格的上涨并使美国经常项目盈余急剧下降。

3. 从黄金危机到整个体系的崩溃前：1968～1973 年

危机的迹象最早出现在伦敦的黄金市场。1967 年底与 1968 年初，私人投机者由于预期黄金价格可能会上升而开始囤积黄金。美联储与欧洲各国中央银行大量出售黄金仍无济于事，英格兰银行在 1968 年 3 月 15 日关闭了黄金市场。两天后宣布实行黄金市场的双轨制，即官方价格与私人价格并存。私人的黄金买卖可以继续在伦敦市场上交易，不过价格将实行浮动。与此相反，各国中央银行仍继续以每盎司黄金 35 美元的官方价格进行黄金交易。

双轨制的建立是布雷顿森林体系的一个转折点。该体系实行金汇兑本位制的最初目标是通过固定美元与黄金的比价防止通货膨胀。各国中央银行割断了美元与黄金的固定市场价格之间的联系，也就抛弃了布雷顿森林体系固有的反通货膨胀的机制。

尼克松总统在1971年8月15日，采取了强硬措施。首先，他宣布从此以后美国将不再自动地向外国中央银行出售黄金挽回美元，从而结束了美国黄金不断外流的局面。这个措施实际上切断了美元与黄金之间仅存的一点联系。其次，他宣布对所有美国进口的商品征收10%的附加税，直到美国的贸易伙伴同意其货币对美元升值为止。

4. 布雷顿森林体系的最后崩溃：1973年2～3月

1973年2月12日，美元宣布进一步贬值10%。就在美国政府宣布恢复外汇市场交易不久，投机资本开始了对美元的冲击。3月1日，欧洲各国中央银行被迫购买了36亿美元以防止其货币贬值之后，外汇市场再度关闭。

3月19日外汇市场又一次开盘交易，日本与大多数欧洲国家的货币价格相对于美元都开始浮动。工业化国家对美元汇率的浮动在当时被看作是对难以控制的投机性资本流动做出的暂时性反应。但是，1973年3月的这一系列暂时性调整最终变成了永久性的措施，标志着固定汇率制度的破产和国际货币体系一个动荡的新时代的开始（见表8－4）。

表8－4　不同年份1盎司黄金的美元价格　单位：美元

项目	1967年	1968年	1969年	1970年	1971年	1972年	1973年	1974年	1975年	1976年
金价	35.00	39.94	40.76	36.07	41.17	59.00	97.84	158.96	160.91	124.71
项目	1977年	1978年	1979年	1980年	1981年	1982年	1983年	1984年	1985年	1986年
金价	147.78	226.0	512.0	589.8	397.5	456.9	382.4	308.3	326.8	388.8
项目	1987年	1988年	1989年	1990年	1991年	1992年	1993年	1994年	1995年	1996年
金价	484.1	410.3	398.6	386.2	353.2	332.9	391.8	383.3	387.0	369.3
项目	1997年	1998年	1999年	2000年	2001年	2002年	2003年	2004年	2005年	2006年
金价	290.2	287.8	290.3	274.5	276.5	347.2	416.3	435.6	513.0	632.0
项目	2007年	2008年	2009年	2010年	2011年					
金价	833.8	869.8	1087.5	1405.5	1531.0					

资料来源：世界黄金网。

四、典型案例——美元国际化

美元国际化走的是一条依托战争背景和全球货币制度安排实现国际化的路径，经历了金本位制向信用货币体制的历史转变，并实现了对英镑的历史超越。布雷顿森林体系解体后，仍旧依靠先发优势和存量力量在国际货币体系中保持主导地位，并通过石油美元战略占据了国际大宗商品的核心计价地位，至今在国际货币领域占据着首屈一指的位置。

美元国际化可分为三个阶段。

（一）国际化的准备阶段

1865年南北战争结束，国内统一的市场和货币制度的建立是美元国际化路径的起点。1879年美国实施金本位制。1900年正式通过《金本位法案》。1913年美国联邦储备体系的建立使得美元流动性有了最终贷款人，美元币值稳定性和可兑换性得到了切实保障，为美元计价的金融工具市场发展提供了基础。第一次世界大战期间，美国依靠军需物资贸易，成为世界最大的贸易出口国，同时，其为英、法等国提供贷款以购买战争物资，成为国际贷款人。美国由净债务国迅速转变为净债权国，这使得美元需求不断增加，并逐步成为硬通货。1919年，美国对外直接投资达到世界首位。第二次世界大战期间，美国出口额大幅增长，而英国却持续回落。美国继续向其同盟国发放贷款，为境外提供美元流动性。

（二）美元国际化的发展阶段

两次世界大战对全球经济政治格局进行了重新洗牌，美国凭借着完备的制造业基础以及大量的黄金储备成为世界头号强国。1944年，布雷顿森林体系的建立使美元成为唯一的国际计价单位和与黄金相同的国际储备货币，贸易金融领域逐渐形成了对美元的依赖。1947年，美国发起了多边互减关税谈判，并在日内瓦签订《关税及贸易总协定》。客观上减少了国际贸易中的关税和其他障碍，使得世界经济融为一体，进一步巩固了美元在国际贸易中的地位。1947年7月，为了缓解国内过剩产能，刺激经济增长，美国启动了对欧洲的马歇尔计划，开展了一系列捐赠、资助和贷款活动。马歇尔计划扩大了美元输出，为西欧重建注入了资金。在马歇尔计划的推动下，美元成为西欧贸易结算的主要货币，欧洲各国对美元产生了明显的依赖。布雷顿森林体系下，美元取得了巨大的成功，但同时其作为国际货币也存在着隐忧。国际流动性供给的不足和国际收支严重失衡的矛盾带来了“特里芬难题”。1960年，美国出现了财政困境，世界各国对美元购买力产生了质疑。1969年，国际货币基金组织创设了超主权货币SDR以期望挽回不利局面，但矛盾已积重难返，美元危机频发。1971年，尼克松被迫宣布美元和黄金脱钩，布雷顿森林体系随之崩塌。1976年，各国达成新的共识，美元独自垄断各国外汇储备的地位不复存在。

（三）美元国际化发展的新阶段

在布雷顿森林体系解体后，由于失去了国际货币制度的固有安排，没有了黄金作为货币发行的基础，美元的国际地位出现了一定的松动。但美元依靠先发优势和存量优势形成了货币使用的惯性和依赖，在国际货币体系中保持主导地位。由于摆脱了黄金的发行约束，随着时间的推移，在国际货币领域形成了美元独大的格局。

课堂实训

当今世界的货币体系，依旧以美元为核心吗？以美元为核心的国际货币体系的问题何在？布雷顿森林体系崩溃后，国际货币体系有哪些积极的变化？

第四节　牙买加体系

【引导案例】

1971 年，面对巨额的国际收支逆差和各国中央银行要求兑换黄金的压力，美国总统尼克松于 1971 年 8 月 15 日宣布停止美元兑换黄金，终止每盎司黄金 35 美元的官方兑换关系。为了对有管理的浮动汇率进行指导，国际货币基金组织切断了特别提款权与黄金和美元之间的联系。国际货币基金组织还在内部设立了石油基金，允许那些因为国际收支困难而需要进口石油的国家提存。同时，设置临时委员会讨论货币改革问题。1976 年临时委员会达成了《牙买加协定》，同年 4 月，国际货币基金组织理事会通过了国际货币基金组织协定的第二次修正案，从而形成了牙买加体系。

资料来源：世界经济史，2016－03。

一、牙买加体系的建立

布雷顿森林体系解体后，主要西方国家货币开始自由浮动。1973 年第一石油危机爆发，西方经济陷入混乱，浮动汇率却在衰退和混乱中表现良好。1975 年西方六国在首次首脑会议上纷纷表示接受现实，放弃重建固定汇率的尝试，形成决议要求国际货币基金组织修改章程，承认浮动汇率。

1976年国际货币基金组织理事会通过《牙买加协定》，承认了既成事实，正式开始了牙买加体系时代。

（一）历史背景

1. 布雷顿森林体系的内在矛盾——特里芬两难

以美元为中心的国际货币制度崩溃的根本原因，是这个制度本身存在着不可解脱的矛盾。在这种制度下，美元作为国际支付手段与国际储备手段，发挥着世界货币的职能。

2. 美国经济衰退，美元危机与美国经济危机频繁爆发

布雷顿森林体系存在的前提是美国的经济保持高速增长，能够满足世界经济发展的需要。然而，随着20世纪50年代欧洲、日本等国从第二次世界大战后恢复过来，经济增长逐渐赶超美国，美国的经济开始出现衰退，并且，由于美国因为朝鲜、越南等战争开支，以及扩张性财政政策等一系列原因，导致美国财政赤字增加、贸易收支逆差不断扩大，最终导致美元信用下降，布雷顿森林体系解体。

3. 美国仍然是世界上最强大的国家

布雷顿森林体系崩溃时，虽然日本、联邦德国、法国等主要工业化国家经济实力快速增长，美国经济相对衰落，但是美国仍然是经济实力最强的国家。特别是美国在工业生产等领域远远领先于其他国家。同时美国仍然是世界上最有实力的政治大国、最先进的军事大国，综合实力居世界首位。以雄厚实力为基础的美元仍然享有很高的声誉，仍然是国际储备货币的主体、国际信贷和计价结算标准、国际清算支付手段，没有任何一种货币能取代它的地位。

（二）牙买加货币体系的形成

1971年8月15日，时任美国总统尼克松宣布实行所谓的新经济政策，与对外方面相关的内容有：（1）对所有进口商品加征10%的进口附加关税。（2）美国官方暂停履行按照官价向外国官方持有的美元兑换黄金的义务。

1971年12月18日，国际货币基金组织（IMF）签署了“史密森协定”，其主要内容为：（1）美元对黄金法定贬值7.89%，即一盎司黄金从35美元贬为38美元；（2）美元兑日元、德国马克、瑞士法郎、英镑、法国法郎、瑞典克朗和意大利里拉总体贬值10%，其中，对日元贬值幅度最大，

为16.9%；（3）非储备货币对美元波动幅度由原来的1%，放宽到2.25%。该协定以上述条件换取了美国重启黄金窗口、取消10%的进口附加关税。

1972年6月至1973年3月，英、法、德、日等西方诸国先后放弃了固定汇率制，转而采用浮动汇率制，美国也不再履行对外国官方持有的美元按照官价兑换黄金的义务，从而切断了黄金与美元的联系，布雷顿森林货币体系就此瓦解，西方国家的货币关系陷入无体系（non system）状态。

1976年1月，国际货币基金组织临时委员会达成了《牙买加协议》，1978年4月生效，国际货币体系进入一个新阶段，即牙买加货币体系。

（三）牙买加体系的主要内容

1. 多样化的汇率制度安排

牙买加协议正式确认了浮动汇率制的合法化，承认固定汇率制与浮动汇率制并存的局面，成员国可自由选择汇率制度。IMF把多样化的汇率制度安排分为以下三种："硬钉住汇率"（hard pegs），如货币局制度、货币联盟制等；"软钉住汇率"（soft pegs），包括传统的固定钉住制、爬行钉住制、带内浮动制和爬行带内浮动制；"浮动汇率群"（the floating group），包括完全浮动汇率制以及各种实施不同程度管制的浮动汇率制。同时IMF继续对各国货币汇率政策实行严格监督，并协调成员国的经济政策，促进金融稳定，缩小汇率波动范围。

2. 实行黄金非货币化，美元和黄金脱钩

协议作出了逐步使黄金退出国际货币的决定。并规定：废除黄金条款，取消黄金官价，成员国中央银行可按市价自由进行黄金交易；取消成员国相互之间以及成员国与IMF之间须用黄金清算债权债务的规定，IMF逐步处理其持有的黄金。

3. 增强特别提款权（SDR）的作用

主要是提高特别提款权的国际储备地位，扩大其在IMF一般业务中的使用范围，并适时修订特别提款权的有关条款。规定参加特别提款权账户的国家可以来偿还国际货币基金组织的贷款，使用特别提款权作为偿还债务的担保，各参加国也可用特别提款权进行借贷。

4. 国际储备货币多元化

美元是最重要的国际储备货币，日元、马克（后来的欧元）、黄金、国际货币基金组织特别提款权作为补充，越来越呈现多样化，自由兑换的货币均可以成为世界储备货币和清算货币。尽管如此，美元仍是各国外汇储备的主要组成部分，由此可见，原有货币体系的根本矛盾仍然没有得到根本解决（见表8－5）。

表8－5　　1999～2018年全球外汇储备主要货币构成一览　　单位：%

货币名称	1999年	2000年	2001年	2002年	2003年	2004年	2005年	2006年	2007年	2008年
美元	71.01	71.13	71.51	66.50	65.45	65.51	66.51	65.04	63.87	63.77
欧元	17.90	18.29	19.18	23.65	25.03	24.68	23.89	24.99	26.13	26.21
日元	6.37	6.06	5.04	4.95	4.42	4.28	3.96	3.47	3.18	3.47
英镑	2.89	2.75	2.70	2.92	2.86	3.49	3.75	4.52	4.82	4.22
其他	1.83	1.77	1.57	2.04	2.24	2.04	1.89	1.98	2.00	2.33

货币名称	2009年	2010年	2011年	2012年	2013年	2014年	2015年	2016年	2017年	2018年
美元	62.15	62.24	62.69	61.49	61.27	65.15	65.73	65.36	62.72	61.74
欧元	27.70	25.76	24.44	24.07	24.21	21.20	19.14	19.13	20.16	20.67
日元	2.90	3.66	3.61	4.09	3.82	3.54	3.75	3.96	4.90	5.20
英镑	4.25	3.94	3.84	4.04	3.99	3.70	4.72	4.34	4.53	4.42
人民币								1.07	1.23	1.89
澳元				1.46	1.82	1.60	1.77	1.69	1.80	1.62
加元				1.43	1.83	1.75	1.77	1.94	2.03	1.84
其他	3.00	4.40	5.42	3.72	3.06	3.06	3.12	2.51	2.63	2.63

资料来源：根据国际货币基金组织公布的2018年末全球外汇储备币种构成（COFER）等数据整理。

5. 扩大对发展中国家的资金融通

扩大对发展中国家的资金融通，以出售黄金所得的收入设立“信托资金”，以优惠的条件资助持续发生巨额国际收支逆差的国家，放松贷款条件，延长偿还期限。同时，IMF扩大信用贷款部分的总额，由占会员国份额的100%增加到145%，并放宽“出口波动补偿贷款”的额度，由占份额的50%提高到75%。

6. 增加成员国基金份额

成员国的基金份额从原来的292亿特别提款权增加至390亿特别提款权，增幅达33.6%。成员国的基金份额从原来的292亿特别提款权增加至390亿特别提款权，增幅达33.6%。

二、牙买加体系下的内外均衡实现问题

在牙买加体系下，内部均衡是政府密切关注的政策目标，它的地位受到了前所未有的重视。在价格稳定、充分就业、经济增长这几个国内政策目标中，价格稳定又因为七八十年代各国所遇到的严重通货膨胀而居于突出位置。

与布雷顿森林体系相比，牙买加体系的内外均衡实现机制具有如下特点：

（1）在政府通过政策搭配实现内外均衡的同时，经济自发调节机制也发挥着重要作用。与布雷顿森林体系下主要通过一国的支出增减政策与支出转换政策的搭配来实现内外均衡不同，牙买加体系下的资金流动与汇率变动可以非常迅速地自发对内外均衡进行调整。以经常账户逆差为例，这一逆差既可能因引起本国货币贬值而通过货币——价格机制而得到自动调整，也可能因吸引国外资金流入而得到融资。

（2）在内外均衡的关系上，内部均衡居于首要位置。在布雷顿森林体系下，内部均衡目标已经得到了相当的重视。但是由于这一体系所实行的可调整的固定汇率制度，各国负有维持外部汇率稳定的义务，这就使得各国在实现内部均衡中受到了很大的牵制，有的时候还不得不以牺牲内部均衡为代价来实现外部均衡。在牙买加体系下，各国基本上不存在维持某一特定汇率的义务，因此可以将更多的精力用于内部均衡的实现上。实际上，牙买加体系在运行中（特别是在早期）表现出忽视外部均衡，或者说在很大程度上依靠市场机制自发调节外部均衡的倾向。

（3）在实现内外均衡过程中，国际政策协调的地位有所下降。在布雷顿森林体系下，各国通过可调整的固定汇率制联系起来，这就使各国必须进行协调才能维持汇率稳定这一共同目标。在维持这一固定汇率的过程中，各种形式的国际政策协调是非常多见的，这在一定程度上弥补了布雷顿森林体系在内外均衡实现机制上的缺陷，延长了这一体系的寿命。而在牙买加体系下，各国专注于实现内部均衡目标。尽管此时国际货币基金组织作为在国际发挥协调作用的组织的作用得到加强，国际政策协调在很长一段时期内仅限于危机管理等较低层次。

三、日元国际化路径

日元国际化走的是一条金融深化与发展的路径。日本政府通过扩大贸易

与外汇交易规模、推动经常账户和资本账户的自由化使用、促进金融市场开放与自由化使得日元成功跻身国际货币行列，并在国际经济活动中发挥了一定的作用。

日元国际化的基础是日本迅速提高的经济实力和综合国力，以及由于长期贸易顺差而积累的充足国际储备。日本通过推动资本项目的可兑换和金融市场的自由化使日元在没有实现区域化的情况下直接成为国际货币。日元国际化是典型的先成功后失败的案例。

日元国际化主要经历了三个阶段。

第一阶段为日元国际化的起步阶段，20 世纪 60 年代开始，日本经济蓬勃发展，70 年代初就超越德国成为仅次于美国的世界第二大经济体。布雷顿森林体系解体后，许多国家迫切需要寻找有强大经济基础和良好升值趋势的国别货币，日元在国际交易领域有了客观的结算需求。但此时日本政府却对日元国际化保持消极态度，认为日元国际化给国内经济和金融市场带来风险。

第二阶段为日元国际化的发展阶段。1980 年底，日本对资本项下外汇交易的规定从“原则上禁止”修改为“原则上自由”，这标志着日元资本项目实现可自由兑换。政策驱动下，日元国际化进程开始加快。1981 年日元加入 SDR 货币篮子。1983 年日本将推动日元国际化列为政府工作目标，开始推动金融市场和日元交易自由化。金融自由化改革为日元的自由流通创造了条件，有力推动了日元国际化发展。这一时期日本国内物价稳定，通胀情况良好，经济保持了高速发展，日元一度成为第三大国际储备货币，仅位列美元和德国马克之后。

第三阶段为日元国际化的衰退阶段。1985 年日本被迫签订《广场协议》，日元开启了大幅升值之路。但与此同时，本国产业结构尚未调整到位，经济泡沫迅速积累。1990 年日本泡沫经济破裂，日本股市崩盘，之后又出现了房地产价格的暴跌，日元又开始贬值，经济陷入长期的衰退。日元在全球外汇储备中的比重开始逐步下降。亚洲金融危机爆发后，日元国际化再次受到重创，国际化进程明显倒退。危机后日本政府试图重启日元国际化进程，专门设立了外汇和其他交易委员会。1996 年日本实施“金融体系改革计划”。1999 年 4 月正式发表《面向 21 世纪的日元国际化》报告。受到 1999 年欧元成功的启发，日本政府又开始转变贸易结算的推动方式，谋求一条通过区域化实现国际化的路径。2000 年日本通过“清迈倡议”，谋求通过东亚地区货币合作再次提振货币。随着日美同盟的强化以及日元长期的低利率甚至是负利率，日元逐渐成为国际货币领域中的避险货币，在国际交易中的占比与美、欧相距甚远。

课堂实训

布雷顿森林体系解体后，在20世纪70年代中期，美国通过与中东最大产油国沙特阿拉伯在石油方面特殊的政治关系巩固了美元霸主的地位。近年来，俄罗斯和伊朗这两个石油出口大国对于美元对石油的结算出现松动，但并不妨碍美元的霸主地位。

根据“牙买加体系”的改革，国际储备资产趋向多元化。但根据IMF2021年第一季度的报告，世界全部外汇储备资产中美元的规模已经接近7万亿美元，占世界全部外汇储备资产12.57万亿美元中的一大半。

请问：牙买加体系下，随着美国在疫情之后的大规模量化宽松“特里芬两难”矛盾是否得到有效缓解。

第五节　欧洲货币一体化

【引导案例】

卡尔奖第一次颁给一个理念

每年春夏之交，位于德国西陲的亚琛城举世瞩目。因为此时，这座古老的帝王之都要向那些为欧洲事业做出特殊贡献的人颁发“卡尔奖”。该奖创立于1950年，是以曾在公元8世纪到9世纪统一了从埃布罗河到易北河流域的卡尔大帝的名字命名的，以专门奖励为欧洲统一做出杰出贡献的人、机构或事物。温斯顿·丘吉尔、雅克·德洛斯、瓦茨拉夫·哈维尔，还有阿登纳和前德国总理科尔——都曾荣获过这一著名的欧洲大奖。

2002年“卡尔奖”第一次颁发给一个“理念”，这个“理念”就是欧元。据“卡尔奖”董事会的介绍，2002年之所以把这一殊荣给了欧元，是因为欧元代表了欧洲一体化的思维，加强了欧洲人的共同意识，在促进欧洲一体化上具有重要的政治和经济意义。正如欧洲中央银行行长德伊森贝赫所说，欧元的意义已不仅仅是欧洲一体化进程中的一个里程碑，它也将对保持欧洲的稳定、和平与繁荣做出贡献。欧元是欧洲经济和政治一体化的象征，是欧洲稳定和统一的象征。经历了数个世纪战争创伤的欧洲国家誓言团结起来，捍卫自由、民主和人权。

欧元使欧盟获得了走向更紧密联合发展的基础，欧元的意义不仅仅是一种货币单位，其重要性在于它淡化了欧洲地区的疆域和国别概念，是欧洲各国团结的标志。随着500亿枚欧元硬币和150亿张欧元纸币进入流通领域，12个欧元国世代使用的本国货币将结束其历史使命，这一伟大壮举似乎正在昭示“欧罗巴合众国”时代的到来。这是第二次世界大战时期英国首相丘吉尔提出的“统一欧洲”概念。如今，欧元的诞生就是最有力的证据，表明欧元区3亿欧洲人朝这个“欧罗巴合众国”迈进了一大步。

资料来源：金投网，2018-07-04。

一、欧洲货币体系的形成

1950年欧洲支付同盟成立，这是欧洲货币一体化的开始。

1957年3月，《罗马条约》，决定成立欧洲经济共同体。

1958年，《欧洲货币协定》以代替欧洲支付同盟。

1969年12月在海牙举行的欧共体首脑会议决定筹建欧洲经济与货币联盟。

1970年10月，《魏尔纳报告》公布，它为实现欧洲经济与货币联盟规定了一个十年的过渡时期，分为三个阶段实现联盟的目标。

1971年3月达成协议，决定正式实施货币联盟计划。

1972年初，欧共体部长理事会才着手推行货币联盟措施。

1978年4月，在哥本哈根召开的欧共体首脑会议上，提出了建立欧洲货币体系（European Monetary System，EMS）的动议。

1978年12月5日欧共体各国首脑在布鲁塞尔达成协议，决定于1979年1月1日建立欧洲货币体系，后因原联邦德国和法国在农产品贸易补偿制度上发生争执，延迟到1979年3月13日才正式成立。

1996年底，欧洲货币联盟的发展取得了重大的突破。12月13~14日，欧盟首脑会议在爱尔兰首都都柏林举行。经过各国财长的反复磋商，终于打破僵局，欧元国与非欧元国之间就建立新汇率机制、欧元使用的法律框架、货币稳定与经济增长的原则及主要内容等达成妥协，并原则同意了欧洲货币局提供的欧元纸币的“样币”。至此，都柏林首脑会议获得成功，欧洲单一货币机制框架基本形成。

1997 年 10 月 2 日，欧盟 15 国代表在荷兰首都正式签订了 6 月达成的《阿姆斯特丹条约》，这是一个在《马约》基础上修改而成的新欧盟条约。新条约及先前已获批准的《稳定与增长公约》《欧元的法律地位》《新的货币汇率机制》等文件，为欧元与欧洲经济货币联盟于 1999 年 1 月 1 日的如期启动，又奠定了坚实的基础。

1998 年 5 月 2 日，欧盟 15 国在布鲁塞尔召开特别首脑会议，决定接受欧盟委员会和欧洲货币局的推荐，确认比利时、德国、西班牙、法国、爱尔兰、意大利、卢森堡、荷兰、奥地利、葡萄牙和芬兰等符合《马约》条件的 11 个国家为欧元创始国，首批加入欧洲单一货币体系。欧盟的其余 4 个国家，即英国、丹麦、瑞典和希腊，因暂时不愿加入欧元体系或未能达标，没有成为首批欧元国家。同时决定在原有的欧洲货币局基础上成立欧洲中央银行，由荷兰人杜伊森贝赫出任欧洲中央银行行长。欧洲中央银行行长之争由此也暂告一个阶段。1998 年 12 月 3 日，首批加入欧元体系的 11 个国家宣布联合降息，除意大利（利率 3 厘半）外，其余 10 国均把利率降至 3 厘，此举显示了这些国家准时启动欧元的决心和强烈的政治意愿。

1999 年 1 月 1 日，欧元准时启动。欧洲货币单位以 1∶1 的比例转换为欧元，欧元与成员国货币的兑换率锁定，欧洲中央银行投入运作并实施统一的货币政策，欧元可以支票、信用卡等非现金交易的方式流通，各成员国货币亦可同时流通，人们有权选择是否使用或接受欧元。

二、欧洲货币体系的主要内容

欧洲货币体系实质上是一个固定的可调整的汇率制度。它包括三方面内容。

（一）欧洲货币单位

欧洲货币单位（European Currency Unit，ECU）是当时欧共体 12 个成员国货币共同组成的一篮子货币，各成员国货币在其中所占的比重大小是由他们各自的经济实力决定的。

（二）建立稳定汇率的机制（Exchange Rate Mechanism，ERM）

欧洲货币体系内部的汇率制并非完全固定的，成员国之间货币汇率有一个可波动的范围。每一成员国的货币都与欧洲货币单位（ECU）定出一个中心汇率，这个汇率在市场上的上下波动幅度为正负2.25%，对英镑来说是6%。由于德国马克是欧洲货币体系中最强的货币，德国马克又是国际外汇市场上最主要的交易货币之一，人们便常常把欧洲货币体系成员国货币与德国马克汇率的波动，作为中央银行干预的标志。

（三）建立欧洲货币合作基金

欧共体于1973年4月设立了欧洲货币合作基金，集中起成员国20%的黄金储备和美元储备，作为发行欧洲货币单位的准备。

三、欧元国际化

欧元本质上是一个“没有国家”的货币，无法为市场提供足够的信心，其国际化水平因此受到限制。

2018年以前，欧盟对欧元国际化保持一贯的中性立场，但是这一态度在2018年发生了转变。欧盟谋求提升欧元的国际地位，其背后主要有两方面原因。

第一，欧元的国际地位与其经济实力不匹配。欧盟是世界三大经济体之一，占全球贸易总额的1/4，也是全球主要的外国直接投资来源地和目的地。但作为全球第二大储备货币，欧元在全球外汇储备中的份额在近年来一直呈下降趋势。2021年第四季度，欧元占全球外汇储备份额的20.64%，远远落后于全球主要储备货币——美元58.81%的份额。在全球外汇市场交易中，欧元占据的份额为35.5%，而美元则占到90%（外汇结算包含双边的交易数据，全球主要货币外汇交易份额之和为200%）。

第二，提升欧元的国际地位是欧盟战略自主的关键。美国利用美元霸权地位滥用金融制裁措施，越来越频繁地针对欧洲企业使用或威胁使用制裁手段，欧洲企业损失巨大。提升欧元的国际地位不仅能够有效应对汇率变化等给经济带来的冲击，加强经济韧性，还可以更迅速、有力和有效地实施制裁与反制裁措施，提高欧盟的制裁能力，维护欧盟企业的利益，这也是欧盟战略自主的基础。

课堂实训

尽管美元存在一系列的问题，但是相较其他货币而言，仍然是信用最好，受接受程度最高的货币。在特别提款权（SDR）的一篮子货币的其他货币中，英镑因经济体量相对较小，且英国经济持续疲软，不足以作为主要国际储备；日元在1985年《广场协议》之后就再难重振辉煌；人民币加入国际储备资产时间较短，且由于资本管制、经常账户常年巨额顺差等问题难以走出去，加之政治偏见的因素，目前还难以成为主要的国际储备货币。唯一在体量上能与美元抗衡，且曾经最有希望代替美元的是欧元。欧元区各国实行统一的货币政策，在成立初期经历了一段时间的良性发展，但是由于各国经济发展不平衡，对货币政策期望不一，而经济发展较快的国家又不愿做过多妥协，最终导致欧债危机的爆发，严重影响欧元区国家的经济，使欧元在国际上的信用和竞争力明显下降。有人认为欧元区如果能有效缓解内部矛盾，基于其庞大的经济体量，未来是国际储备的一个重要选择。

请问你如何看待以上观点。

第六节　人民币国际化

【引导案例】

2020年度人民币国际使用市场调查

2020年，中国银行对境内外工商企业及金融机构使用人民币的情况进行了市场调查，调查样本近3300家，其中，境内企业约2500家，境外企业约800家，境外受访工商企业涵盖32个国家和地区。调查显示：

一是人民币作为结算货币的基础进一步巩固。约有78.8%的受访境内外工商企业考虑在跨境交易中使用人民币或提升人民币的使用比例，这一比例较前几年有所上升。

二是人民币计价货币职能初步发挥。调查结果显示，有20.5%的受访境内工商企业表示在跨境交易中使用人民币报价，这一比例较2019年小幅上升。与2015年相比，坚持使用人民币报价的受访工商企业占比上升了4个百分点，而采用折中定价分担汇率风险的工商企业占比下降了4个百分点。

三是人民币作为融资货币保持一定的吸引力。2020年的调查结果显示，约有78.1%的受访境外工商企业表示，当美元、欧元等国际货币流动性较为紧张时，会考虑将人民币作为融资货币，这一比例较2019年的调查结果略有下降，但仍保持在近5年来的相对高位。2020年和2019年的调查结果均显示，在考虑是否使用人民币开展贸易融资时，利率水平和人民币兑本国货币汇率风险管控成本是境外工商企业最为关注的两大因素。

资料来源：中国人民银行官网（资料整理）。

一、人民币国际化的含义

人民币国际化是指人民币能够跨越国界，在境外流通，成为国际上普遍认可的计价、结算及储备货币的过程。人民币国际化是追求与中国经济地位、贸易地位相匹配的货币地位，对中国是防范危机侵害、摆脱“美元陷阱”的有效途径；提供全球公共物品，为广大新兴市场提供国际货币的另一种选择，有助于形成多元制衡的国际货币竞争格局；顺应世界经济和贸易格局调整方向，纠正对美元过度依赖，缓解“一超多元”负面影响，为国际金融体系增添稳定因素。

人民币国际化的含义：

（1）允许自由地将人民币与其他货币进行兑换，进行国内外投资。

（2）人民币现金在境外有一定的流通量。

（3）人民币计价的金融产品是各国央行主要投资工具，需要有人民币计价的规模较大的金融市场。

（4）人民币结算在国际贸易中达到一定比重。

（5）人民币在各国储备货币中有一定比重。

人民币的国际化历程见表 8-6。

表 8-6　　人民币的国际化历程

年份	重大事件
2008	全球性的金融危机，促使人民币国际化的萌芽出现
2009	开始推行人民币国际化
2010	成为国际货币基金组织的第三大成员
2015	中国倡议设立的亚洲基础设施投资银行正式成立
2016	人民币正式加入国际货币基金组织特别提款权货币篮子。成为国际储备货币之一
2020	中国的黄金储备量达到 1948 吨，成为全球第五大黄金持有国。在新冠疫情的影响下，中国调整政策，给其他国家树立了榜样，发挥了大国精神
2021	人民币在全球支付货币的国际支付中占比位于第四，成为仅次于美元、欧元和英镑的全球第四的活跃货币。伊朗的石油出口贸易以人民币作为结算货币
2022	在俄乌局势下，俄罗斯表示在石油结算的过程中考虑将人民币作为贸易结算货币，助推人民币国际化

二、人民币国际化的条件

（一）国家拥有强大的经济实力

货币作为一种结算工具，货币国际化是与国际贸易分不开的，更是建立在国际贸易基础之上的。而一国的货币若想在国际贸易上占据一席之地，这取决于该国的经济实力。近年来，我国经济始终保持着高速增长，我国的国际影响力也得到了进一步提升，越来越掌握了话语权。据此，人民币的地位也在逐渐提升。

（二）保持国际收支逆差

要推动货币国际化进程，首先必须要让货币“走出去”。要实现货币流出这一目的，就必须不断进行国际贸易，增加本国国际贸易规模。国际贸易规模越大，全球经济对人民币的需求量越多，并在此过程中大量使用人民币进行结算。

（三）高效便捷、安全稳定的国际收付清算体系

货币的跨境流动，离不开在各国之间建立起一个高效便捷的国际收付清算体系。人民币跨境支付系统（Cross-border Interbank Payment System，CIPS），作为专司人民币跨境支付清算业务的批发类支付系统，于 2012 年 4 月 12 日开始建设，2015 年 10 月 8 日上午正式启动。

三、人民币国际化现状

作为世界上最大的发展中国家，中国的经贸发展快于金融领域的发展。因此，对于人民币的国际化目标仍是以服务实体经济为主，金融交易为辅。

（一）跨境人民币结算

跨境贸易人民币结算试点正式拉开了人民币国际化发展的帷幕。2009 年 7 月，上海、广州、珠海、东莞、深圳率先成为跨境贸易人民币结算试点城市，跨境人民币结算通过放开对人民币在涉外交易中的限制迅速打开了局面。

1. 跨境人民币结算业务

人民币国际化以跨境贸易人民币结算试点为切入点，业务范围逐步扩大。除经常项目结算外，资本项目下跨境人民币业务也取得明显发展。人民币在直接投资、跨境融资、证券投资、其他投资等领域得到了广泛的应用。2010 年 8 月，允许境外央行等“三类机构”投资银行间债券市场。2011 年，先后允许外商直接投资和对外直接投资以人民币结算，放开境外项目人民币贷款和企业到香港发“点心债”。2012 ~ 2017 年，先后推出境内企业境外人民币借款、跨国企业集团双向人民币资金池、人民币境外放款、全口径跨境融资等业务。

2. 人民币作为计价货币

计价货币是指在结算和经济统计中作为标价和计算单位的货币。人民币的国际计价职能体现在三个方面。

一是在国际交易中采用人民币作为计价和定价货币。如国际贸易合同的人民币计价、大宗商品的定价和计价、跨境融资中的定价结算。目前人民币在贸易领域的计价能力还较弱，在大宗商品领域也仅仅是刚刚起步，在跨境融资中则依赖于离岸市场的人民币资金价格。

二是金融资产的定价与计价。如以人民币计价的债券、股票、衍生品等资产。这方面在境内外金融市场有了明显的提升和进步。尤其是丰富和增加离岸人民币金融资产类别，满足了境外机构的避险和投资需求。

三是官方统计数据的计价。采用本币作为官方统计的报告货币是国际通行的做法。为了引导市场主体使用人民币进行成本核算。中国在涉外统计部门中也推动了人民币计价的发展。

2013 ~ 2014 年，海关总署、国家外汇管理局、商务部在对外数据发布时先后增加了以人民币计价的进出口、银行结售汇、代客涉外收付款、对外投资等统计数据。支持在金融市场发展人民币计价的金融产品，如推出“上海金”人民币计价的原油期货。

3. 人民币清算体系建设

跨境人民币结算业务开展以来，资金的跨境清、结算主要通过三种渠道。一是清算行模式。清算行模式是中国人民银行在离岸人民币市场授权一家商业银行开展人民币清算业务。二是代理行模式。代理行模式是境外银行机构在境内开立代理行结算账户，通过境内银行间接参与结算。三是非居民账户（NRA）模式。NRA 模式为境外机构在境内银行开立账户，间接参与结算。2003 年以来，中银香港作为首家跨境人民币业务清算行，业务范围已从最初个人结算扩展至贸易和投资项下。清算行的设立对于推动离岸市场发展和构建更加完善的交易网络发挥了重要的作用。2012 年以来，中国台湾、新加坡、英国、德国、韩国、俄罗斯、美国等地先后确立人民币清算行（见表 8 –7）。

表 8 –7　　人民币清算行列表

序号	国家和地区	时间	清算行
1	中国香港	2003 年 12 月	中国银行（香港）有限公司
2	中国澳门	2004 年 9 月	中国银行澳门分行
3	中国台湾	2012 年 12 月	中国银行台北分行
4	新加坡	2013 年 2 月	中国工商银行新加坡分行
5	英国	2014 年 6 月	中国建设银行伦敦分行
6	德国	2014 年 6 月	中国银行法兰克福分行
7	韩国	2014 年 7 月	交通银行首尔分行
8	法国	2014 年 9 月	中国银行巴黎分行
9	卢森堡	2014 年 9 月	中国工商银行卢森堡分行
10	卡塔尔	2014 年 11 月	中国工商银行多哈分行
11	加拿大	2014 年 11 月	中国工商银行（加拿大）有限公司
12	澳大利亚	2014 年 11 月	中国银行悉尼分行
13	马来西亚	2015 年 1 月	中国银行（马来西亚）有限公司
14	泰国	2015 年 1 月	中国工商银行（泰国）有限公司
15	智利	2015 年 5 月	中国建设银行智利分行
16	匈牙利	2015 年 6 月	中国银行匈牙利分行
17	南非	2015 年 7 月	中国银行约翰内斯堡分行
18	阿根廷	2015 年 9 月	中国工商银行（阿根廷）股份有限公司
19	赞比亚	2015 年 9 月	赞比亚中国银行
20	瑞士	2015 年 11 月	中国建设银行苏黎世分行
21	美国	2016 年 9 月	中国银行纽约分行
22	俄罗斯	2016 年 9 月	中国工商银行（莫斯科）股份公司
23	阿联酋	2016 年 12 月	中国农业银行迪拜分行
24	美国	2018 年 2 月	美国摩根大通银行

4. 自贸区人民币国际化

自贸区政策框架的核心包括政策环境宽松、投资领域开放、金融开放、贸易自由化、监管宽松、税赋宽松等 8 个方面。其中跨境人民币创新是金融开放领域的重头戏，这也是推动人民币国际化发展的题中之意。

2013 年 9 月，上海自贸区正式挂牌，明确提出要在人民币资本项目可兑换、利率市场化、人民币跨境使用等方面创造条件开展先行先试，其中对于跨境人民币双向资金池业务的试点政策在 2014 年 11 月就推广到了全国。

2014 年 12 月，国务院决定在广东、天津、福建建立第二批自贸区，又从五个方面对跨境人民币业务开展了创新试点。2017 年 4 月 1 日，第三批自贸区 7 省市同时挂牌，进一步优化了自贸区的布局和发展，形成了“1 + 3 +7”的改革开放新格局，上海处于开放的最前沿。

5. 人民币加入 SDR

2015 年 11 月 30 日，人民币通过 IMF 执行董事会审议。2016 年 10 月 1 日起，人民币正式纳入国际货币基金组织 SDR 货币篮子，成为继美元、欧元、日元、英镑后的第五种货币。人民币加入 SDR 货币篮子是国际社会对中国改革货币和金融体系取得成就的认可。人民币在篮子中初始占比为 10.92%（见图 8 -4）。

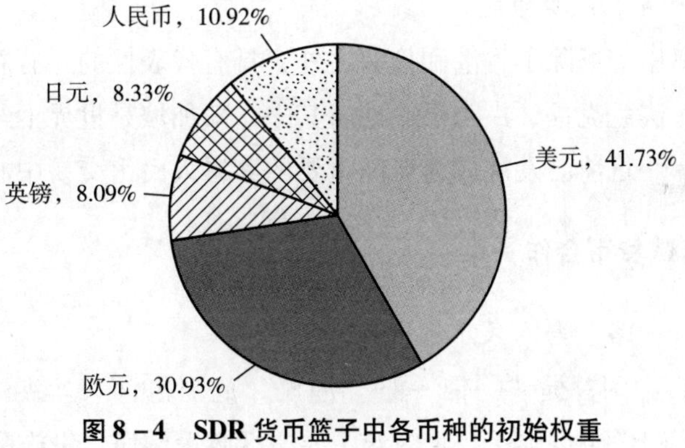

图 8 -4　SDR 货币篮子中各币种的初始权重

资料来源：国际货币基金组织网站。

（二）离岸人民币市场

离岸市场为人民币在境外实现自主循环提供了平台。目前，人民币离岸市场主要集中在中国香港、伦敦、新加坡等地，并形成了以香港为主、多点发展的格局。

1. 香港离岸人民币市场

2003 年，人民银行率先为香港银行开办人民币业务提供清算安排。2004 年，香港银行开始经营个人人民币存款、汇款兑换及信用卡业务。

2007年6月，人民币结算所自动转账系统RTGS提升了人民币交收系统功能。2010年7月，人民银行和香港金管局进一步完善了清算协议的内容，为扩大人民币市场提供了发展空间。

成熟的离岸市场离不开资金价格的自由形成。香港CNH市场形成了市场化的人民币汇率和利率价格，与在岸CNY市场形成了良性互动。香港离岸市场人民币产品十分丰富。其中，香港人民币NDF市场是最主要的离岸人民币远期交易市场之一，能够反映国际投资者对人民币汇率的预期变化。

2. 伦敦离岸人民币市场

伦敦是欧洲美元市场的发祥地，是当今世界重要的国际金融中心。2014年10月，英格兰银行成功发行全球首只西方国家人民币主权债券，期限3年，规模30亿元，随后其将发行国债的收入作为英国政府的外汇储备。这为国际投资者提供了离岸人民币债券基准利率的定价参考。2015年10月20日，人民银行在伦敦（中国境外首个地区）发行人民币计价央行票据，金额50亿元，票面利率3.1%。2016年6月，中国财政部在伦敦发行规模为30亿元人民币国债。

3. 其他离岸人民币市场

人民币离岸市场除了香港和伦敦之外，具有代表性的还有新加坡、中国台湾、首尔、法兰克福、卢森堡等地。其中，新加坡是世界上经济自由度最高的区域之一。目前已发展成为亚洲重要的离岸人民币交易中心。

（三）区域货币合作

1. “一带一路”与人民币国际化

2013年，中国首提“一带一路”倡议，范围包含“丝绸之路经济带”和“21世纪海上丝绸之路”。其内涵主要包括政策沟通、设施联通、贸易畅通、资金融通和民心相通，而这五通中资金融通是最为重要的支撑点。

“一带一路”倡议逐步成为人民币国际化新的推动力量。“一带一路”项目建设对中国有大量的融资需求和商品服务的进口需求，人民币可以通过资本的形式输出融资，同时资金又可以用于购买中国的商品和服务，形成了“资本输出+贸易回流”的机制，这是一种非常自然的安排。

2. 亚投行与丝路基金建设

中国主导或推动设立的金砖国家开发银行、亚洲基础设施投资银行和丝路基金等区域性金融机构，也为推进人民币国际化发挥了积极作用。

3. 中央银行间货币互换

货币合作是中国与相关国家在金融领域建立的合作安排，目的是为贸易和投资伙伴在必要时提供流动性支持，便利企业在跨境贸易和投资中使用人民币。2000 年 5 月，东盟“10 + 3”达成了清迈倡议，这是中国对外参与最早的货币互换机制。

4. 双边本币结算协定

自 20 世纪 90 年代起，为了满足边境地区的结算需求，中国与周边国家开始签署双边本币结算协定，允许市场主体在边境贸易或一般贸易中使用人民币或对方币进行结算。至 2017 年末，中国共与 9 个国家签署了边境贸易或一般贸易和投资本币结算协定（见表 8 – 8）。协议的主要内容是允许两国在边境贸易或一般贸易中使用人民币或对方货币进行结算；允许两国商业银行互相开立本币账户为边境贸易提供银行结算服务；允许商业银行在海关备案后跨境调运两国本币现钞；允许商业银行在边境地区设立两国货币的兑换点。

表 8 – 8　中国人民银行和境外央行（货币当局）双边本币结算协定一览表

<table>
<tr><th>序号</th><th>国别</th><th>签署日期</th><th>结算货币</th><th>性质</th></tr>
<tr><td>1</td><td>越南</td><td>2003 年 10 月 16 日</td><td>双方货币</td><td>边境贸易</td></tr>
<tr><td>2</td><td>蒙古国</td><td>2004 年 7 月 5 日</td><td>双方货币</td><td>边境贸易</td></tr>
<tr><td>3</td><td>老挝</td><td>2002 年 2 月 4 日</td><td>双方货币</td><td>边境贸易</td></tr>
<tr><td rowspan="2">4</td><td rowspan="2">尼泊尔</td><td>2002 年 6 月 17 日</td><td rowspan="2">人民币</td><td>边境贸易</td></tr>
<tr><td>2014 年 12 月 22 日
（补充协议）</td><td>一般贸易</td></tr>
<tr><td rowspan="2">5</td><td rowspan="2">俄罗斯</td><td>2002 年 8 月 22 日</td><td>双方货币</td><td>边境贸易</td></tr>
<tr><td>2011 年 6 月 23 日</td><td>双方货币</td><td>一般贸易</td></tr>
<tr><td>6</td><td>吉尔吉斯斯坦</td><td>2003 年 12 月 18 日</td><td>双方货币</td><td>边境贸易</td></tr>
<tr><td>7</td><td>朝鲜</td><td>2004 年 10 月 26 日</td><td>人民币</td><td>边境贸易</td></tr>
<tr><td rowspan="2">8</td><td rowspan="2">哈萨克斯坦</td><td>2005 年 12 月 14 日</td><td>双方货币</td><td>边境贸易</td></tr>
<tr><td>2014 年 12 月 14 日</td><td>双方货币</td><td>一般贸易</td></tr>
<tr><td>9</td><td>白俄罗斯</td><td>2010 年 3 月 24 日</td><td>双方货币</td><td>一般贸易</td></tr>
</table>

资料来源：中国人民银行。

课堂实训

（1）我国学生想要出国留学、家人想要旅游、购物，你们可以携带欧元、美元、英镑、澳元或港币，但是却不可以带人民币出国，这是为什么呢？

（2）思考人民币地位提升给我们的生活带来了哪些变化？

讨论及思考题

（1）1944 年的布雷顿森林协议确立美元成为固定汇率体系中的关键货币，成为其他货币的衡量工具。该体系的核心在于美元和黄金之间的联系，每盎司黄金等价于 35 美元。美元成为该体系的主要“储备货币”。布雷顿森林体系给国际经济贸易带来了哪些影响？

（2）1999 年 1 月 1 日，作为世界经济与货币史上重要制度创新的欧元正式启动。欧元启动对长期独霸天下的美元将产生一系列严峻的挑战，并对国际货币格局产生深远的影响。讨论欧元兑美元国际地位的挑战。

（3）中国提高人民币国际化程度有两种途径，第一种是直接途径，即通过人民币国际结算功能的加强和储备功能的加强来实现，可以通过提高金融市场的效率和加快资本项目开放进程实现。第二种是间接途径，即通过政策措施来加强对我国金融秩序的掌控能力，通过维持经济平稳增长，加强货币政策的独立性和金融监管来实现，避免金融风险爆发影响币值稳定。为了提高人民币国际化的速度和稳定性，请你讨论有哪些合理建议？

（4）长期以来，美元在国际货币体系中具有绝对的主导地位。2020 年初，美国为转嫁新冠疫情所造成的国内金融和经济压力，施行了“量化宽松”政策，此举相当于在全球范围内征收广义铸币税，通过稀释全世界储蓄者的财富资产来对本国居民、企业和金融市场进行补贴，体现出美元霸权对于他国经济的负面影响和当前国际货币体系的缺陷。在中美政治经济矛盾日益突出的当下，中国作为世界第二大经济体和第一大出口国，想要减轻本国经济与美元货币政策的捆绑，切实维护自身经济发展的成果，就必须坚定地推进人民币国际化的进程。

请你从数字化人民币、国债、金融市场以及汇率调控 4 个角度出发提出人民币国际化相应对策。

习题与挑战

一、单项选择题

1. 历史上第一个国际货币体系是（　　）

A. 国际金汇兑本位制　　B. 国际金本位制

C. 布雷顿森林体系　　D. 牙买加体系

2. 在金本位制度下，汇率的波动，大致以（　　）为界限。

A. 黄金输送点　　B. 铸币平价

C. 货币价值　　D. 纸币平价

3. 在布雷顿森林体系中，各国货币与美元汇率是否稳定，及各国货币之间的汇率是否稳定，主要取决于（　　）

A. 黄金官价　B. 黄金市价　C. 外汇平价　D. 外汇市价

4. 牙买加体系的特点是（　　）。

A. 国际储备货币多元化　　B. 汇率安排多样化

C. 国际收支调节手段多样化　　D. 以上都是

5. 最稳定的国际货币体系是（　　）。

A. 国际金本位制　　B. 布雷顿森林体系

C. 牙买加体系　　D. 以上都是

二、判断题

1. 在牙买加体系中，储备货币的多元化与美元的霸主地位，使得特里芬难题依然存在。（　　）

2. SDRS 是按西方五种主要货币的加权平均值计价的。（　　）

3. 国际货币体系是一种约定俗成的惯例体制。（　　）

4. 布雷顿森林体系是以美元为中心的浮动汇率制度。（　　）

5. 牙买加体系是多元化的，松散的体系。（　　）

实训活动

1. 案例分析：宏观经济在各种汇率制度下的表现和现代货币历史大事年表分别见表 8－9 和表 8－10。

表 8－9　1870～2008 年美国、英国宏观经济在不同汇率制度下的表现　单位：%

项目	人均收入的年平均增长速度	通货膨胀率	失业率
金本位时期			
英国（1870～1913 年）	1.0	－0.7	4.3a
美国（1879～1913 年）	1.4	0.1	6.8b
两次世界大战期间			
英国（1919～1938 年）	0.6	－4.6	13.3
美国（1919～1940 年）	1.6	－2.5	11.3

续表

项目	人均收入的 年平均增长速度	通货膨胀率	失业率
战后：固定汇率制度时期			
英国（1946～1972 年）	1.7	3.5	1.9
美国（1946～1972 年）	2.2	1.4	4.6
战后：浮动汇率制度时期			
英国（1973～2008 年）	2.2	6.1	7.5
美国（1973～2008 年）	3.0	4.4	6.3

注：a 1888～1913 年；b 1890～1913 年。
资料来源：作者根据公开资料整理。

表 8－10　　现代货币历史大事年表

时间	历史大事
1880～1914 年	古典金本位制时期
1925 年 4 月	英国重返金本位制度
1925 年 10 月	美国股市崩盘
1931 年 9 月	英国放弃金本位制
1934 年 2 月	美国将每盎司黄金的官价从 20.67 美元提高到 35 美元
1944 年 7 月	布雷顿森林会议
1947 年 3 月	国际货币基金组织开始运作
1967 年 8 月	决定创立特别提款权（SDRs）
1968 年 3 月	黄金双价市场建立
1971 年 8 月	美国停止美元兑换黄金－布雷顿森林体系终结
1971 年 12 月	史密森协定：黄金官价上升到每盎司 38 美元，允许的汇率浮动范围扩大到 4.5%
1972 年 3 月	欧洲开始“蛇行于洞”汇率制，汇率波动限制在 2.25% 以内
1973 年 2 月	美国将黄金官价提高到每盎司 42.22 美元
1973 年 3 月	有管制的浮动汇率制开始
1973 年 10 月	石油输出国组织实行有选择的石油禁止出口，石油价格迅速上升
1976 年 1 月	牙买加协议：确认有管制的浮动汇率制，废除黄金的官价
1978 年 4 月	牙买加协议生效
1979 年春	第二次石油危机
1979 年 3 月	欧洲货币体系（EMS）成立
1980 年 1 月	黄金价格一度上升到每盎司 800 美元
1982 年 8 月	国际债务问题显现
1985 年 9 月	广场协议：干预市场以降低美元利率

续表

时间	历史大事
1986 年秋	新一轮关贸总协定多边谈判开始
1987 年 2 月	罗浮宫协议：稳定汇率
1989 ~ 1990 年	东欧开始民主政体和市场经济的改革，德国统一
1991 年 12 月	通过马约，目标是在 1997 年或 1999 年以前建立欧盟的统一货币
1991 年 12 月	苏联解体，独联体（CIS）成立
1992 年 9 月	英国和意大利放弃原来的汇率机制
1993 年 1 月	欧盟形成统一联合市场
1993 年 8 月	欧洲货币体系允许汇率波幅达 ±15%
1993 年 12 月	乌拉圭回合结束，世界贸易组织取代关贸协定
1994 年 1 月	北美自由贸易区成立
1994 年 1 月	欧洲自由贸易联盟并入欧盟形成新的关税联盟 - 欧洲经济区（EEA）
1994 年 1 月	欧盟成立欧洲货币机构（EMI）
1999 年 1 月	欧洲中央银行推出单一货币（欧元）和欧盟范围内的货币政策
2000 年 10 月	欧元兑美元比价跌至最低水平
2002 年 1 月	欧元开始流通
2006 年 12 月	美国经常项目赤字达到历史高点，占 GDP 的 6%
2008 年 7 月	欧元达到历史最高点，1 欧元等于 1.63 美元
2009 年 1 月	斯洛伐克加入欧元区，成为第 16 个加入欧洲货币联盟的国家
2011 年	爱沙尼亚加入欧元区，成为欧元区第 17 个成员国
2012 年 10 月 8 日	欧洲稳定机制（ESM）启动，向债务缠身的欧元区主权国家提供贷款
2014 年 1 月 1 日	拉脱维亚加入欧元区，欧元区成员达到 18 个

资料来源：多米尼克·萨尔瓦多著. 杨冰，等译. 国际经济学［M］. 北京：清华大学出版社，2011：1.

问题：请结合国际货币体系，对上述表 8－9 和表 8－10 中案例分别进行分析。

2. 案例分析：东南亚金融危机。

1997 年 7 月爆发于泰国的金融危机，成为自第二次世界大战以来持续时间最长、波及范围最广、影响最大的金融危机。

1992 年泰国对外资的流入放松限制，并采取泰铢和美元挂钩的固定汇率制。1997 年 2 月，以索罗斯为首的国际对冲基金开始对泰铢发动进攻。同年 7 月 2 日，泰国宣布泰铢与美元脱钩、实行浮动汇率制，泰铢开始大幅贬值。金融危机拉开了序幕。随泰国之后，菲律宾、马来西亚、印度尼西亚、新加坡等陷入危机之中。中国台湾地区放弃对台币的保卫，台币自动和美元脱钩，台币迅速贬值。

1997 年 11 月中旬，韩国金融市场崩溃。1998 年 6 月，日元大幅贬值。金融危机的波及面再次扩大，除东南亚国家外，日元贬值造成的冲击波扩及拉美、欧洲和美国。1998 年 8 月，俄罗斯再次爆发严重的金融危机，并引发了政治危机。1999 年 1 月，巴西金融大幅动荡。国际货币基金组织及时提供 415 亿美元的资金援助，美国对巴西的金融局势也给予高度关注，将巴西金融危机的影响面控制在最小范围内。

在这场金融危机中，为摆脱困境，东亚五大受灾国中的四个，即菲律宾、泰国、印度尼西亚、韩国先后选择向 IMF 求援。IMF 分别向菲律宾、泰国、印度尼西亚、韩国提供了 11 亿、172 亿、400 亿和 550 亿美元的紧急援助性贷款。但是按照 IMF 的惯例，这项总额超过 1100 亿美元的援助贷款后面自然都附加了极为苛刻的条件。

韩国政府于 1997 年 12 月 13 日与 IMF 达成协议，接受了 IMF 提出的苛刻条件，让出经济发展的主动权，以获取 570 亿美元的紧急援助。如 IMF 要求韩国开放银行业、取消进口日本产品禁令、减少进口手续等。IMF 对泰国的贷款条件也十分苛刻，要求泰国减少财政支出，增加增值税，并禁止向有问题的财务及地产公司提供财政援助。但就在泰国政府对贷款条件产生犹豫时，外国银行拒绝延缓泰国贷款人的短期贷款还款期限，并冻结贷款上限。在这种情况下，泰国只有全部答应 IMF 提出的条件。2003 年 11 月，国际货币基金组织亚太局局长助理查尔斯·亚当斯表示，国际货币基金组织在处理 1997 年至 1998 年亚洲金融危机时犯了错误。亚当斯说："我认为，(IMF) 为放贷设置的条件没有必要和可能不是有益的。"同时指出："我们从亚洲学到的最重要的一点就是预防危机。一旦危机发生，就很棘手，代价昂贵。"

资料来源：林益．金融危机中 IMF 援助机制和对国家主权的影响 [J]. 大众商务，2010 (14)：265.

问题：请结合国际货币体系，对上述案例进行分析。

参考文献

[1] 李翠君. 国际金融 [M]. 4版. 重庆: 重庆大学出版社, 2020.

[2] 贺瑛. 国际金融学 [M]. 上海: 复旦大学出版社, 2012.

[3] 姜波克. 国际金融新编 [M]. 2版. 上海: 复旦大学出版社, 2012.

[4] 张宗英, 冷静. 国际金融实务 [M]. 北京: 对外经济贸易大学出版社, 2010.

[5] 杨玉凤, 李英. 国际金融实务 [M]. 上海: 复旦大学出版社, 2014.

[6] 田文锦, 杨桂苓. 国际金融实务 [M]. 3版. 北京: 机械工业出版社, 2019.

[7] 李敏. 国际金融实务 [M]. 3版. 北京: 中国金融出版社, 2019.

[8] 刘玉操, 曹华. 国际金融实务 [M]. 6版. 大连: 东北财经大学出版社, 2021.

[9] 刘舒年, 温晓芳. 国际金融 [M]. 5版. 北京: 对外经济贸易大学出版社, 2017.

[10] 李志慧, 张梅. 国际金融 [M]. 大连: 东北财经大学出版社, 2020.

[11] 孟昊, 郭红. 国际金融理论与实务 [M]. 北京: 人民邮电出版社, 2021.

[12] 刘淑娥, 赵秀艳. 国际金融与实务 [M]. 北京: 清华大学出版社, 2018.

[13] 李军燕. 国际金融实务 [M]. 大连: 东北财经大学出版社, 2018.

[14] 刘慧好. 国际金融 [M]. 北京: 中国金融出版社, 2012.

[15] 王晓光. 国际金融 [M]. 北京: 清华大学出版社, 2017.